Instructor's
Annotated
Edition

Sur le vif

Deuxième édition

**Clare
Tufts**

DUKE UNIVERSITY

**Hannelore
Jarausch**

UNIVERSITY OF NORTH CAROLINA

HH Heinle & Heinle Publishers
Boston, Massachusetts 02116

I T P® A Division of International Thomson Publishing, Inc.
The ITP logo is a trademark under license.

Boston ■ Albany ■ Bonn ■ Cincinnati ■ Detroit ■ Madrid ■ Melbourne
Mexico City ■ New York ■ Paris ■ San Francisco ■ Singapore ■ Tokyo
Toronto ■ Washington

The publication of **SUR LE VIF, Second Edition** was directed by the members of the Heinle & Heinle College Foreign Language Publishing Team:

Wendy Nelson, Editorial Director
Amy R. Terrell, Market Development Director
Gabrielle B. McDonald, Production Services Coordinator

Also participating in the publication of this program were:
Publisher and Vice President: *Vincent P. Duggan*
Managing Developmental Editors: *Amy Lawler, Beth Kramer*
Project Manager: *Julia Price*
Copy Editor: *Barbara Browne*
French Consultant: *Nicole Dicop-Hineline*
Photo/Video Specialist: *Jonathan Stark*
Assistant Editors: *Diana Bohmer, George Lang*
Associate Market Development Director: *Melissa Tingley*
Production Assistant: *Lisa Winkler*
Manufacturing Coordinator: *Wendy Kilborn*
Photo Coordinator: *Martha Leibs-Heckley*
Illustrator: *Sarah Sloane*
Interior Designer: *Carmen Cavazos de Hartigan*
Decorative Art: *Douglas Labidee*
Cover: *Carmen Cavazos de Hartigan, Douglas Labidee*

Cover Art: ***Danseuse créole*** (1950), *Matisse, Henri* (1869–1954)
Nice, Musée Matisse, ©Photo RMN – Gérard Blot

Library of Congress Cataloging-in-Publication Data

Jarausch, Hannelore.
   SUR LE VIF / Hannelore Jarausch, Clare Tufts. — 2e édition
      p. 258
   French and English
   Includes indexes

   ISBN 0-8384-7088-2   (Student Edition)
   ISBN 0-8384-7092-0   (Instructor's Annotated Edition)

   1. French language—Textbooks for foreign speakers—English.
   I. Tufts, Clare. II. Title.
   PC2129.E5J36   1996
   448.2'421—dc20   96-27338

Copyright © **1997**
by Heinle & Heinle Publishers
I(T)P® An International Thomson Publishing Company

Manufactured in the United States of America

ISBN: 0-8384-7092-0 Instructor's Annotated Edition
ISBN: 0-8384-7088-2 Student Edition

10 9 8 7 6 5 4 3 2

Table of Contents

Instructor's Annotated Edition

A complete copy of the Student textbook, with annotations for instructors, follows the Instructor's Manual.

I. Instructor Preface

Welcome to the second edition of **SUR LE VIF,** a one-semester, intermediate textbook with accompanying student workbook and laboratory materials. Designed to be used after the completion of the introductory sequence, **SUR LE VIF** is organized around high-interest contemporary topics which motivate students to expand their language skills beyond the arena of survival into a world of more complex ideas and relationships. Through reading and discussing cartoons, songs, graphs, ads, and literary and expository texts, students begin to move from sentence level to more extended discourse, both oral and written.

The flexible organization and size of **SUR LE VIF** allow instructors to choose among readings and activities to meet the varied needs of intermediate students. All activities, both in-class and at-home, are thematically and culturally focused, relating to the topic of each chapter and requiring students to actively use the structures being studied. A grammar review in reference format, with explanations in English and examples drawn from chapter themes, facilitates study outside of class. This frees class time for communicative application of the grammar structures to express personal opinions. Since **SUR LE VIF** is relatively short, it fits into different course formats. In classes meeting more than three times a week, the instructor will be able to complete most of the activities and perhaps even supplement with film and other video materials. Similarly, if the book is used over two semesters or quarters, an additional reader, or even a full-length novel or play can easily be incorporated into the course syllabus. Those on the quarter system may need to be more selective depending on the focus of their course but will still be able to cover the essential elements of the program.

SUR LE VIF is easily adaptable to the different focal points often found in courses above the introductory level. For the four-skills, grammar review course that often follows the first year, it offers a contextualized review of the fundamentals, adding just enough new material to expand the language skills of students without overwhelming them. In-class activities balance reading and speaking and incorporate the grammar in exercises that challenge students to use their higher-order thinking skills. The ***Cahier*** provides support for the writing skill through exercises that move from the discrete-point, self-check variety to more open-ended ones, culminating in a choice of composition topics using the process-writing approach. In courses that stress the development of the reading skill, the three texts offered in each chapter provide material from different genres, guide the student in pre-reading work, and suggest strategies to improve comprehension. When the emphasis is on oral expression, instructors can use the themes of each chapter, the vocabulary lists, and readings as background, and lead students through the more structured **Applications** exercises to the more creative **Activités d'expansion** to develop speaking skills in their students. The popular, sometimes provocative issues will stimulate discussion, and the readings give information and models of language on which students can base their own speech. When conversation and composition are combined as the focus of a course, many of the readings can be done at home, with students reacting in writing and orally to the themes, using the many activities proposed in both the textbook and the ***Cahier.*** **SUR LE VIF** is, therefore, a flexible tool for instructors in their efforts to further not only language skills but also the love of the French language.

INSTRUCTOR'S MANUAL

Features of the Second Edition

- Instructor's Annotated Edition with marginal annotations to facilitate in-class activities; additional instructor's materials now bound with the Instructor's Annotated Edition, including: syllabus design, Internet sources for materials on France and the francophone world, use of film and video, and suggestions and bibliographies for teaching the four skills; detailed lesson plans for each chapter with culture notes and warm-up activities
- New readings have been inserted throughout the text. Most chapters have been updated with one or two new selections, while the best pieces from the first edition remain. The readings in Chapter 9 are all new.
- Completely new Interlude 2 (song by Francis Cabrel)
- More form-focused activities in the **Applications** section for practice of structures
- Many revisions to pre- and post-reading activities to improve access to and check understanding of reading passages
- Additional comprehension category following most readings: **Allez plus loin** provides analytical questions as a bridge to literature courses for more advanced readers.
- New appendix section on article usage (Appendix A), with accompanying exercises bound with the Instructor's Resource Manual for those instructors who wish to review this point
- Expanded glossary
- In the *Cahier:* additional self-check exercises; **Rappel** boxes to remind students of rules for particularly challenging structures; a new composition topic for each chapter; revised listening comprehension and dictation texts for the laboratory tapes
- Two or three transparency masters for each chapter, bound with the Instructor's Resource Manual

 **New!**

Students can visit the Heinle & Heinle website at http://www.heinle.com/heinle.html to explore French-language websites. The web address appears in each chapter of the *Cahier.*

Teaching with **SUR LE VIF**

These materials are most effective when a partnership between student and instructor can be established. At the intermediate level, skill development and grammatical accuracy tend to be uneven, making it difficult for the instructor to meet the needs of all students equally. Therefore students themselves must assume considerable responsibility for reviewing basic structures on their own while building on this foundation in class to increase communicative ability. The instructor, in turn, can use readings and cultural contexts to generate oral and written responses from students to confirm their understanding of both form and content. Through appropriate reinforcement, instructors can encourage students to produce lengthier responses and to elaborate upon them.

To develop this partnership, the authors recommend that students be assigned the **Structures** section to prepare as homework, completing the corresponding exercises in the *Cahier* in order to check their comprehension of the grammar before the related thematic material and activities are covered in class. Since the examples used in the grammar explanations are related to the chapter content, students who review them will come to class familiar with the themes to be discussed. The readings, comprehension activities, and **Applications** exercises designed for in-class work recycle the chapter vocabulary and require the active use of the forms explained in the **Structures** section. It should not be necessary to spend a great deal of class time reteaching grammar from the introductory course. Through judicious use of error correction and reminders of the structures being practiced, instructors can focus students' attention on the need for accuracy. In the case of new material, instructors should initially check for understanding through an activity, then follow with a brief presentation and additional practice if needed.

Brief Overview of **SUR LE VIF**: Themes and organization

SUR LE VIF is divided into two sections. The first section contains nine chapters plus a brief **Prélude**, two **Interludes,** and a **Postlude.** This section is intended for in-class use. The second section, entitled **Structures,** presents the grammar in nine corresponding chapters and is intended for review outside of class.

SUR LE VIF opens with a **Prélude** whose topic, studying a foreign language at school, serves to reintroduce students to French after a summer or semester break. The following three chapters and their related **Structures** sections center on family, with a review of the present tense (Chapter 1); on youth culture with a review of adjectives/adverbs (Chapter 2); and on immigration, with a review of past tense usage (Chapter 3). **Interlude 1** recycles these themes and structures through a humorous song by Renaud.

The second group of three chapters deals with the automobile while reviewing pronouns (Chapter 4), with travel while reviewing interrogatives and the **passé simple** (Chapter 5), and with television and cinema while reviewing negations and relative pronouns (Chapter 6). **Interlude 2** concludes this section by introducing environmental issues in a song by Francis Cabrel.

In the final three chapters, students explore folk and fairy tales along with the subjunctive (Chapter 7), education along with demonstrative pronouns and the passive voice (Chapter 8), and concerns of the future such as multimedia, European unity, and social change along with the future and the conditional (Chapter 9). **SUR LE VIF** ends with a Cajun song as a **Postlude.**

Each of the nine in-class chapters is divided into six sections, which are briefly outlined below. This organization is discussed in more detail on pages IM 4–5.

A. Vocabulary is grouped thematically.
B. A very short text—often realia or a chart — sets the stage
   for the chapter topic.
C. A short reading expands on the chapter theme.
D. Applications include activities that practice grammar in context.
E. A longer reading develops strategies for extensive reading and addresses
   higher-order thinking skills.
F. Activités d'expansion recycle all chapter material.

Throughout each in-class chapter, marginal notes called **Préparation grammaticale** direct students to relevant grammar explanations in the out-of-class section, called **Structures.** Also, a succinct restatement of rules for key structures regularly appears in **Rappel** boxes, which are embedded in the text of the in-class chapters so that students do not have to turn to the back of the book during an activity.

INSTRUCTOR'S MANUAL

Structures Section

There are nine grammar reference chapters in the out-of-class section which students are expected to review at home before working with their instructors on the corresponding in-class chapters.

Grammar in **SUR LE VIF** is of necessity selective, due to the time demands of a one-semester course. By reviewing high-frequency structures essential for communication, students will be able to build on what they learned in previous courses while gaining in accuracy. Structures which may be new (pluperfect, certain relative pronoun forms, subjunctive after conjunctions, and passive voice, to name a few) will permit students to express themselves with more sophistication. Through the use of this program, all students will be able to review the forms for describing, narrating, hypothesizing, and expressing personal opinion in the present, past, and future time frames.

SUR LE VIF is an ideal springboard for those who will continue their study of French in conversation, culture, literature, or composition courses, and at the same time offers stimulating contact with the world of French for those students who consider this a capstone course.

II. Organization of SUR LE VIF

Chapters for In-Class Use

A. Vocabulary   The thematic vocabulary list is presented at the beginning of each chapter for easy reference and so that students can become familiar with terms before reading them in context.

B. A very short text   Introducing the theme of the chapter is a short reading, which is preceded by photos or a cartoon to be used as a warm-up and advance organizer for the whole chapter. This text also provides cultural information. A comprehension activity follows and, in some chapters, there are grammar-related exercises using the context of the reading. Students are also asked to give their personal reactions to the text or topic.

C. A short reading   The theme is further developed, or presented in another perspective, by a second short text usually of a different genre. Pre-reading activities establish the context and provide strategies for dealing with the particular selection. Post-reading activities such as comprehension checks and personal-expression questions give students opportunities to begin using the structures reviewed in the reference grammar chapters **(Structures).**

D. Applications   These are activities for contextualized practice of chapter vocabulary and the grammar reviewed. Suitable for partner, small-group, or whole-class work, these exercises require attention to meaning within specific structural constraints. All of them build on the themes of the readings.

E. A longer reading   The major reading of the chapter is introduced by two pre-reading exercises, one to provide the background needed for understanding the text, the other to guide students in the reading process. Information on the author and the text is entirely in French. Only authentic texts appear throughout **SUR LE VIF.** The indication **adapté de** means that sentences or sections have been cut in the interest of length or complexity. Marginal glosses are in French, with English used when the French would have been too difficult or too long. Comprehension exercises are sometimes complemented by **Questions de style,** which draw students' attention to linguistic and stylistic questions.

F. Activités d'expansion   Each chapter concludes with role plays, debates, and activities that practice functions, as well as questions for further discussion of the major theme. The chapter's vocabulary, grammar, and context are recycled here in open-ended exercises (both oral and written). Students are often asked to relate the chapter topic to their personal or American experience.

Structures: Chapters for Out-of-Class Use

The grammar review, found at the back of the book, provides explanations in English so that students can prepare the material on their own, outside of class. French examples are purposely drawn from the readings of the in-class section to expose students to the chapter's theme. Structurally complex examples are translated into English, allowing students to focus on the structures without worrying about vocabulary. Presentation of the rules is simple and clear, with charts used to facilitate understanding. After each set of explanations, students are referred to corresponding activities in the *Cahier* so that they can practice what they have just studied and check their own answers.

As a supplement, the Appendices present brief explanations of article usage, prepositions, present participles, and verb conjugation charts. Students can be referred to these Appendices as needed throughout the course of the term.

Cahier

Each chapter in the *Cahier* has three sections, moving from skill-getting to skill-using writing activities. All exercises are contextualized and relate to the chapter theme.

I. **Entraînement/Vocabulaire et grammaire**   All *Cahier* chapters begin with self-check vocabulary exercises followed by self-check grammar exercises keyed to the grammar points presented in the **Structures** chapters. Instructors can have students use this section as a pre-test to see where further work is needed.

II. **Développement**   These exercises are more open-ended, yet still require students to use the structures being reviewed within the context of the chapter theme. The writing required is usually of sentence length.

III. **Expression**   This section offers a choice of writing topics, two to three paragraphs in length, with prompts for pre-writing exercises. For those who use *Système-D,* references are given to relevant sections of this software program for writing in French. See Writing, pp. IM 11–20, for ideas on pre-writing, peer editing, error codes, grading, etc.

III. Syllabus Design

SUR LE VIF is designed to be used after students have completed a first-year or introductory course, generally in the third or fourth semester (or fourth or fifth quarter) of a college program. For high school sequences, the materials are suitable for the fourth year.

The organization of **SUR LE VIF** allows for flexibility in syllabus design. In programs where classes meet three days per week, instructors will be able to cover all of the material but will have to choose among activities to suit the needs of their students. If four (or more) days are available, most readings can be done in class, all of the **Applications** activities can be completed, and students will enjoy the role plays and situations in the **Activités d'expansion.**

Syllabus options for four types of course organization are outlined:

A. Semester courses meeting fourteen weeks, three days per week, and one-quarter courses meeting four days per week
B. Semester courses meeting fourteen or fifteen weeks, four days per week
C. Programs with shorter semesters
D. Two-semester intermediate programs

A. For one-semester courses meeting three days per week for fourteen weeks (42 class meetings) or one-quarter courses meeting four days per week for 10 or 11 weeks (40-44 classes).

Introduction to course and **Prélude**	2 days
Chapters 1-3	11 days
Interlude 1	1 day
Chapters 4-6	11 days
Interlude 2	1 day
Chapters 7-9	11 days
Postlude	1 day
Total	38 class periods
2 exams (Chs. 1-3, 4-6)	2 days
	40 class periods

In many programs there will be extra days for review or for oral testing.

The eleven class periods suggested for each group of three chapters break down into four class meetings for each of the first two chapters so that a brief quiz can be given. The third chapter can be completed in three class periods, but if more time is needed, the **Interludes** can be abbreviated. A major exam follows the first two groups of three chapters. [For sample quizzes and exams, see the Instructor's Resource Manual.]

B. Programs with more class meetings will be able to spend four to five days per chapter, using all of the activities, especially those in the **Activités d'expansion.** More group work and student skits and presentations will create speaking opportunities, while video (see pp. IM 21–23) will enhance the cultural component. To intensify the grammar review, all of the **Cahier** exercises can be assigned. Students' writing skills will improve when increased time is available for peer editing (see pp. IM 13–14) and rewriting of compositions. **Système-D** will facilitate revisions (see pp. IM 14–15).

C. Programs with fewer class meetings can reduce testing, either by eliminating some or all of the quizzes, or giving only one midterm, after Chapter 5. Reviews can be combined with shortened presentations of the **Interludes** and the **Postlude.** More careful selection will have to be made among the exercises in both the textbook and the **Cahier,** but no readings need be eliminated.

D. SUR LE VIF can also be used as the core or foundation text in courses which continue over two semesters or quarters. If there is emphasis on writing, little additional material would be required, and more class time could be spent on editing and rewriting. Programs stressing the development of oral skills could add a conversation textbook, and those that emphasize reading could adopt an additional reader.

IV. Using SUR LE VIF

A. Speaking/Group Work

Most students enter the intermediate sequence with at least basic speaking skills, although the range in a class may be quite wide, perhaps from novice-mid to intermediate-high on the ACTFL* proficiency scale. In most cases, students still use short, simple phrases, often recombining memorized material, and they know few, if any, discourse strategies.

The goal of the speaking activities in **SUR LE VIF** is to take students beyond the level of single, short phrases to producing several related sentences, approaching natural discourse. So that students can begin to sound more "French," a certain number of conversational strategies—how to hesitate, interrupt, agree, disagree—are presented and practiced. Because of the progression from whole-class, instructor-led speaking activities to small-group guided exercises, and ultimately to the relative freedom of role plays, students both hear and are encouraged to produce longer and more complex speech.

When instructors lead activities at this level, they can model normal conversational patterns by following up on student responses and encouraging the use of discourse strategies. In a question-answer exchange, for instance, the student's reply to one question can naturally lead to another question. If the topic is travel and the student says she has been to France, it would be natural to first react to the statement, then ask when, where exactly, with whom, or even why (for the more proficient student), rather than to merely acknowledge that the answer is appropriate and go on to something or someone else. Students can continue a warm-up initiated by the instructor in a similar manner when they comment on a classmate's statement or request additional information. After two or three such exchanges, the instructor can guide the "conversation" by directing attention to another student whose answers lead to further discussion. This pattern serves as a model for group interaction by requiring students to listen to each other.

Working in pairs or in small groups gives more students a chance to speak, while removing some of the anxiety associated with oral practice. When students get to know each other by conversing with different classmates, a cooperative classroom community which fosters learning can be created. Certain procedures will make group activities more effective. Instructions should be given before students are divided into groups. Also, it often helps to demonstrate an exercise for the whole class with two or three students before the others begin. When students know which results are expected and what the follow-up will be, they can work with greater purpose. Time limitations may be a problem, since activities at this level require more thinking and more complex language. Groups may therefore be assigned different portions of the same task (see lesson plans for examples, pp. IM 26–68) and share their information with the class in the follow-up. To keep students focused on the activity, it is usually better to cut off group work when the instructor sees that about half of the class has finished; otherwise, those who finish quickly will need other tasks.

Almost all the activities in **SUR LE VIF** are suitable for small-group work. In pre-reading exercises, students exchange information on background for or expectations of the text and practice the suggested strategies. Through post-reading comprehension activities they discover or create meaning together. Sharing personal reactions to a text or topic in groups of three can

---

* *American Council on the Teaching of Foreign Languages*

generate further talk, especially when two students take turns questioning a third. Activities that focus on the practice of structures or vocabulary allow students to teach each other. In role plays students become "someone else," which may free them from some of their language inhibitions. However, for variety, the lesson plans and marginal notes for **SUR LE VIF** suggest a balance between whole-class and group activities.

The instructor remains a central figure in helping students practice more sustained discourse by encouraging replies of more than one phrase in whole-class work and insisting on a follow-up after group work. If students are not held responsible for what goes on in their groups, they are apt to stray from the task. When students know they will be asked to report to the whole class, present information unique to a group, or give the reactions of a partner to a certain issue, or even receive a participation grade, they are more apt to take group work seriously. The instructor (or other students) can then respond to what is said, requesting more detail or supporting information. Time may not allow each group to make a statement, but all will have to prepare if random follow-up is the norm.

Students usually state that their primary goal in learning a foreign language is to be able to speak it. However, they do not always participate actively in class, because of anxiety or lack of lexical or syntactical foundation, or because the topic does not interest them. Through a balanced use of group work students can be helped to overcome their fear of speaking. The support of classmates and a chance to try a statement before producing it in front of the whole class make speaking less threatening. By practicing vocabulary and structures in class in "natural" contexts, students gain confidence in their ability to communicate their ideas. The reading of high-interest texts provides models for expression as well as subjects for discussion. Although it may be unrealistic to expect the speaking skills of every student in every class to improve dramatically in the course of one semester, the procedures outlined above will increase participation and allow most students to make considerable progress.

Suggestions for further reading

Day, Richard R. *Talking to Learn. Conversation in Second Language Acquisition.* Boston: Heinle & Heinle, 1986.

Hendrickson, James. "Listening and Speaking Activities for Foreign Language Learners." *The Canadian Modern Language Review* 36:4 (1980): 734–748.

Klippel, Friederike. *Keep Talking: Communicative Fluency Activities.* Cambridge: Cambridge University Press, 1984.

Kramsch, Claire J. *Discourse Analysis and Second Language Teaching.* Language in Education: Theory and Practice 37. Washington: CAL, 1981.

McCarthy, Michael. *Discourse Analysis for Language Teachers.* Cambridge: Cambridge University Press, 1991.

Sadow, Stephen. *Idea Bank: Creative Activities for the Language Class.* Rowley, MA: Newbury House, 1982.

B. Vocabulary

Building vocabulary is an important element of most intermediate language sequences, since students' skills in all areas improve with increased lexical mastery. Each chapter of **SUR LE VIF** opens with a thematic list of basic words and expressions organized according to topic. Register (familiar, slang, vulgar, etc.) is indicated when necessary to help students understand that certain vocabulary may be appropriate only in certain settings. Determining which words and expressions students already know and which ones they will need to use is difficult. Therefore students should be encouraged to build their personal vocabulary beyond these lists, which are only a starting point. In addition, class time spent on how to learn vocabulary (for example, demonstrating how context affects meaning and when to guess at meaning) will improve all four skills. Since students frequently consult dictionaries at this level, especially when they do more reading and writing, activities that explore dictionaries are useful (see Walz 1990 below).

Suggestions for further reading

Barnett, Marva. "Syntactic and Lexical/Semantic Skill in Foreign Language Reading: Importance and Interaction." *Modern Language Journal 70* (1986): 343–349.

Nation, I.S.P. *Teaching and Learning Vocabulary.* Boston: Heinle & Heinle, 1990.

Spinelli, Emily, and H. Jay Siskin. "Selecting, Presenting and Practicing Vocabulary in a Culturally-Authentic Context." *Foreign Language Annals 25* (1992): 305–315.

Walz, Joel. "The Dictionary as a Secondary Source in Language Learning." *French Review 64* (1990): 79–94.

_____. "The Dictionary as a Primary Source in Language Learning." *French Review 64* (1990): 225–238.

C. Reading

Today, most introductory or first-year programs in French use authentic materials for reading practice and cultural information, and many teach strategies for processing these texts.

Introductory level students frequently read tickets, timetables, schedules, advertisements, and announcements, and occasionally confront somewhat longer narrative, descriptive, or expository material. However, traditionally it is in the intermediate sequence that students are expected to develop an ability to understand longer selections from a range of sources (literary, journalistic, etc.). This more extensive and intensive reading provides cultural input, models for students' written and oral production, and vocabulary building.

Recent research on reading (see the suggestions for further reading, page IM 11) has found that the process involves much more than lexical or grammatical decoding. Comprehension is not necessarily achieved by knowing the English "equivalents" of words and deciphering structures. Language proficiency is but one part of an interactive process which includes the general knowledge of the reader, how the reader thinks, and what the goals are for reading. Readers interact with the content, context, intent, and arrangement and choice of words and structures within a text, and by combining these elements, they bring meaning to it.

Although most of our students are fairly proficient readers in their native language, they may not carry this skill over into the task of reading French. They therefore will benefit not only from a certain amount of guidance to help them comprehend specific texts in **SUR LE VIF** but also from tools given them for reading beyond this particular course. Time spent in class on approaches to reading pays off in terms of students' comprehension and their willingness to continue the process outside the classroom.

1. **Pre-reading** Preparing students for a particular reading is an integral part of the structure of **SUR LE VIF.** Each chapter opens with a visual advance organizer which introduces the theme to be taken up by the subsequent readings. Personalized questions relating to the photo or cartoon are provided. This sets the background for all of the readings to come. The longer selections are preceded by activities such as **Entrons en matière, Avant de lire,** or **Pour mieux comprendre.** Since it has been shown that the more familiar a reader is with the content or background of a text, the easier the comprehension process, **Entrons en matière** asks readers to generate this information, with the help of the instructor as needed. Through an exchange of ideas, brainstorming, or additional cultural details, students activate the content schemata needed for the reading. When the genre of a text could create difficulties (as in the case of a poem or fable, for instance), the students' attention is drawn to expectations of style as well as to content. Once the topic and format of a reading passage have been understood, the pre-reading activity guides students through techniques such as skimming, scanning, reading for the gist, etc. These global or "top-down" strategies are complemented by guidance in "bottom-up" processing, when students look for lexical (guessing from context, etc.) and grammatical clues for meaning. Since all students may not be able to transfer strategies readily from one reading to another, instructors may wish to remind them of their usefulness as they move through **SUR LE VIF.**

2. **Reading** The authors recommend that as much of the reading as possible be done in class. This allows the instructor to guide as needed; it also demonstrates to students that they need not know every word in order to understand a text. An effective technique for developing reading skills is the directed reading-thinking activity which provides for an interface between priming background knowledge of a class and guiding the ongoing individual reading process. Students read a text one (or several) paragraph(s) at a time, stopping at the end of each to discuss content (see Furry in bibliography on page IM 11). This enables the instructor to correct misreadings and verify not only student comprehension but also to check the strategies students are using as they read. Although the comprehension questions in **SUR LE VIF** appear at the end of the reading so as not to disrupt it, they are sequenced according to the text and can also be used for directed reading.

   Time constraints may require that some readings be done outside class, but in-class preparation **(Entrons en matière, Avant de lire,** or **Pour mieux comprendre)** and perhaps the first paragraph as directed reading are recommended to ease the comprehension task for students. Re-reading should always be encouraged, especially once a text has been discussed in class.

3. **Post-reading** Comprehension exercises follow every reading in **SUR LE VIF**. Some take the form of true/false statements, while others are questions requiring responses of one or several sentences. In either case, students should be encouraged to explain their answers—that is, what was it in the text that made them draw a particular conclusion? These comprehension activities stick to the text, directing students to focus on the message, its supporting details, and its rhetorical structure. Additional exercises, **Questions de style** or **Allez plus loin**, in which students examine stylistic or language matters, sometimes follow the longer reading selections and

are especially, but not only, suited for students who plan to continue their study of French. Even in the final stage, when students give their personal reactions to or opinions about a reading, instructors can ask for textual references as confirmation of assertions.

The development of reading skills cannot be left to chance. Interactive reading of interesting texts can open up new horizons for language students in all areas. A textbook is only the beginning, since it is teachers who facilitate the process of reading. In the words of Janet Swaffar et al.(1991): "[Teachers] have a four-fold task: (1) to activate reader schemata, (2) to guide students to an awareness of text structure, (3) to assist in strategy development, and (4) to promote relaxed interaction between students and text."

Suggestions for further reading

Barnett, Marva. *More than Meets the Eye*. Englewood Cliffs, NJ: Prentice Hall, 1990.

_____. "Teaching Reading Strategies: How Methodology Affects Language Course Articulation." *Foreign Language Annals 21* (1988): 109–119.

_____. "Reading Through Context." *Modern Language Journal 72* (1988): 150–159.

Bernhardt, Elizabeth. "Reading in the Foreign Language." *Listening, Reading, Writing: Analysis and Application,* ed. Barbara H. Wing. Middlebury, VT: NEC, 1986.

Furry, Nina. "Cultural Schemata and Reading Comprehension in Foreign Language." Unpublished paper, University of North Carolina-Chapel Hill.

Lee, James. "Background Knowledge and L2 Reading." *Modern Language Journal 70* (1986): 350–354.

_____. "On the Dual Nature of the Second-Language Reading Proficiency of Beginning Language Learners," in R.V. Teschner, ed., *Assessing Foreign Language Proficiency of Undergraduates.* AAUSC issues in Language Program Direction 1991. Boston: Heinle & Heinle, 1991: 187–203.

Lee, James, and Diane Musumeci. "On Hierarchies of Reading Skills and Text Types." *Modern Language Journal 72 (1988):* 173–187.

Martin, Laurey K. "Breaking the Sounds of Silence: Promoting Discussion of Literary Texts in Intermediate Courses." *French Review 66* (1993): 549–561.

Swaffar, Janet. "Reading Authentic Texts." *Modern Language Journal 69* (1985): 16–34

Swaffar, Janet, Katherine M. Arens, and Heidi Byrnes. *Reading for Meaning. An Integrated Approach to Language Learning.* Englewood Cliffs, NJ: Prentice Hall, 1991.

D. Writing

The Writing Process

Writing in the foreign language classroom is not fundamentally different from writing in other discipline areas, even if a student's level of expression is more limited due to lexical and syntactical constraints. It is, first of all, a form of learning and serves to reinforce other skills. Students write to demonstrate their command of vocabulary and structural forms. At the most elementary level, writing is used daily in language classes for notetaking, homework exercises, quizzes, boardwork, etc. Even in beginning courses, students use writing to communicate—when they write lists, fill out questionnaires, take telephone messages, etc. These early efforts largely involve recombinations of memorized material, but they do have a communicative intent. Soon students produce short compositions, often descriptive, perhaps in the form of postcards or letters, in which they link several sentences to produce more personalized statements.

In the intermediate sequence, students can be encouraged to take greater risks with their written work. As they move from one-word utterances to single sentences to lengthier replies, they can begin to produce more coherent, sustained discourse in writing. Without the performance pressure of oral production, many students are more willing to communicate at length on paper, especially when given opportunities to rewrite and revise. If topics are interesting and careful guidance is provided, the writing component of an intermediate course need not be a burden for either instructor or student.

Until recently, the writing *process* has been largely ignored in favor of the finished *product*, especially in foreign language classrooms. Students usually were not asked to submit the outlines or drafts required in their English classes. Grading tended to be based on grammatical accuracy alone, which discourages risk-taking on the part of the student. Revisions were seen as punishment rather than as an incentive for improvement. Studies of what successful writers do have shifted the focus away from the final product to the actual process of writing, allowing instructors (of foreign languages as well as of English) to guide their students more effectively.

The process approach is ideally suited to foreign language classes, since the other skills can be integrated so naturally with it. One pattern which helps students to write, and which has been applied to **SUR LE VIF**, is outlined below.

1. **Preparing** Choosing a topic, brainstorming essential vocabulary and structures, finding additional information, deciding on a point of view, etc. The composition topics in the **Expression** section of the *Cahier* are closely related to the theme of the chapter, which provides a foundation in vocabulary and subject matter. Classroom activities, especially those in the **Activités d'expansion**, also prepare students for the types of writing tasks they are asked to do.

2. **Organizing** Outlining, webbing, mapping, etc. Most of the suggested topics in **SUR LE VIF** guide students through a series of questions before they begin to write. By answering these questions, students generate the information they need and create a simple outline to follow.

3. **Writing** Composing an initial draft. This could be done on computer (using *Système-D* or another word-processing package) to facilitate revision. When students know they can rewrite before they receive a final grade, this initial stage may be less intimidating.

4. **Revising content and organization** Peer editing (pp. IM 13–14), using comments from the instructor or another reader, or both. Since much of the writing in the intermediate stage is descriptive, narrative, or expository, students may not need much help. However, they can be shown how to make their compositions more interesting, for instance, through the use of adjectives and adverbs, or more sophisticated, with sentence-combining techniques. When students begin to write argumentative or analytical essays, revision becomes central (see Schultz under Suggestions for Further Reading, pp. IM 16–17).

5. **Proofreading for accuracy** (Peer editing, using an error code, etc.) Because students do not always see their own errors, they benefit from having a sympathetic but careful reader go over their composition. Since the complicated matter of academic integrity is at issue here, allowing students to work together in class but not outside of it will limit unauthorized assistance.

6. **Presenting the text** In most cases, the instructor is the final reader, but other options could be considered. Students in another section of the course can also read and respond. One class, several classes together, or all the sections of a course can produce a newsletter, with contributions from everyone. If computer facilities are available, electronic mail can send written work to other campuses and even overseas. For instance, Professor John Barson of the Department of French and Italian at Stanford University links his language students with those at other universities, thereby providing both a natural audience and a reason to write.

Programs that have adopted **Système-D** will find the stages of process writing adapted to this program in the Teacher's Guide. Scott and Terry provide a series of task-oriented exercises, from the most basic to the more advanced, which lead students through various writing activities. These allow students to explore the potential of **Système-D** while breaking the writing task into manageable steps.

SUR LE VIF provides much of the guidance needed for process writing. The topics in the **Expression** section of the **Cahier** follow logically from the thematic, lexical, and syntactical material in each chapter, thereby supplying the necessary preparation. Pre-writing suggestions help students organize their writing. The instructor must determine the role of revisions, which can be handled through peer editing alone, instructor feedback only, or a combination of the two. Not all assignments may need rewrites, especially those toward the end of the term.

The emphasis placed on developing writing skills will vary from program to program. If the main goal is reading or oral proficiency, it may be preferable to emphasize the exercises in the **Développement** section of the **Cahier,** which require shorter answers within a structural framework. However, practicing description, narration, and expression of opinion in paragraph-length discourse through a judicious selection of **Expression** exercises will benefit all students and improve their other skills as well. If students are planning to take upper-level French courses, the more writing they do at this level and the more guidance they receive, the easier the articulation process will be (see Schultz 1992, p. IM 17.)

Peer Editing

Students' writing can benefit from peer editing, whereby two or three students work together to read each other's compositions and offer suggestions for improvement. This provides both a supportive reader who will not "grade" the work and a writing sample against which to measure one's own effort. During the process, the instructor can offer some one-on-one help so that the versions to be graded have fewer errors.

Since students think of good foreign language writing as synonymous with an absence of lexical and syntactical errors, they will need guidance in how to proceed early in the semester. Most effective is the use of a sample composition from a class in a previous semester (or created by the instructor) which includes frequently occurring problems. This can be put on an overhead projector or duplicated. Using the "Guide to Peer Editing" (p. IM 17) or a similar document, students then work in groups or as a whole class to improve the writing sample. Ideas should first be offered concerning organization and style (see Grading, pp. IM 15–16), then attention can be directed to issues of accuracy. This procedure could be repeated several weeks later with samples to illustrate grading criteria.

The first peer-editing assignment should be carried out in class, but after that students can exchange compositions in class and read them at home. It may be helpful to have students of different abilities work together, with the stronger helping the weaker and providing models. However, this should not become a tutoring session. The instructor should circulate to keep students on task and provide help as needed. Students can then revise their work and submit it (together with the peer-edited draft, signed by the "editor") for a grade or for further revision (see Error Code, p. IM 18). If rewrites are used and the compositions are not yet graded, the original editors can consult together after the instructor has indicated errors, especially if many basic points have been overlooked.

Computer adaptation   Students can exchange diskettes and add their comments or questions if they're using *Système-D* or a word-processing package in common. Similarly, the drafts can be sent by electronic mail for editing. However, this removes the instructor from the process and care must be taken to indicate the differences between the pre- and post-peer-edited draft.

Error Codes

Although the usefulness of error correction in the improvement of writing skills is not clear (see Lalande 1982, Semke, p. IM 16), many instructors will wish to indicate mistakes and ask for corrections. By the intermediate level, most students have been conditioned to expect this. An error code, in which symbols direct the student to the type of problem, makes the task faster for the instructor and easier for the students. One such error code is found at the end of this section on writing, and can be adapted to suit the instructor's style.

Computer adaptation   The instructor can collect diskettes from the students or receive the compositions by e-mail and enter the code on the document directly. Students using *Système-D* will be able to access the grammar, vocabulary, and phrase sections of the program to help them in their corrections.

Error Grid

Some language teachers find an error matrix or error grid useful for keeping a record of the problems students are having. After errors have been indicated using the code, the number of mistakes in each category can be entered in the corresponding space of the grid. This can be done either by the instructor or by the student. When students track their own mistakes as part of the revision process, they become more aware of areas that need improvement and can see their progress in accuracy. Instructors can use the grid to discover which structural points may need more attention for the class as a whole.

An error grid can also be used as part of the grading system when points are assigned to the different categories of mistakes. Since errors in vocabulary and syntax are not equally serious, the point value per category can vary according to the goals of the instructor and whether or not the structure in question has been recently learned or reviewed. A mood mistake, for example, may be weighed more heavily just after the subjunctive has been reviewed. The number of error points can be added up and used to determine the accuracy portion of the grade for a composition (see the following section on grading compositions).

Computer adaptation An error grid can be generated by computer, with the spaces filled in by the teacher, who receives the student's grid with each composition, either through e-mail or on diskette. The student could also complete the grid and submit it with the final version of an assignment.

Grading of Compositions

Many schemes have been proposed for grading written work, from the simplest analytical (one point per error) to the most globally holistic (the instructor knows what an A composition is). Since the former treats all errors as if they were equally important and the latter is often difficult to justify to students, most instructors search for a more balanced approach. If we reject the premise that grammatical perfection equals an A, elements such as content, style, organization, cohesiveness, etc., must be evaluated in determining a grade. An analytical component may be appropriate for the accuracy grade, whereas holistic scoring could be most suitable for other aspects of the writing.

A. Accuracy The accuracy (of grammar and spelling) grade is often determined analytically. If an error grid is used, with points assigned to each error type, the number of error points can determine the grade. The range of points is established for each composition in the class to determine the scale, with those having the fewest getting the best grade, and so on. For example, if the range of points missed is from 8 to 30, 8-10 could be A, 11-15 B, 16-20 C, 20-25 D. The curve changes depending on the error intervals in specific classes. Another possibility is to determine which mistakes are considered **grosses fautes** (a list should be given to the students). One of these has no effect on the grade, two (or whatever number the instructor determines) takes the accuracy grade down, and so on. With each composition, the list of **grosses fautes** can be adjusted for each student by adding personal mistakes to the list. This requires a great deal of record keeping, but the personalized aspect helps students most. However, for experienced instructors who feel comfortable judging the number and type of errors, holistic grading of accuracy may be just as reliable as the analytical approaches outlined here.

B. Additional elements that could be considered in assigning a grade are

1. **Vocabulary**   repetitive or inaccurate
adequate but not impressive
broad in range, precise

2. **Content**   minimal
adequate but not impressive
elaborate

3. **Cohesiveness**   composition is a series of separate
sentences with no transitions
composition is choppy or disjointed
composition flows smoothly with
appropriate and varied connectors

4. **Organization**   none apparent
somewhat confused
clear and appropriate

5. Style	incomplete sentences / anglicisms
	short / repetitive sentences
	longer / more complex sentences
6. Audience	inappropriate for reader
	adequate for intended reader
	well suited for intended reader

7. Certain types of written work may require special criteria in grading, but these could also be included in the content section:

a. Text summary	irrelevant information
	important information is missing
	basic information
	appropriate / clear information
b. Description	insufficient detail
	adequate / predictable
	vivid / interesting / precise
c. Narration	little or no ability to narrate
	many errors / inconsistencies
	interesting / easy to follow

(Items 1-3 were adapted from the work of Professor Céleste Kinginger, University of Maryland-College Park.)

The gradations within these categories can, of course, be further refined.

The categories chosen for grading and the weight attributed to each depend on the goals of a program. The simplest procedure is a division into 50% for grammar and 50% for everything else. However, a more differentiated evaluation which includes some of the above categories may encourage students to go beyond the safe and simple. Whatever criteria are selected for grading, they should be made clear to the students.

Grading with Rewrites

When students are required to revise their compositions, instructors may wish to assign a provisional grade, using their own system or one of the choices outlined above. When the final version is submitted, the new grade is averaged with the earlier one. An alternative is not to assign a grade to the first version. This requires giving major weight to areas such as content and style in the final grade, since corrections based on an error code should eliminate the majority of accuracy problems.

Suggestions for further reading

Barnett, Marva. "Writing as Process." *French Review 63* (1989): 31-44.

Dvorak, Trisha. "Writing in the Foreign Language," in B. Wing, ed., *Listening, Reading, Writing: Analysis and Application.* Middlebury: Northeast Conference, 1986.

Gaudiani, Claire. *Teaching Writing in the Foreign Language Curriculum.* Language in Education: Theory and Practice 43. Washington: CAL, 1981.

Higgs, Theodore. "Coping with Composition." *Hispania 62* (1979): 673–678.

Jarausch, Hannelore, and Clare Tufts. "Writing Across the [Foreign Language] Curriculum," in T. B. Fryer and F. W. Medley, eds., *New Challenges and Opportunities.* Columbia, SC: SCOLT, 1987: 63–85.

Lalande, John. "Reducing Composition Errors: An Experiment." *Modern Language Journal 66* (1982): 140–149.

Magnan, Sally. "Teaching and Testing Proficiency in Writing: Skills to Transcend the Second-Language Classroom," in A. Omaggio, ed., *Proficiency, Curriculum, Articulation: The Ties That Bind*. Middlebury: Northeast Conference, 1985: 109–136.

Schultz, Jean Marie. "Writing Mode in the Articulation of Language and Literature Classes: Theory and Practice." *Modern Language Journal 75* (1992): 411–413.

Scott, Virginia M., and Robert M. Terry. *Teacher's Guide for Système-D*. Boston: Heinle & Heinle, 1992.

Scott, Virginia. *Rethinking Foreign Language Writing*. Boston: Heinle & Heinle, 1996.

Semke, H. D. "Effects of the Red Pen." *Foreign Language Annals 17* (1984): 195–202.

Terry, Robert M. "Teaching and Evaluating Writing as a Communicative Skill." *Foreign Language Annals 22* (1989): 43–54.

Guide to Peer Editing (for student use)

Editing a classmate's composition will help you as well as the other person. It can teach you to read critically so that, in time, you will be able to edit your own work. Good writing in French, just as in English, is more than correct spelling and grammar. Good organization and effective presentation should be considered before you think about accuracy of language. Your job is to help your classmate improve the composition, not to approve or disapprove of its content. Please follow these steps:

A. Read the entire composition for general comprehension.

  1. Do you understand it? Are there any parts you do not understand? If so, ask the author what was meant and, together with the author, try to resolve the problem that caused the confusion.

   a. Are the ideas unclear?
   b. Is vocabulary used that you do not know?
   c. Are there structures you do not know?

  2. Is the organization clear or is it hard to follow? If you have ideas on how to improve it, discuss them with the author.

  3. What is the audience for this piece of writing? Would the audience understand it? If not, discuss this with the author.

B. Reread for language accuracy.

  1. Do subjects and verbs agree?

  2. Do nouns and adjectives agree? Are the adjectives in the right place?

  3. If adverbs are used, are they in the right place?

  4. Is the word order correct?

  5. Are there spelling mistakes or accent problems? Are any contractions missing? Do not correct what seems like a mistake until you consult with the author. Then, both of you, try to discover the right forms together. Ask for help from your instructor if you need it.

Error Code (for student use)

CODE		EXPLANATION
angl	=	anglicism
art	=	article problem
aux	=	auxiliary mistake
con	=	conjunction (needed/mistake)
g	=	gender mistake
inf	=	need infinitive
m	=	mood (indicative/subjunctive/conditional/imperative) problem
n	=	number (singular/plural) mistake
n/a	=	noun/adjective agreement problem
pl	=	placement mistake
pn	=	pronoun mistake
prep	=	preposition mistake
sp	=	spelling (includes accents) mistake
s/v	=	subject/verb agreement problem
t	=	tense mistake
voc	=	vocabulary problem
x	=	needs to be left out
?	=	not clear
^	=	something left out

INSTRUCTOR'S MANUAL

Sample Error Grid with Correction Code

NAME _____   COURSE _____

Topic 1

( ) ANGL	( ) ART	( ) AUX	( ) CON	( ) G	( ) INF	( ) M	( ) N	( ) N/A	( ) PL	( ) PN	( ) PREP	( ) SP	( ) S/V	( ) T	( ) VOC	( ) X	( ) ?	( ) '	POINTS MISSED	ACCURACY GRADE	CONTENT/ ORGANIZATION	1st VERSION GRADE	REWRITE GRADE

Topic 2

( ) ANGL	( ) ART	( ) AUX	( ) CON	( ) G	( ) INF	( ) M	( ) N	( ) N/A	( ) PL	( ) PN	( ) PREP	( ) SP	( ) S/V	( ) T	( ) VOC	( ) X	( ) ?	( ) '	POINTS MISSED	ACCURACY GRADE	CONTENT/ ORGANIZATION	1st VERSION GRADE	REWRITE GRADE

Topic 3

( ) ANGL	( ) ART	( ) AUX	( ) CON	( ) G	( ) INF	( ) M	( ) N	( ) N/A	( ) PL	( ) PN	( ) PREP	( ) SP	( ) S/V	( ) T	( ) VOC	( ) X	( ) ?	( ) '	POINTS MISSED	ACCURACY GRADE	CONTENT/ ORGANIZATION	1st VERSION GRADE	REWRITE GRADE

Topic 4

( ) ANGL	( ) ART	( ) AUX	( ) CON	( ) G	( ) INF	( ) M	( ) N	( ) N/A	( ) PL	( ) PN	( ) PREP	( ) SP	( ) S/V	( ) T	( ) VOC	( ) X	( ) ?	( ) '	POINTS MISSED	ACCURACY GRADE	CONTENT/ ORGANIZATION	1st VERSION GRADE	REWRITE GRADE

Topic 5

( ) ANGL	( ) ART	( ) AUX	( ) CON	( ) G	( ) INF	( ) M	( ) N	( ) N/A	( ) PL	( ) PN	( ) PREP	( ) SP	( ) S/V	( ) T	( ) VOC	( ) X	( ) ?	( ) '	POINTS MISSED	ACCURACY GRADE	CONTENT/ ORGANIZATION	1st VERSION GRADE	REWRITE GRADE

INSTRUCTOR'S MANUAL

Sample Error Grid without Correction Code

NAME _____   COURSE _____

Topic 1

Topic 2

Topic 3

Topic 4

Topic 5

E. Video and Film with **SUR LE VIF**

Video is a valuable ancillary both for developing students' listening skills and providing additional cultural information. Native speaker input combined with the wealth of authentic visual information provided by unscripted or semi-scripted video enhances the material presented through the written word. Since there is no specific videotape to accompany **SUR LE VIF,** instructors can select portions from videos they already own to complement the chapter themes.

Video segments can be shown during the class period, in which case the instructor will want to use both pre-viewing and post-viewing activities, some of which are provided with certain video programs. Students can also view assigned segments as homework to be done in the laboratory or media center, with worksheets to guide them.

Following are suggestions for video material that can be used to supplement each chapter of **SUR LE VIF**, using Heinle & Heinle videos and others:

Chapter 1 *France from Within 2*[1], program 5, «La chambre de Régis Jouin»

Chapter 2 *France from Within 2*[1], program 10, «Les jeunes parlent»

Chapter 3 French news segments (for example, from SCOLA, or *France Panorama*)

Chapter 4 *France from Within 2*[1], program 1, «La 2 CV»; program 2, «La mobylette»

Chapter 5 *The French Way*[1], part 10, Leisure Activities; or a short travelogue, if possible from a francophone vacation area

Chapter 6 Television commercials in French; a French TV program; or a French film on videotape which can be shown for group or individual viewing outside of class

Chapter 7 A French cartoon or children's short film

Chapter 8 *France from Within 1*[1], program 8, «Isabelle Chesnau, étudiante en droit, l'Université de Grenoble»

Chapter 9 French news segments (as for Chapter 3)

Since the authentic language heard in many videos will be very challenging to students on this level, it is important to simplify the viewing/listening task. This can be done by directing students to understand the gist and to look for specific information in their viewing. Three sample worksheets for Chapters 3 (or 9), 4, and 6 illustrate this approach. They are in French, but students could be allowed to reply in English. Students can also work on the worksheets in groups, helping each other with their comprehension of the video.

---

[1] By Bernard Petit Video Productions.

Sample Worksheets for Videos

CHAPITRE 3 (or **9**) Les informations

Date de l'émission:

Chaîne enregistrée:

A. Petite description du speaker/de la speakerine
B. Nommez deux événements/sujets traités dans chaque catégorie:
  1. Internationale
    Sur quel(s) pays a-t-on fait des reportages?
  2. Nationale
  3. Régionale (par exemple, Paris et banlieue)
  4. Faits divers (*human interest*)
C. Trouvez quelques différences entre les actualités françaises et les actualités américaines.

CHAPITRE 4 «La 2 CV» (*France from Within 2*, Part 1)

1. Donnez trois caractéristiques de la Deux Chevaux.
2. Quand était son heure de gloire?
3. Est-il facile ou difficile de trouver une 2 CV d'occasion? Pourquoi ou pourquoi pas?
4. Comment est-elle construite, cette voiture?
5. Combien de vitesses a la 2 CV?
6. Que pense le petit garçon de cette voiture?
7. Qu'est-ce qu'on peut faire avec le toit?
8. Pourquoi a-t-on du mal à bavarder dans une 2 CV?
9. Aimeriez-vous avoir une 2 CV? Pourquoi ou pourquoi pas?

CHAPITRE 6 Les publicités

1. Nommez cinq produits pour lesquels on fait de la publicité.
2. Quelle publicité préférez-vous? Décrivez-la et dites pourquoi vous la trouvez bonne.
3. Quelle publicité trouvez-vous mauvaise? Décrivez-la et dites pourquoi.
4. Qu'est-ce qui vous a étonné(e) dans les publicités françaises?
5. Dans quel sens les publicités françaises ressemblent-elles aux publicités américaines? Quelles sont les différences?

For additional information on the use of video, see:

Altman, Rick. *The Video Connection: Integrating Video into Language Teaching.* Boston: Houghton-Mifflin, 1989.

Feyten, Carine. "The Power of Listening Ability: An Overlooked Dimension in Language Acquisition." *Modern Language Journal 75:2* (1991): 173–180.

Geddes, Marion, and Gill Sturtridge, eds. *Video in the Language Classroom.* Portsmouth, NH: Heinemann Ed. Books, 1982.

Herron, Carol, and Irene Seay. "The Effect of Authentic Oral Texts on Student Listening Comprehension in the Foreign Language Classroom." *Foreign Language Annals 24:6* (1991): 487–495.

Lonergon, J. *Video in Language Teaching.* New York: Cambridge University Press, 1984.

Secules, Teresa, Carol Herron, and Michael Tomasello. "The Effect of Video Context on Foreign Language Learning." *Modern Language Journal 76:4* (1992): 480–490.

Stempleski, Susan, and Barry Tomalin. *Video in Action. Recipes for Using Video in Language Teaching.* Englewood Cliffs, NJ: Prentice Hall, 1990.

Films for **SUR LE VIF**

The films listed below are only suggestions, since what is acceptable will vary widely according to the language and maturity levels of the students and depending on the institutional setting. Because films date quickly, it is important to point out the time frame of the action so that students do not think a dated film represents contemporary France. All of the films listed below are available in foreign language video catalogs.

Chapter 1 «La boum»
Chapter 2 «L'ami de mon amie»
           «Quatre aventures de Reinette et Mirabelle»
Chapter 3 «Rue Cases-Nègre», «Chocolat»
Chapter 4 «Traffic» (Jacques Tati), «Weekend»
Chapter 5 «Les bronzés» *(spoof of Club Med)*, «Les vacances de M. Hulot» (Jacques Tati)
Chapter 6 Choose your favorite classic French film or an early silent film. In 1995 (100th anniversary of the cinema) many of the silent films of the *Frères Lumière* were reissued.
Chapter 7 «La belle et la bête» (Cocteau version). «Babar le film», «Astérix le Gaulois»
Chapter 8 «La gloire de mon père»
Chapter 9 «Alphaville», «Mon oncle» (Jacques Tati), «La jetée», or any science fiction film.

F. Internet Resources

Due to the rapid changes in material available on Internet, please consult the Heinle & Heinle home page http://www.thomson.com/heinle.html and then go to the **SUR LE VIF** listing. There you will find a regularly updated list of addresses to consult for information suitable for use with the textbook.

G. Tapes

Instructor's Tape

The Instructor's Tape provided with **SUR LE VIF** includes the following materials:

Classroom Materials   Selected readings and songs from the textbook.
- **Chapter 2** M. C. Solaar, «Victime de la mode» (performed by the composer)
- **Chapter 3** Francis Bebey, untitled poem (studio recording)
- **Interlude 1** Renaud, «Laisse béton» (performed by the composer)
- **Chapter 4** Fernand Raynaud, «La 2 CV de ma sœur» (performed by the author in front of an audience)
- **Interlude 2** Francis Cabrel, «L'arbre va tomber» (performed by the composer)
- **Chapter 7** La Fontaine, «La grenouille qui veut se faire aussi grosse que le bœuf» (studio recording)
- **Postlude** Bruce Daigrepont, «Disco et fais dodo» (performed by the composer)

Suggestions for integrating these recordings with the chapter in which the text appears can be found in the lesson plans (pp. IM 25–68) for the respective chapters.

Testing Tape

The Testing Tape contains the listening sections of quizzes and exams. These can also be used for additional listening practice in class. (The scripts and answer key are in the testing booklet.)

Audio Tapes

The audio tapes accompanying **SUR LE VIF** have been kept short, since students at the intermediate level often resent having to go to the language lab. Students can be told that the complete set of laboratory tapes is available for purchase, if that is more convenient for them. Each laboratory chapter has two parts: **Phonétique** (pronunciation rules and practice) and **Compréhension** (listening comprehension and dictation). Both sections are related thematically and lexically to the textbook chapter. The most effective use of the tapes (suggested in the homework assignments that accompany the lesson plans) is to assign the **Phonétique** section to be completed for the first day of the textbook chapter; the vocabulary and themes of the chapter are reinforced in the pronunciation practice. The **Compréhension** is assigned for the last day of the textbook chapter as a review of the thematic material. In programs in which students can have their own copies of the tapes, this type of division should not be difficult to manage. If students must listen to the tapes in a language lab, instructors may find it easier to assign both sections of the lab materials midway through each chapter.

V. Lesson Plans

The lesson plans proposed here are designed for courses meeting three days per week for one semester. However, their general principles can be applied for courses meeting more frequently or over a longer period of time. In those cases, more time will be available for each activity and fewer choices will have to be made. The culture notes and warm-ups can still be useful and the pattern of homework assignments may be helpful. Often variants are given for situations when more or less time is available, and for certain exercises, alternate versions are suggested for non-traditional students.

Each chapter's lesson plan has the following sections:

- **Culture notes** provide additional background information on the chapter theme. This material need not be incorporated into the lesson but may provide answers to questions from students.

- **Warm-ups** for each day's lesson recycle previously taught material, check on student preparation, or focus attention on the theme of the chapter. A choice is given when possible.

- **The material to be covered** and its **sequencing** are detailed for each day of the chapter. Used with the marginal annotations, these plans will make it easier for instructors to teach with **SUR LE VIF.**

- **Homework assignments** (study of the **Structures** in the textbook as well as sections in the *Cahier*) to be completed for the following class meeting are suggested. Specific exercises in the *Cahier* are not indicated, since each instructor will choose those best suited to the class.

Prélude
EN COURS DE LANGUE

Culture Notes

At present, the study of modern foreign languages is increasing on the secondary level in France due to the greater number of students in the second professional cycle who are studying a first foreign language and ever larger numbers in all secondary tracks learning a second foreign language.

Theoretically, fourteen languages are options for the **baccalauréat:** German, English, literary Arabic, Chinese, Danish, Spanish, modern Greek, modern Hebrew, Italian, Japanese, Dutch, Polish, Portuguese, and Russian. In reality, the vast majority of students study English, German, or Spanish, both when they start the secondary cycle **(en sixième)** and later when they can choose a second foreign language **(en quatrième).**[1]

The goals of the **Prélude** are to acquaint students with the course and the organization of the textbook; to allow them to get to know each other and the instructor; and to refresh their knowledge of French.

The **Prélude** is designed to be completed in two days, with approximately 15 minutes of the first day devoted to organizational matters (policies, syllabus, etc.).

Day 1

Warm-ups   1. Ask students personal questions to bring out the diversity of the class: *Où habite votre famille? Avez-vous des frères ou des sœurs? Qu'est-ce que vous aimez faire quand vous avez du temps libre?*, etc.

OR: 2. Ask students to free-associate with the word **français.** *A quoi est-ce que vous pensez quand je dis «français»?*

Write **«Il faut de tout pour faire un monde»** (*Text, p. 3*) on the board. Then ask students to look at their classmates and describe them, with prompts as needed to stress differences: physical appearance, home town, family composition, interests, etc. Then point to the saying on the board and ask what it could mean.

Qui sont vos camarades de classe? (*Text, p. 3*)   Suggest that students work with someone they do not yet know. As a follow-up they can report the name of the student and two details they found interesting.

Les langues à l'école en France (*Text, p. 4*)   If the students have the book, ask them to read this silently, then do the follow-up questions and discussion. If students do not have the book, do **Qui est le professeur?** (*Text, p. 3*) with each student preparing two questions to ask you. Then in groups of three they can choose the two they like best. Do not allow them to repeat questions already asked.

---

[1] «Les langues vivantes dans le secondaire», *Avenirs,* No. 454: Les langues étrangères, ONISEP, mai 1994, p. 15.

At the end of the class period show students the book and point out its organization.

Homework   *(to be completed for Prélude, Day 2)*

IN TEXT: Ask students to read the preface of the textbook.

IN *CAHIER*:   Assign all or a selection of exercises for the **Prélude** in the ***CAHIER***. These exercises will allow you to get to know your students and serve as a diagnostic for assessing their language skills.

Day 2

Warm-ups

1. Students can provide adjectives to describe the ideal student and/or the ideal professor. They can also provide words to describe the worst possible student or professor. Encourage exaggeration.

OR:

2. Ask: *Que fait un professeur dans un cours de langue? Que font les étudiants?* Do not allow students to repeat answers given by others. Ask for infinitives or sentences. **Variant:** Ask: *Qu'est-ce qu'un professeur ne fait jamais? Et les étudiants, que ne font-ils jamais? Que font-ils quelquefois?, etc.* Encourage exaggeration for humor here.

Begin either with **Qui est le professeur?** *(Text, p. 3)*, if not done on Day 1, or **Les langues à l'école en France** *(Text, p. 4)* and follow-up activities. In groups, students can prepare reasons to study each of the languages mentioned to present to the whole class. This can also be done rapidly as a whole-class activity.

Expressions utiles *(Text, p. 4)*   Ask students what Americans say to hesitate, then read the French expressions and have them repeat after you.

Time permitting, choose among the follow-up activities. This should move quickly, since students will be referred to the expressions in Chapter 1.

«Journal de Berthier, 18 ans, dit Momo» *(Text, p. 5)*   Allow about 5 minutes for discussion of the pre-reading question, then 5 minutes for the reading so that students don't dwell too much on details. Comprehension activities should be varied between the whole class and small groups. Ask students to correct false statements and to say where in the text they find the justification for saying a statement is true.

Le cours idéal *(Text, p. 6)*   Depending on time, this activity can be done very quickly with the whole class, or groups can prepare more complete descriptions of their ideal classes.

Homework *(to be completed for Chapter 1, Day 1)*

Remind students of the textbook and workbook organization. Point out the location of the answer key and how you want it to be used. (SUGGESTION: Students could mark their corrections in a different color and put "?" next to items they do not understand.)

IN TEXT:	Ask students to study the Chapter 1 vocabulary.
Structures:	Have students review the present tense.
IN *CAHIER*:	Assign a selection of self-check exercises for vocabulary and the present tense.
Lab:	Assign the Chapter 1, **Phonétique** section.

Chapter 1
EN FAMILLE

Culture Notes

In France, young people and their parents get along quite well. The compromise achieved several years ago by which adult children remain at home longer is still operational. Both sides are capable of adjusting the terms of the agreement, but it is important that freedom in the private and social spheres be maintained. Those who leave the nest don't necessarily break their ties with their family and those who remain know how to maintain their independence, even if the conditions in both cases are determined by the constraints of study or work. The relationship between parents and children has become adult.

One of the exceptions to this *modus vivendi* is the situation of daughters. Girls tend to leave home earlier than boys, even if they are not well established in the world of work, because it is harder for them to achieve the same level of independence granted to their brothers. Sociological studies reveal that girls are more strictly controlled and disagreements between them and their parents occur more frequently.[1]

NOTE: The vocabulary list for this chapter may seem long, but students will already know many of the words and expressions. You may want to point out that some of the vocabulary builds on familiar words (e.g., **beau-père**). Students should be encouraged to learn those words and expressions which enable them to discuss their personal situations.

Day 1

Warm-ups   1. Discuss the opener photos by asking students to describe what they see.

OR: 2. Begin with the **Entrons en matière** question on students' ideas about the ideal family.

---

[1]Jean-Michel Normand, *Le Monde*, 14 janvier 1994, *Le Monde*, Dossiers et Documents, No. 229, février 1995.

Les rapports dans la famille moderne (*Text, p. 10*)   This selection should be read silently. Before students read, you can ask them to look for things that French young people like about their parents and what they criticize. Pairs or the whole class can do the true/false items. If done in pairs, check answers quickly, asking for corrections of false statements and supporting information from the text for the true ones.

A discuter (*Text, p. 11*)   If pressed for time, give students two minutes to think of reasons for young French people to live with their parents longer, then discuss with the whole class. If time permits, students can discuss this in groups and present their ideas to the class in a follow-up.

Personnellement (*Text, p. 11*)   Encourage students to work with other students they do not yet know. These questions are very basic, so students can be encouraged to work quickly. If there are non-traditional students in the class, this activity may need to be adjusted for them. They could be asked to record the answers of their classmates; if they have adult children, they could explain where they live. To simplify the follow-up, tally the answers on the board: how many live in dorms, apartments, with family; how many alone; how they like their living arrangements.

On se comprend? (*Text, p. 12*)   These pre-reading activities can be very brief or students can prepare a more complete description of their grandparents and what their relationship is with them.
   Variant for non-traditional students   If they have grandchildren, the question becomes what their relationship is with them; if not, the question can be generalized into types of relationships that exist between grandchildren and grandparents. Students can look at the cartoon and offer their ideas as to what is going on. The actual reading of the cartoon and comprehension questions can be assigned as homework.

Homework   *(to be completed for Chapter 1, Day 2)*

IN TEXT: Have students read the cartoon and prepare answers to the true/false comprehension questions. **Option:** Ask students to prepare two or three sentences (to present orally) to explain what the girl could have told her grandmother.

Structures: Have students review infinitives and imperatives.

IN *CAHIER:*   Make a selection of the **Entraînement** exercises on infinitives and imperatives and choose some present tense activities from the **Développement** section.

Day 2

Warm-ups   1. **Ça veut dire quoi** from **Applications** (*Text, p. 13*)   The first two items can be done by the whole class and the rest completed in small groups. You can add additional vocabulary from the list.

OR: 2. Ask students if there is anyone in their family with whom they prefer to discuss their problems and why they choose that particular person. If there is no response, ask them what kinds of things young people (in general) prefer to discuss with their friends rather than family members. Since this is potentially delicate, keeping it general may help to generate discussion.

Check comprehension of the cartoon quickly, then ask students for ideas on what the girl could have told her grandmother.

Variant: If they have prepared in advance, they can compare their answers in groups of three, selecting the one they like best to present to the class.

La grand-mère indiscrète (*Text, p. 13*)   **Variant:** Do the first two items with the whole class, selecting one student to ask, another to answer for each item. Then students can complete the activity in pairs. As a follow-up, some answers can be written on the board. This allows you to reinforce the meaning and usage of **venir de.** If time permits, practice can be continued with personal questions to practice conjugation of **venir** and to stress the use of the infinitive after the preposition: *Imaginez: Il est une heure.* (Add times as needed.) *Qu'est-ce que vous venez de faire? et vos parents? et moi (le prof)?*

Applications (*Text, pp. 13–16*)   Select exercises/activities based on the needs of your students, varying between whole-class and small-group work. Careful error correction with emphasis on use of the present, the infinitive, and the imperative will demonstrate to students that the grammar they have prepared for class is being practiced and will allow them to ask questions. This may avoid the need for lengthy explanations.

Homework   *(to be completed for Chapter 1, Day 3)*

Structures: Have students study the ***faire* causatif** construction.

IN *CAHIER:*   Assign the **Entraînement** exercise on ***faire* causatif.** Make a selection of the **Développment** exercises.

Day 3

Warm-ups   1. Explain what you like and don't like to do when taking care of your home/apartment/room. Then ask students who does what kind of household tasks in their family.

OR: 2. Students can explain what their parents make them do to help out when they are at home.

Variant for non-traditional students   If they have children, what do they make their children do? If not, what do they have their partner do? If not, what do they have other people do? Stress the *faire* **causatif** construction here.

Applications (*Text, p. 13–16*)   Continue activities as needed, but allow enough time to complete at least the first part of the reading. *Faire* **causatif** may be an unfamiliar construction which requires some illustration on the board.

«Et la famille... ça va?» (*Text, p. 16*)   The pre-reading activities orient students to the topic and the tone of the readings. Their comprehension will be enhanced if they know they are reading humorous, stereotypical descriptions.

     Variant   Time permitting, ask students to describe the families that are represented by the drawings: What are the relationships like? What do the family members like to do? How do they spend their time together?

     Variant   Begin the class with the pre-reading questions and then complete the first section of the reading and the following comprehension activities. Do an **Applications** activity, and then return to the second part of the reading.

Homework   *(to be completed for Chapter 1, Day 4)*

     IN **TEXT:**   Assign the sections of the reading that you did not have time to cover in class and ask students to complete the comprehension activity for the second part.

     Other options will vary depending on whether or not there will be a quiz and how much additional time you have. Some choices: Have students review for a quiz, finish reading and comprehension questions, prepare debate positions, or prepare role play.

     IN *CAHIER:*   Choose some **Développement** activities and/or one of the composition topics from **Expression.**
     Lab: Assign the **Compréhension** section for Chapter 1, if **Phonétique** was completed earlier, or have students do all of the lab activities.

Day 4

Warm-ups   1. Ask students which family they would like to be part of and why; which one they would *not* like to be part of and why.

     OR: 2. Students can suggest adjectives to describe their own families.

Finish the reading and comprehension activities. If the comprehension activities were assigned as homework, check them quickly.

     Select follow-up activities or **Expansion** activities according to time available.

✍ **Quiz**

Homework   *(to be completed for Chapter 2, Day 1)*

IN TEXT: Ask students to review the vocabulary for Chapter 2.
Structures: Assign a review of descriptive adjectives.

IN *CAHIER*:   Make a selection of **Entraînement** exercises for vocabulary and descriptive adjectives.
Lab: Assign Chapter 2, **Phonétique.**

Chapter 2
LES JEUNES

Culture Notes

MC Solaar was born on March 5, 1969, in Dakar. His father taught Spanish and English, and worked as an interpreter, but his parents divorced when Solaar was a baby and he moved to Paris with his mother, brothers, and sisters. He began learning English at home when a boarding student from Chad agreed to translate into French the words from various reggae songs.

In 1982 Solaar learned about rap music when the group "Zulu Nation d'Afrika Bambaataa" arrived in France. Throughout his high school years Solaar would frequently skip school and go to the public library at the **Centre Beaubourg** to read, among other things, dictionaries. He passed his **bac** and enrolled in Jussieu (Paris VII) in 1989, intending to concentrate on English and Spanish. A little more than a year later Solaar abandonned his studies to devote himself full time to writing and recording songs.

Solaar is fascinated by word play, alliteration, palindromes, and anagrams. He reads dictionaries, and says he is convinced that his work will not get better unless he concentrates increasingly on «la langue, son histoire, sa géographie.» The ideal for Solaar, according to an interview he gave in 1995, is to find a totally obsolete word, perhaps one from Rabelais, for example, and to bring it back to life in one of his songs. The CD on which «Victime de la mode» is found had sold 370,000 copies by the end of 1993.[1]

A wide variety of descriptive adjectives are presented in the vocabulary of Chapter 2. This allows students to engage in more complex exercises involving description than they were able to do in elementary French. The vocabulary for clothing is quite limited, however, because elementary-level textbooks tend to cover this topic in considerable detail. Students should be encouraged to expand their clothing vocabulary according to their own personal taste and style.

---

[1] •Bernard Loupias, Fabrice Pliskin. «La littérapture selon Solaar», *Le Nouvel observateur,* 27 janvier-2 février 1994, pp. 88-90.
  •Olivier Wicker, «MC Solaar: Je ne suis pas celui que vous croyez», *Libération Le Magazine* 18-24 février 1993, pp. 22-25.

Day 1

Warm-ups

1. Discuss the opener photos by asking students to describe the physical characteristics and clothing of the various people.

OR:

2. Lead students in a discussion of how they think young people differ from older people (their parents, for example). Some topics to mention are: clothing, music, interests, activities, philosophy, politics, and language.

Le verlan, c'est l'envers... (*Text, p. 24*)   Lead the whole class in a discussion of **«les langues inventées» (Avant de lire).** It may be difficult for students to describe in detail a language they invented as a child, but for those who can, ask them to demonstrate a bit of the language for the class. The goal here is to get students to start thinking about the various ways people communicate with their peers, and when and why it is important. Students can complete the comprehension questions individually or with a partner.

Jeux de mots (*Text, p. 24*)   This activity is provided for those instructors who want to give their students a few minutes to relax and play with the language. It should not be taken as a serious exercise, and students should be made aware of the fact that it really is a game. Activity A can be done quickly with the class working together to find the answers, or students can work individually in a timed exercise before everyone is allowed to look up the correct answers. For Activity B, have students spend a few minutes guessing the origin of the **verlan** invented by the different groups.

«Victime de la mode» (*Text, p. 25–26*)   You may want to engage the students in a brief discussion of the way in which the concepts of beauty and fashion have evolved since the time of Pascal. Ask the students if they think these concepts have become (or are becoming) universal with the advent of satellite television, international marketing, etc. Some words related to body image that are found in the song are: **régime, poids, le jogging, la liposuccion, kilos.** You may want to have the students listen to the song twice: the first time for overall comprehension, and the second time to focus on specific words. When discussing the answers to the questions, check to see that students understand the meaning of the expression **être bien dans sa peau** (*to feel good about oneself*).

A discuter (*Text, p. 27*)   To motivate this discussion of whether the obsession with body image is uniquely female, you may want to bring to class magazines like *GQ, Esquire*, etc. This question can also be assigned as a homework exercise, requiring students to bring in photos of their choice to support their opinions.

Homework   *(to be completed for Chapter 2, Day 2)*

IN TEXT: Have students prepare an argument for the **A discuter** *(Text, p. 27),* if the exercise was not completed in class.

Structures: Have students review adverb formation and position; the formation and use of the comparative and the superlative.

IN *CAHIER:*   Make a selection of **Entraînement** and **Développement** exercises.

Day 2

Warm-ups

1. Select students to present their argument for the **A discuter** question.

OR: 2. Have students describe the people in the opener photos, if this was not done the first day.

OR: 3. Ask students questions about types of dress at their own school that will elicit the use of some of the clothing vocabulary.

The class period can be divided between **Applications** activities *(Text, pp. 27–30)* and the first part of the reading **Avoir vingt ans en 1994** *(Text, pp. 31–32).* Additional grammar-focused activities can be done on the third day of the chapter.

Avoir vingt ans en 1994 *(Text, p. 31)*   Engaging students in work on the pre-reading activities will introduce them to the subject of this reading and familiarize them with some vocabulary related to politics. If you have older students, it will be interesting to see if they are more or less cynical about their influence on the government than their younger classmates. Find out what the students think about the minimum wage — is it sufficient? Do they know anyone who is out of work? Do they ever expect to find themselves in this situation? Have students read the first part of the reading silently, then, time permitting, engage the whole class in a discussion of the questions.

Homework   *(to be completed for Chapter 2, Day 3)*

IN TEXT: Assign the comprehension questions for Part 1 of the reading, if they were not completed in class.

Structures: Have students study **Il (elle) est** *vs.* **c'est.**

IN *CAHIER:*   Make a selection of **Entraînement** and **Développement** exercises.

Day 3

Warm-ups   1. Ask students to make a statement, using a comparative or superlative construction, in which they compare two political figures (**le président des Etats-Unis avec le président de la République française; le président des Etats-Unis avec son vice-président;** etc.).

OR: 2. Bring in pictures of famous people, including political figures, movie stars, etc., and ask students to describe their physical characteristics.

Allez plus loin *(Text, p. 32)*   Students at this level may not be able to grasp the subtle difference in the text between the use of **on** and **je.** This question will provide an opportunity to review the meaning and various ways of using **on** in French. Similar guidance will be needed for students to understand what is meant by the student Laure when she speaks of **le ton servile et hypocrite** *(Text, p. 33, line 8).* These questions can be skipped altogether if time is short or you feel your class is not ready for them.

Continue with **Applications** *(Text, pp.27–30),* as needed, or select an exercise from **Activités d'expansion** *(Text, pp. 34–35).*

Homework   *(to be completed for Chapter 2, Day 4)*

IN TEXT: You may want to assign Exercise C of **Activités d'expansion** as a writing activity.

IN *CAHIER:*   Select from the **Développement** and **Expression** activities, if the writing activity from the text is not being assigned.

Lab: Assign the **Compréhension** section for Chapter 2.

Day 4

Warm-ups   1. If students were assigned writing activity C *(Text, p. 35)* for this class, ask the students what it was that they complained about or praised in their letters.

OR: 2. Present sentences on the board (or a transparency master) which students have to complete using **il/elle est** or **c'est.**

Select **Expansion** activities according to time available.

✍ **Quiz**

Homework *(to be completed for Chapter 3, Day 1)*

IN TEXT: Ask students to review the vocabulary for Chapter 3.
Structures: Assign a review of the **passé composé** and the imperfect.

IN *CAHIER*: Assign the vocabulary exercises, and a selection of **Entraînement** exercises on the **passé composé** and the imperfect.
Lab: Assign the **Phonétique** section of the laboratory exercises.

Chapter 3
LE MAL DU PAYS

Culture Notes

In 1993, two aspects of citizenship law were changed in France. The first reform states that a child born in France of parents who are not French nationals no longer automatically becomes a French citizen at the age of 18. The child must make a formal application for citizenship between the age of 16 and 21; citizenship is granted if the individual has lived in France for at least five years and has not been convicted of certain crimes. The second reform concerns marriages with foreigners: the non-French spouse is granted citizenship only after two years of living together, or earlier if the couple has a child born during that period. However, the marriage can be delayed if the authorities suspect that the union is motivated solely by the desire of the non-French spouse to obtain citizenship.

These reforms are part of the French government's new policy toward immigration. In the past, France has always welcomed immigrants and even encouraged them (Italians and Poles in the 1920s, North Africans in the 1960s) to work in mines and factories. Of the some 55 million people living in France today, 14 million are immigrants or children or grandchildren of immigrants. Nevertheless, increasing unemployment and a changing political climate have made new laws limiting immigration necessary. The police now have the authority to stop anyone at any time to check identity papers. The **Loi Pasqua,** named after the Minister of the Interior in the last years of the Mitterrand government and not repealed by the Chirac government, severely restricts immigration and makes it much more possible that illegal immigrants will be expelled.

A consensus that immigration should be limited pervades the right as well as the left sides of the political spectrum. Some support these measures out of fear. Others think that reducing the number of immigrants will offer a better chance of employment to those that *are* allowed into the country. (In 1993 there were twice as many unemployed among foreigners aged 15 to 25 as there were among the French of the same age.) A reduction in immigration and unemployment may ensure a smoother integration of new citizens into French society. [1]

---

[1] Jacques Duquesne, «Actualité», *Phosphore,* juillet 1993.

Day 1

Warm-ups   1. Ask students to discuss the photos in the chapter opener. Who are these people? What they are doing? Stress the two themes of the chapter: *immigration* and *work*.

OR: 2. Ask students about immigration patterns into the United States: What countries did people come from, when and why? Students can also give their own ethnic backgrounds. Refer students to Appendix B for the use of prepositions with place names.

The graph on immigration in France *(Text, p. 38)* can be done quickly, with pairs or the whole class responding to the true/false comprehension items. Ask students to support their answers or correct the false ones. The material given later in the chapter is more demanding and will require more time, so this opener should be very brief.

A discuter *(Text, p. 38)*   This activity can be presented using the map in the front of the textbook if a large map or a transparency is not available. If most students seem to know very little, present some basic information about French colonies and independence, then go on. If there are students who know more, they can be encouraged to work with others in groups. This could also be assigned for out-of-class research, with groups of students responsible for presenting information to the class about francophone countries and regions.

A la recherche d'un travail *(Text, pp. 39–40)*   Students will recognize the structure of this reading. Ask them for terms to talk about poems. You will be able to keep it fairly simple, since most poetry terms are cognates. You can play the tape while they read along in the text. The comprehension questions can be divided among groups or done with the whole class.

Le départ de l'ouvrier immigré *(Text, p. 40)*   Stress the appropriate use of past tenses in this activity and with careful error correction, ask students why certain tenses are appropriate. If groups prepare one item each, then a general story can be created out of the parts.

A la recherche d'un titre *(Text, p. 40)*   This can be assigned as homework for the second day of the chapter.

Homework   *(to be completed for Chapter 3, Day 2)*

IN TEXT: Have students study the vocabulary.
Structures: Ask students to review the pluperfect, **manquer à,** and **rendre.**

IN *CAHIER:*   Assign the vocabulary exercises, and a selection of **Entraînement** and **Développement** exercises for the past tenses.

Day 2

Warm-ups

1. **A la recherche d'un titre,** in which students choose a title for the Bebey poem, is a good warm-up activity.

OR:

2. Using expressions to indicate present and past, ask students to make a statement about their life now and to compare it to their life in the past.

OR:

3. In the **Applications** section, either vocabulary exercise A or B would work well as a warm-up.

The class period can be divided between **Applications** activities and the first part of the reading. Additional grammar-focused activities can be done on the third day of the chapter. Activities C and D focus on past tense usage. Students can write their responses on the board so they can check their understanding of both formation and usage of the past tenses. Activity F calls for a personal recounting of students' first work experiences.

SOME USEFUL VOCABULARY FOR TYPICAL STUDENT JOBS

le serveur/la serveuse (*waiter/server*)

le caissier/la caissière (*cashier*)

le plongeur/la plongeuse (*dishwasher*)

un aide-serveur (*busperson*)

le/la baby-sitter (faire du baby-sitting, garder des enfants)

le jardinier/la jardinière (*gardener*)

le vendeur/la vendeuse (*salesclerk*)

le/la secouriste (*lifeguard*)

le moniteur/la monitrice (*counselor/instructor of a sport, as in moniteur de tennis/de ski*)

Encourage students to look up and learn vocabulary pertinent to their own experience.

Because the reading for «Printemps» is quite challenging, it is recommended that the first part be done in class, preferably as directed reading. Since the mother does not have a name, students sometimes get confused as to whose story they are reading. Encourage the retelling of major events in students' own words if the comprehension questions don't produce answers.

Homework   *(to be completed for Chapter 3, Day 3)*

IN TEXT: Have students prepare the second part of «Printemps» and the comprehension questions. Assign the **Récapitulation** only if you have completed the first part of the reading in class.

Structures: Students should study **partir, sortir,** and **quitter.**

IN *CAHIER*:   Assign either a selection of **Développement** exercises or an **Expression** writing assignment.

Lab: Assign the **Compréhension** section.

Day 3

Warm-ups

1. Do a rapid summary of Part 1 of «Printemps», with each student contributing something.

OR: 2. Using **manquer à,** students can recount what they miss when they are not at home.

OR: 3. Using **rendre** + *adjective*, students can say how certain aspects of their life make them feel: **les examens, le week-end, mes amis, mes profs, mes cours,** etc. Insist that they use different adjectives.

If the second part of the reading was assigned for homework, check comprehension. Then do the **Récapitulation,** with groups preparing each section. If the second part was not assigned, have students read it in class after you assign a comprehension question to each one. As they read, they can look for answers to their question. If more than one student has been assigned the same question, students can compare their answers and present their combined efforts to the class. This variant can also be used for homework: each student prepares an answer to only one question at home, then in class the answers are combined.

Continue with **Applications** activities as needed or select from **Activités d'expansion.**

Homework   *(to be completed for next class)*

IN TEXT: Students could write the letter that the mother received.

IN *CAHIER*:   Have students do one writing activity in **Expression** if one was not previously assigned.

Interlude 1
«LAISSE BÉTON»

Culture Notes

Renaud, whose full name is Renaud Séchan, is the grandson of a professor at the Sorbonne on one side, and of a coal miner on the other. Born in 1952, he went to high school in Paris and got caught up in the events of May 1968. To earn a living he did a variety of odd jobs, while writing poetry and songs on the side. He acted in comedies of the café-théâtre circuit, and was a street musician with a friend who played the accordion.

«Laisse béton», the title song of Renaud's second album which appeared in 1977, marked the beginning of his enormous popularity. Ironically, he became a singer almost in spite of himself when a record company offered to cut a record for him; originally he had hoped to become an actor. One explanation for the popularity of this musician, whose songs often deal with quite depressing subjects about everyday life in France, is that he always interjects humor where it might least be expected. He plays with the lyrics, uses double-entendres, and often speaks directly to his audience. Renaud has been described as a *très intelligent*

metteur en scène de ses chansons, qui sait créer aussi la connivence avec un public cultivé, et joue à plein du goût actuel de ce public pour les langues qui ne sont pas le français standard. (La Chanson d'aujourd'hui: mythes et images du temps présent [Sèvres: Les Dossiers de Sèvres, 1984], pp. 167, 168.)

The **Interludes** of **SUR LE VIF** can be covered during one class period, with no specific preparation on the part of the student. They recycle both thematic material and grammar structures of the three preceding chapters, using activities designed to provide a substantive yet entertaining review. A corresponding section in the workbook, provided for those who have more time in their curriculum for each unit of the book, contains creative writing suggestions.

Interlude 1 is based on the song «Laisse béton» by Renaud. The main character in this song is a young man living in the Parisian suburbs who apparently spends most of his time either hanging out in the local café playing pinball or repairing his **mobylette** *(motor scooter)*. He is accosted by three different hooligan-types who end up taking his fancy boots, his leather jacket, and his Levi-Strauss blue jeans. In spite of the seemingly violent subject, the song contains many comic elements, and the music is cheerful and upbeat.

The title of the song, «Laisse béton», is the only example of the use of **verlan** (*laissez tomber* or *let it drop; leave me alone*), but the song itself is a wonderful study of the slang and popular speech of French young people—often difficult, if not impossible, for the uninitiated to understand.

Un mec super cool? The drawing depicts a rather pleasant-looking thug. He is dressed appropriately (black leather jacket, jeans, boots, slicked-back hair, etc.), but doesn't look at all threatening. Have students brainstorm about the drawing: describe the man and try to determine whether his appearance reveals something about his character. Encourage the use of descriptive adjectives, adverbs, comparisons, and superlatives. The goals of this exercise are to get students involved with the theme of the **Interlude,** and to review the grammar of Chapter 3.

«Laisse béton» Although the song is replete with slang, the "plot" is quite simple, and repeats itself. It is important for students to read the lyrics with an eye to finding the answers to these basic questions: Who are the characters? What are they doing? Why are they doing it?

Have students do a silent reading of the *morale* and then engage in a general class discussion of the songwriter's intentions.

Ecoutons! Have students listen to the tape of the song. Then have the class divide into groups of three or four to discuss and compare their reactions to the song. Follow up with volunteers from various groups comparing their answers; make a list on the board of the songs in English they think have lyrics (or music) similar to those in «Laisse béton».

Homework *(to be completed for the next class period)*

Writing activity A or B in Workbook, Interlude I. Assign either A or B (or give students the choice), calling attention to the fact that both subjects require narration and description in the past (a review of Chapter 3 **Structures**).

Homework *(to be completed for Chapter 4, Day 1)*

IN TEXT: Ask students to review the chapter vocabulary.
Structures: Assign a review of the object pronouns, **y** and **en.**

IN *CAHIER*:   Make a selection of **Entraînement** and **Développement** exercises.
Lab: Assign the **Phonétique** section of the laboratory material for Chapter 4.

Chapter 4
EN ROUTE!

Culture Notes

The 2 CV (two horsepower, «Bécassine»[1], two paws, «Deuche», TPV or «Toute Petite Voiture») the automobile dreamed up in 1935 by Pierre-Jules Boulanger, president of Citroën, one day when he found himself in Auvergne in a village traffic jam caused by all the farmers coming to market. Seeing their wagons, pushcarts, and wheelbarrows, he realized that these people had no gas-powered motorized vehicles to make their work easier. Once he got back to Paris, Boulanger is said to have instructed his design engineers to build a car that could carry two people and 50 kilos of potatoes, attain a speed of 60 km/hour and burn only 3 liters of gas per 100 kms. He wanted this car to be able to travel the worst country roads, be light enough to allow an inexperienced female driver to handle it easily, and have a suspension so superior that eggs would not break on the way to market. Finally, this car had to be affordable to the farmers it was designed for.

Starting in 1937, various prototypes began to appear. The first, which had an aluminum frame covered in waxed canvas (similar to the construction of the early airplanes), almost lifted off the ground when it was taken for its trial run. The early models had hammocks hung from the roof in place of seats, windows made of mica, one headlight on the left, no blinkers, a hand-operated windshield wiper, and a pull-cord (and later a crank) to start the motor.

---

[1] **Bécassine:** nom d'un personnage de bande dessinée, datant d'avant la guerre de 1914, représentant la paysanne.

On September 22, 1949, the car dealerships sent in their first orders, and the success of the 2 CV was immediate! 876 of these cars were sold in 1949, 6,200 in 1950, 14,800 in 1951, and beginning in 1957 more than 100,000 2 CV were sold every year. In July 1990, however, fifty-five years after the birth of the 2 CV, the last factory (which was located in Portugal) had to close its doors due to an insufficient number of customers.[2]

Additional vocabulary:

l'embrayage *m.*	*clutch*	le pare-brise	*windshield*
le frein	*brake*	le pare-chocs	*bumper*
l'accélérateur *m.*	*accelerator*	le vitre	*window*
le levier (de vitesse)	*gearshift*	le réservoir	*gas tank*
la galerie	*roof rack*	la portière	*car door*
l'antenne *f.*	*antenna*	le siège avant	*front seat*
le capot	*hood*	le siège arrière	*back seat*
le moteur	*engine*	la plaque	
le clignotant	*blinker*	d'immatriculation	*license plate*

Day 1

Warm-ups

1. Discuss opener photos by asking students to describe the various vehicles.

OR:

2. Begin class by asking students about their driving habits, preferences, etc. For example: Do they like to drive; why or why not? Do they do a lot of driving? Do they have a car? What kind of car do they have/would they like to have? It may be necessary to precede this discussion by a quick review of the conjugation of the verb **conduire.**

Sauriez-vous conduire en France?[3] When discussing the cartoon, you may also want to point out other "clues" that this scene takes place in France, and probably in Paris: the style of the streetlamps, the fact that the stoplights are attached to posts rather than being suspended overhead, the balconies on the buildings, berets worn by the truckdrivers. The driving test itself should

---

[2]Adapté de: Jean-Pierre Adine, «La 2 CV: quelle histoire!» *Le Point,* 2 juillet 1990, pp. 118–123.

[3]Note that up to this point, the Lesson Plans have provided page numbers for all sections that directly refer to the student text. This was to help instructors become familiar with the link between the Lesson Plans and the student text. Wherever the suggestions in the Lesson Plans correspond to a specific section or activity in the student text, you will see the heading from the student text repeated here in the Lesson Plan. For example, the heading above, **Sauriez-vous conduire en France? (Avant de lire)** indicates that what follows is a suggestion on how to use the section and activity with the same titles in the student text. All suggestions in the Lesson Plans are given in the same order as the corresponding sections in the student text so you can easily find your place in the student text. There will be no page numbers given from this point on.

not take too much time; the point really is just to show the students some interesting differences between driving laws in the two countries. It is not expected that students will know most of the answers to the test, but they should be encouraged to guess. If students' driving habits were discussed as a warm-up, you may choose to skip the **A discuter** question.

«La voiture change de sexe»   To motivate student discussion of the **Entrons en matière** section about masculine *vs.* feminine attributes for automobiles, bring in a variety of ads that show cars in all sizes and shapes. Having ads of American and Japanese cars will facilitate discussion of **Avant de lire,** which introduces students to the four ads for different cars made by Renault. When working with these two activities, encourage the students to use as many different descriptive adjectives as they can, as well as comparative and superlative constructions. Then you can begin the reading in class, or assign it as homework.

Homework   *(to be completed for Chapter 4, Day 2)*

IN TEXT: Ask students to read «La voiture change de sexe» if it was not done in class, and to answer the comprehension questions.

Structures: Ask students to review the order of object pronouns, **y,** and **en,** as well as the forms and use of disjunctive pronouns.

IN *CAHIER:*   Make a selection of **Entraînement** and **Développement** exercises.

Day 2

Warm-ups   1. Ask students what their favorite means of transportation is. You may need to supply vocabulary words such as **la marche à pied, le vélo, le train, les patins (les rollers), l'avion.** Have them discuss the advantages or disadvantages of these means of transportation compared to that of the automobile.

OR: 2. Bring in pictures of various people (young and old, famous and unknown, etc.) and ask students to imagine the type of car each person would drive.

If time permits, you may want to organize a debate around the **A discuter** question (whether the analysis of the new model cars could be considered sexist). The exercises in the **Applications** section of Chapter 4 each have a somewhat different focus, one from the other. Exercise A, a paragraph-length story, provides an opportunity for students to understand the usefulness of object pronouns; Exercise B is a review of the vocabulary and the imperative as well as of object pronouns; Exercise C is a review of narration and description in the past combined with the use of disjunctive pronouns.

«La 2 CV de ma sœur»   Students need to have at least a vague idea of what a 2CV is like to be able to appreciate completely the humor of this text. You can refer them to the photos of the 2CV cars on pages 55 and 62, show the Heinle & Heinle video segment «La 2 CV» (*France from Within, Part I*), and/or share with them some of the information provided in the culture note at the beginning of the Chapter 4 Lesson Plan. The information or hints about the sister in the second paragraph show that she is (or considers herself to be) a very prudent driver; she drives very slowly and always in the middle of the road; her driving causes other people to have wrecks. If students have a good idea of what both the car and the sister are like, they will find the reading much more accessible.

Homework   *(to be completed for Chapter 4, Day 3)*

IN TEXT: Ask students to read Part I of the **Lecture,** and to prepare the comprehension questions for discussion.
Structures: Review the use of the expression **se moquer de.**

IN *CAHIER:*   Make a selection of **Entraînement** and **Développement** exercises.

Day 3

Warm-ups   1. Have one or two pairs who worked together on the **Incidents de route** dialogue read theirs to the class. If this was done as at-home writing, ask a few students to read theirs. Ask students to focus on the use of disjunctive pronouns in these dialogues and to add more, if appropriate.

OR: 2. Present the following words in a list on the board and ask students to use them in sentences in such a way that they are clearly related to the part of the story they read for homework: **convoi du cirque, gros pachyderme, tonneau rouge, cognac.**

Complete the second part of the reading and the second set of comprehension questions in class. Play the recording of this sketch after discussing all of the comprehension questions. Time permitting, continue with one or both of the questions in the **Allez plus loin** section. Students may find it amusing to try to role-play small bits of this dialogue between the **gendarmes** and the sister — an activity that will emphasize the orality of the text.

Homework *(to be completed for Chapter 4, Day 4)*

IN TEXT: Organize teams for the debate (Who are the most dangerous drivers?) suggested in **Expansion** Activity B, or select a different activity as an out-of-class writing assignment.

IN *CAHIER*: Select from **Développement** and **Expression** activities, if the writing activity from the text is not being assigned.

Lab: Assign the **Compréhension** section for Chapter 4.

Day 4

Warm-ups   1. Ask students to reflect on the many ways their lives would change if they didn't have a car or access to one.

OR: 2. Bring to class enough photos/ads of cars, cut in half, to allow each student to have one half. Ask students to circulate in the classroom to find the other half of their car. They must only ask questions of their classmates, not show each other their pictures.

Select **Expansion** activities according to time available.

✍ **Quiz**

Homework *(to be completed for Chapter 5, Day 1)*

IN TEXT: Ask students to review the vocabulary for Chapter 5.
Structures: Assign a review of the interrogative.

IN *CAHIER*: Assign the vocabulary exercises, and a selection of **Entraînement** exercises on the interrogative.
Lab: Assign the **Phonétique** section of the laboratory exercises.

Chapter 5
LES VOYAGES

Culture Notes

In 1993, tourists spent 132.5 billion francs in France, which makes tourism the number one product of French "foreign trade." France has the highest number of visitors per year, ahead of the United States and Spain, with tourism accounting for 2.7% of the gross domestic product.

At present, some 35 million French people leave their residences on vacation while 25 million stay at home, not only for financial reasons but also because they want to enjoy their garden, visit friends, go to the movies without standing in line, etc.

Those who go away on vacation prefer to travel in the summer, with average stays of twenty-two days at their destination. Four-fifths of the departures are still in July and August, but short winter holidays are gaining in popularity. Traveling by car from a large city to stay with friends or family is the most typical pattern (40%). The favorite destination remains the beach (Brittany, Atlantic, and Mediterranean coasts).

The most often visited sites in France are, in decreasing order of frequency: Notre Dame (Paris), Mont Saint-Michel, the cathedral at Reims, and the château at Versailles. The regions which experience the largest growth in population during vacation periods are: Corse (+ 45%), Languedoc (+ 35%), Bretagne (+ 17%), and Poitou-Charentes (+ 17%). The population of the Ile-de-France (Paris region) decreases by 24% in the summer.

Only 15% of the French travel to foreign countries in the summer, most of them to visit relatives. Spain remains the preferred country, followed by North Africa, Portugal, and Italy.[1]

Day 1

Warm-ups   1. Ask students to describe the typical American vacation: length of time, mode of travel, favorite destinations.

OR: 2. Ask students to describe what is happening in the cartoon. Encourage students to use their car vocabulary from Chapter 4.

Les vacances en France   Students can skim the text quickly to find the words which can be written on the board in the two categories: *vacation* and *work*. Keep this brief, since there are many words relating to vacation. Then students should read the passage more slowly. The comprehension questions can be done quickly with the whole class or in pairs if more time is available.

A discuter   This discussion of favorite vacation regions in France can be very short if done as a quick brainstorming activity with the whole class. If time permits, students can work in groups or even prepare answers by doing some research and then presenting their findings to the class.

Bon voyage   (Pre-reading variant)   To begin reviewing question formation in class, ask students to prepare a certain number of questions they would want to ask before signing up for a trip to an exotic destination. Then students can quickly read about the four trips described.

Comprenez-vous?   Groups of two or three students can select the appropriate destination for one of the sets of travelers and prepare the reasons for their choice. The class as a whole can compare the choices, since more than one group will probably have the same traveler(s).

---

[1]«Avons-nous vraiment besoin de vacances?» *Ça m'intéresse,* juin 1994, pp. 65, 66.

Projets de vacances Depending on time remaining, students could choose their vacation destination from the advertisements on pages 72–73 and find their partners, completing the activity in the following class period. Or they can begin asking questions to prepare the reasons for their choice. This activity has the potential of being very long, but need not be if students find their partners quickly (they should begin once they have found two others with the same destination) and are given clear time limits (5-7 minutes).

Homework   *(to be completed for Chapter 5, Day 2)*

IN TEXT: Have students study the vocabulary.
Structures: Ask students to study the **passé simple** and **passé antérieur.**

IN *CAHIER:*   Assign the **Entraînement** exercises for the **passé simple** and a selection of **Développement** exercises on interrogatives.

Day 2

Warm-ups   1. Ask students to describe their ideal vacation. To generate vocabulary from the chapter, ask them about the activities they like, where they like to stay, how they like to travel.

OR: 2. To recycle adjectives, ask students to describe what kinds of people (physical characteristics and personality) would do some of the activities listed in the vocabulary, i.e., **faire du camping, faire du stop, chasser, pêcher, faire du rafting,** etc.

Projets de vacances If students were able to complete this activity on the preceding day, two or three groups can report the reasons for their choice of vacation spot and the others can be polled to see what the favorites are in the class. If the exercise has not been finished, give students 5-7 minutes to complete it and then report.

Select some of the **Applications** activities to practice question formation, using careful error correction to reinforce the forms, writing them on the board as needed. The **lequel** structures are often new to students and may require illustration so that students learn the contextual nature of these forms. Vary activities between whole-class and small-group work. **Le sondage sans questions** can also be done as written homework.

To vary the class rhythm, you may wish to begin the first part of «Les déserteuses». To review **passé simple** forms, students can skim the text looking for **passé simple** verbs and give the **passé composé** equivalent before they read. Students could finish the first section of the reading, which is easier, at home, preparing the comprehension questions for the next class meeting.

Homework   *(to be completed for Chapter 5, Day 3)*

IN TEXT: Have students finish the first part of the reading and answer the comprehension questions.

Structures: Ask students to review **depuis, pendant,** and **pour.**

IN *CAHIER*:   Make a selection of exercises from **Entraînement** and/or **Développement.**

Day 3

Warm-ups

1. Write five or six interrogative forms on the board. Ask students to use them to create questions they could ask someone about a trip he or she had taken. This also reviews past tenses in question formation.

OR:

2. Ask students what kind of activities would be appropriate for the following regions: **les Alpes, la Côte d'Azur, le Maroc, la Martinique, le Québec.**

«Les déserteuses»   If the reading has been assigned as homework, ask for a quick summary of what happens. There are very few "events" in this section of the reading. Then go over the comprehension questions.

Continue with the **Applications** activities and the second part of the reading. There are no **Applications** activities for the **passé simple** since students are not expected to produce these forms, only recognize them. Students can pick out the past tenses in the second part of the reading and identify them, suggesting why they are used.

You may wish to assign students to groups to prepare their roles for the family vacation discussion **(Activités d'expansion C)** for the next class meeting.

Homework   *(to be completed for Chapter 5, Day 4)*

IN TEXT: Ask the students to reread the Gabrielle Roy story and write a continuation.

IN *CAHIER*:   Assign the writing activity from **Expression** (if in-text writing is not assigned).

Lab: Assign the **Compréhension** section.

Day 4

Warm-ups

1. Have students look at the survey in the **Activités d'expansion** on what French people consider important for a successful vacation. Poll students about their ideas for what makes a successful vacation.

OR: 2. List a certain number of verbs in the **passé simple** on the board for students to identify, either giving the **passé composé** or the infinitive form, or both.

Activités d'expansion   The family vacation discussion works well with students even if they have not prepared it in advance. Put students in groups, giving them three minutes to decide on their role within the family (age, relationship, sex). Then they have five minutes to plan where they want to go and what they want to do. The group can then rehearse for five minutes, leaving time for several groups to perform for the class if you are giving a quiz. If you don't plan to give a quiz, more groups can perform.

✍ **Quiz**

Homework   *(to be completed for Chapter 6, Day 1)*

IN TEXT: Have students review the vocabulary.
Structures: Ask students to review negations.

IN *CAHIER:*   Make a selection of **Entraînement** exercises for vocabulary and negations.
Lab: Assign the **Phonétique** section.

Chapter 6
CINE ET TELE

Culture Notes

Television:

During the average lifetime a French person will spend more total time watching television (9 years) than working (7 years); French children spend more time each year in front of the TV (900 hours) than they do in the classroom (800 hours).

Far from hurting print media, the popularity of television in France has actually caused it to grow: among the eight most popular magazines in France in 1993, seven were related to television **(Télé 7 Jours, TV Magazine, Télé Star, Télé Z, TV Hebdo, Télé Poche, Télé Loisirs)**. All of these publications together claim 5 to 11 million readers.

Cinema:

One of the most popular recent French movies is *Les Visiteurs,* released in January 1993. 520,000 people went to see it the first week, and by the end of the first year the number of spectators had risen to 13.6 million. This movie, which takes an ironic look at contemporary society, can be compared to Montesquieu's *Lettres persanes,* written in the 18th century. The humor in *Les Visiteurs* so appreciated by the French public has so far not attracted the same following among

American moviegoers, however. The number of spectators during the week following the release of *Les Visiteurs* in the States in the summer of 1996 was unexpectedly low.[1]

Day 1

Warm-ups

1. Discuss the opener photos by asking students to describe what they see, then ask them to explain what, if anything, is different about these pictures than they would find in pictures taken in the U.S.

OR:

2. Begin the class with general questions about students' likes and dislikes concerning movies and TV. Do they like going to movies? Do they watch a lot of TV? What types of movies do they like? What do they watch on TV?

After discussing the cartoon, ask students what they think about violence in movies and on TV. Do they think this violence has a negative influence on children? On adults?

Devant la télé It is important to make sure students don't get too bogged down in the various numbers given in this reading selection, but at the same time, the pre-reading activity and the reading itself provide an opportunity to practice "large" numbers, something students at this level still find quite challenging.

La censure When working on the **Entrons en matière** question, it may be necessary to help students think of subjects that might have been censored. It is likely that they themselves will think primarily about explicit sex and violence, since those are the subjects most often discussed today. Other subjects affected by censorship were politics, religion, marriage (and divorce). When discussing students' personal reaction to the text and to censorship in general, you may want to include a discussion of the Internet. Question 2 of **Réaction personnelle** is included to see if students interpret the last line of the text as equating women, children, and animals, and, if so, what they think about it.

Homework *(to be completed for Chapter 6, Day 2)*

IN TEXT: If the **Réaction personnelle** questions were not covered in class, you may want to assign one or more to be answered in writing as homework.

Structures: Ask students to review relative pronouns and the expression **il s'agit de.**

IN *CAHIER:*   Make a selection of **Entraînement** and **Développement** exercises.

---

[1]Adapté de: Gérard Mermet, *Francoscopie* 1995 (Paris: Larousse, 1994), pp. 383, 393, 406.

Day 2

Warm-ups

1. Continue discussion of censorship in the film industry today in the USA (item 3 in **Réaction personnelle**).

OR:

2. Direct students to the chapter opener photo of the old lady watching television. Ask them to make a "collective" portrait of her: Who is she? What is she like? What role does the television play in her life? What does she like to watch? What does she think about censorship on television? etc. Once this collective portrait has been written on the board, ask students to improve it by including relative pronouns, where appropriate.

Select **Applications** exercises, according to the needs of your students.

«Maïmouna» To get your students into the right frame of mind to discuss the **Entrons en matière** question, remind them of fictional characters such as Snow White **(Blanche Neige)** and Rip Van Winkle, who wake up after an extended period of sleep to find that the world has changed remarkably since they fell asleep. This approach will also act as a preview for the storytelling theme in Chapter 7.

The clues to the historical time frame of the story which students are asked to find in **Pour mieux comprendre** are the references to the colonies and the distinction made between the **personnalités européennes les plus marquantes** and the **négrillons.**

Homework   *(to be completed for Chapter 6, Day 3)*

IN TEXT: Ask students to read Part 1 of the **Lecture,** and to prepare the comprehension questions for discussion.

IN *CAHIER:* Make a selection of **Entraînement** and **Développement** exercises.

Day 3

Warm-ups

1. If **Application** Exercise B has not already been done, use it now to motivate students to talk about their movie preferences.

OR:

2. Show a video of French television ads, and ask students to discuss the differences they see between them and American TV ads.

A votre avis A possible significance of the seating order as described in the reading is that the members of the family were seated in descending "order of importance," with the male and head of the household first, and the servant last.

A votre avis   The movies more than likely came from France, since Maïmouna says she learned to follow the story even though she didn't know French. There also could have been movies from other countries that were dubbed in French before being sent to the colonies.

Select from the **Activités d'expansion** exercises.

Homework   *(to be completed for next class)*

IN TEXT: You may want to assign **Expansion** Activity B as an out-of-class writing assignment.

IN *CAHIER:*   Select from **Développement** and **Expression** activities, if the writing activity from the text is not being assigned.

Lab: Assign the **Compréhension** section for Chapter 6.

Interlude 2
«L'ARBRE VA TOMBER»

Culture Notes

From an interview with Cabrel:

Q: Does a Cabrel song always have to have a profound meaning?

A: Each song has to reflect on something, otherwise it has no purpose. «L'arbre va tomber» is a kind of village snapshot which can make people think about ecology, but it doesn't have real philosophical depth. I prefer to talk around the problems of the world which trouble me, such as Bosnia, Tibet, Africa, AIDS, without addressing them too directly. I like using small strokes which suggest bigger issues without stating them directly. If the theme of a song gets too heavy or even bloody it crushes the music. I avoid too many topical references since they date too quickly.

[…] I like having references to nature in my songs. My music has a kind of rural rock and roll quality; I adore the images in American country music. Last year [1993], after my stay in Canada, I went to Nashville with my children to listen to country music. But aside from music, I'm not terribly interested in the United States.[1]

NOTE: If you or your students are interested in additional Cabrel songs, «L'arbre va tomber» comes from the CD *Samedi soir sur la terre* Sony/Columbia.

---

[1]Tesseyre, Cécile «Francis Cabrel: Son jardin secret», *Télé 7 Jours,* 23-29 avril 1994, pp. 23, 24.

Interlude II can be covered in either one whole class period, or in a partial class period.

Suggestions for a whole-class period

Warm-up   Have students look at the drawing and answer the related questions.

Pre-listening: Since understanding the words of a song can be quite challenging, it is suggested that the text of the song be treated initially as a reading activity, with students completing the activities before they listen. Answers prepared in small groups can then be discussed by the whole class.

Remind students to listen for the refrain while you play the song.

Le refrain   Several groups can present their ideas as to the meaning of the refrain to the class, with others contributing additional thoughts.

Interprétons   This is an optional activity for classes where students enjoy going into greater depth in their interpretations.

   In the remaining time, students can read the statement about French ecological concerns, discuss their own ecological concerns in **Et chez nous?,** and propose solutions in **Des solutions.** See below for additional vocabulary for discussing environmental issues.

Suggestions for a partial class period

   Begin with review as needed, saving 20 minutes for the song. Follow the lesson plan as suggested for the whole class period but do the pre-listening exercise as a whole-class activity. Students can still read the text of the song, but it will save time if the instructor leads the discussion of the answers to the questions.

   Play the song and ask the class as a whole what they think the refrain could mean.

ADDITIONAL VOCABULARY FOR DISCUSSING ENVIRONMENTAL ISSUES

General
biologique *adj.*: *natural, organic, as in* un produit biologique *(an organic product)*
l'extinction *f.* *extinction*
disparu *adj.* *extinct*
le gaspillage *waste*
gaspiller *to waste*
polluer *to pollute*
le recyclage *recycling*
recycler *to recycle*
les ressources naturelles *f.* *natural resources*

Cars
l'essence sans plomb *f.* *unleaded gasoline*
le gaz d'échappement *exhaust fumes*
la voiture électrique *electric car*
les transports en commun *m.* *public transit*

Energy
la centrale électrique *electric power station*
la centrale nucléaire *nuclear power plant*

Energy (cont.)
le charbon   *coal*
le combustible fossile   *fossil fuel*
l'énergie nucléaire *f.*   *nuclear energy*
l'énergie solaire   *solar energy*
l'exploitation minière *f.*   *mining*
les gisements de pétrole *m.*   *oil deposits*
la houille blanche   *hydroelectric power*
l'industrie pétrolière *f.*   *oil industry*
le pétrole   *oil*

Water
l'approvisionnement en eau *m.*
   water supply (for a town)
le barrage   *dam*

les eaux sales (usées) *f.pl.*
   waste water
l'égoût *m.*   *sewer*
le niveau hydrographique   *water table*
la pluie acide   *acid rain*
les vidanges *f.pl.*   *sewage*

Dealing with waste
la décharge   *garbage dump*
l'éboueur *m.*   *garbage collector*
incinérer   *to incinerate*
jeter   *to throw (something away)*
les ordures ménagères *f.pl.*
   household waste

Homework   *(to be completed for the next class period)*

If you are planning a review session for the following class period, assign a selection of the activities in the **Cahier** for **Interlude 2.** The first exercises are self-check and allow students to review some of the structures they have been studying in the preceding chapters.

If you are planning an exam for the following class period, the activities in the **Cahier** for **Interlude 2** may need to be omitted.

Homework   *(to be completed for Chapter 7, Day 1)*

IN TEXT:	Have students study the vocabulary.
Structures:	Ask students to study the formation of the subjunctive and the subjunctive *vs.* the indicative.
IN CAHIER:	Make a selection of **Entraînement** activities for vocabulary formation, and usage of the subjunctive.
Lab:	Assign the **Phonétique** section.

Chapter 7
TRADITIONS

Culture Notes

This chapter presents three aspects of folk tales. The first selection is a retelling in French of a portion of a Madagascar creation myth. Many African folk tales were collected by French anthropologists and folklorists. Even though these stories were told in the native language, it is through their translations into French and printing that they have become accessible to a wider audience. Given the continuing importance of the French presence (cultural as well as military and economic) in West Africa, and the current French foreign policy commitment to this region, it seemed appropriate to include this material. Current American interests in cultural diversity also make it important to expose our students to non-European traditions.

Fables exist in all cultures, and the concept should be familiar to our students, even if they don't know specific examples. La Fontaine reworked many of the Greek themes but is classic in his own right. If students seem particularly interested they can be directed to some of the simpler fables («La Cigale et la Fourmi», «Le Corbeau et le Renard» , «Le Loup et l'Agneau»). They could even memorize one for presentation to the class.

Many of the best-known fairy and folk tales come from the oral tradition and have remarkably similar plot lines across cultures. The most famous collection of these stories is that of the Brothers Grimm, who systematically searched them out in early nineteenth-century Germany. In France, the best known "author" of such tales was Charles Perrault. In the late seventeenth century he transformed folk tales into moralistic works of literature appealing to children and adults alike. The best known of his works are: «La Belle au bois dormant» *(Sleeping Beauty)*, «Le Petit Chaperon rouge» *(Little Red Riding Hood)*, «Barbe-Bleue» *(Bluebeard)*, «Cendrillon» *(Cinderella)*, «Le Petit Poucet» *(Little Thumbling* or *Tom Thumb)*, and «Le Chat botté» *(Puss in Boots).*

NOTE: Some students may not know (or remember) the plots of the basic fairy tales, or will know only the Disney version. This is an interesting opportunity to encourage narration in the form of "re-creating" the plots, based on collective memory, and to see where there are disagreements in how they remember a particular story.

The complete text of «Barbe-Bleue» is attached for students who may wish to read it in its entirety. Only the beginning of the tale, somewhat adapted for ease of listening comprehension, is presented in the lab materials for this chapter as a dictation.

NOTE: The readings in this chapter are not challenging and have a strong narrative line. They can be read quickly and most of the third reading could be done outside of class. Class time is therefore available for work on the subjunctive. Many of the reading-related activities also require use of the subjunctive, allowing for additional reinforcement of the structures.

VOCABULARY NOTE: The expression **bâtir des châteaux en Espagne** dates from a practice of the Middle Ages when knights were promised castles in Spain as their fiefdoms but had to conquer them first.

Day 1

Warm-ups   1. Ask students if they daydream in class. In which classes? About what?

OR: 2. As vocabulary practice, ask students to name the types of characters found in fairy tales, first the heroes/heroines, then the villains.

Have students "read" the cartoon and answer the questions. Ask them if they think this is typical, sad, funny, etc.

Un conte   The pre-reading and the reading are intended to be provocative in today's climate. You may wish to point out that in most traditions it is the woman who is willing to suffer and sacrifice her well-being for her children. **Réactions** checks comprehension and obliges students to use subjunctive forms without having to decide whether or not the subjunctive is appropriate. Careful error correction and an insistence on varying verbs will help drill the forms. **Un conte moderne** can also be assigned as written homework, or it can be omitted, depending on the level and interest of the students, as well as on time available.

Une fable   It is possible that there will be enough time in the first class period to do the pre-reading activities.

Animals often found in fables are: **le renard** (la ruse, l'intelligence), **le loup** (la puissance, la force), **le chien** (la fidelité), **le chat** (l'intelligence, l'indépendance), **le serpent** (le mal, la duplicité), **l'agneau** (l'innocence). Students may have other ideas what the different animals in fables represent and should be allowed to explain them. If there is not enough time, this can be assigned as homework.

Homework   *(to be completed for Chapter 7, Day 2)*

IN TEXT: Have students study the vocabulary.
Structures: Ask students to review subjunctive and infinitive usage and have them prepare characteristics of fables if this was not completed in class.

IN *CAHIER:*   Make a selection of exercises from **Entraînement** and **Développement.**

Day 2
Warm-ups   1. You could start with one of the vocabulary exercises (A, B) from **Applications.**
OR: 2. Students can name all the animals they know in French to focus on animals in fables.

«La grenouille qui veut se faire aussi grosse que le bœuf»   Ask students to compare a frog and an ox, then to look at the illustration to see if it corresponds to their ideas. If you wish to recycle the **passé simple,** students can find the **passé simple** verbs in the fable and give the **passé composé** equivalents, either before or after reading. Students can read the fable while you play the recording. Then they can complete the comprehension questions.

Variant   Instead of the comprehension questions, students could retell the fable in their own words, in the past.

Note   If students ask about the difference in the fable title on the illustration, please explain that the usage was different in the 17th century.

Select some of the **Applications** activities.

Homework *(to be completed for Chapter 7, Day 3)*

Structures: Have students review conjunctions requiring the subjunctive and their equivalent prepositions.

IN *CAHIER*: Assign the **Entraînement** exercises for conjunctions and a selection of exercises from **Développement.**

Day 3

Warm-ups
1. Write the beginnings of sentences on the board for students to complete with an infinitive or the subjunctive. For example: *C'est l'histoire d'un prince et d'une princesse.*
  1) Le prince veut…   2) Mais la princesse préfère que…
  3) La reine croit qu'il est important…   4) Le page est désolé…   5) Le roi est content que…

OR:
2. Ask students what fairy tales they know, giving them the corresponding titles in French.

Continue the **Applications** activities as needed.

«La fleur, le miroir et le cheval» This reading is very easy for students so once they have done the pre-reading activities, they can be pushed to complete the first part quickly. Assign the second part to be read at home.

Homework *(to be completed for Chapter 7, Day 4)*

IN TEXT: Have students finish reading **«La fleur, le miroir et le cheval»** and either answer the comprehension questions or prepare a brief summary of the events of the story. Students can find a solution to the dilemma of the young men.

IN *CAHIER*: Assign a writing exercise from **Expression.**
Lab: Assign the **Compréhension** section.

Day 4

Warm-ups
1. Ask for solutions to the problem of the young men. Whom should the young woman marry at the end?
OR:
2. Students can create a tale of impossible love by contributing sentences to continue the story: **Il était une fois un chevalier malheureux…**

Check comprehension of the second part of the reading, either using the questions in the text or asking students for a summary of the events of the story. One student can begin, then others should contribute until the story has been summarized. This also reviews past tenses.

Select from the **Activités d'expansion.**

✍ **Quiz**

Homework   *(to be completed for Chapter 8, Day 1)*

IN TEXT: Have students study the vocabulary.
Structures: Ask students to study the demonstrative pronouns.

IN *CAHIER:*   Assign the **Entraînement** exercises for vocabulary and demonstrative pronouns.
Lab: Assign the **Phonétique** section.

Barbe-Bleue

Il y avait autrefois sur les montagnes d'Auvergne un magnifique château avec de grandes tours: on ne pouvait y pénétrer qu'en passant sur un pont-volant qui se relevait immédiatement, et l'on disait dans le pays que tous ceux qui y entraient n'en ressortaient pas. On l'appelait le château maudit.

Les gens du pays évitaient de passer dans les environs et aussi craignaient de rencontrer le seigneur. C'était un homme bien méchant, très grand et très fort, ne sortant que vêtu de fer et monté sur un cheval noir. Il avait une grande barbe à reflets bleus; et pour cela on ne l'appelait que Barbe-Bleue. Il était toujours seul et on ne lui avait jamais connu d'amis.

Les femmes, surtout, craignaient sa rencontre, car l'on disait qu'il emportait dans son château toutes celles qui lui plaisaient, et que jamais plus on ne les revoyait.

Or, un jour la belle Catherine, la fille au père Barriez, était allée chercher du bois dans la forêt. Elle était bien contente, ce jour-là, car elle venait d'être fiancée au plus beau et meilleur garçon de l'endroit, et leur mariage devait avoir lieu après la moisson. Tout en chantant, elle alla bien avant dans la forêt, jusqu'au sentier des Trois-Solitaires, ne pensant guère au méchant Barbe-Bleue. Son fagot de branches sèches était terminé et elle s'apprêtait à rentrer chez son père, quand tout à coup Barbe-Bleue se trouva devant elle. Il la saisit, la plaça devant lui sur son cheval et, au galop, regagna son château. Il l'amena dans une belle chambre où il y avait des meubles recouverts de soie, d'or et d'argent. «Tout cela t'appartiendra, Catherine, lui dit-il, car dans trois jours tu seras ma femme; prépare-toi, voici des étoffes pour te faire des robes; n'épargne rien, car je veux que tu sois belle le jour de notre mariage. Tu peux aller prier dans la chapelle du château; mais ne cherche pas à fuir, ce serait inutile; le pont-volant est levé, les tours sont hautes et les fossés profonds. Tu entends les aboiements d'un chien; il te dévorerait certainement s'il pouvait te saisir; de plus tu es si éloignée de chez ton père, que dans huit jours tu ne pourrais y parvenir: tu mourrais de fatigue ou j'aurais le temps de te retrouver pour te tuer.»

La pauvre fille eut beau supplier de la laisser retourner chez son père, auprès de son fiancé, tout fut inutile: Barbe-Bleue la quitta, en lui annonçant qu'il allait au loin chercher un prêtre pour les unir, et qu'on le mettrait à mort après.

Catherine était effrayée, car elle avait entendu dire bien des fois que Barbe-Bleue avait eu plusieurs femmes et qu'il les avait fait mourir quelques jours après le mariage. Ce qui la faisait beaucoup pleurer, c'est qu'elle ne devait plus revoir son fiancé qu'elle aimait tant.

—Je vais prier, dit-elle, et me préparer, non au mariage, mais à la mort.

Elle s'en fut dans la chapelle qui était resplendissante de lumière; tous les cierges étaient allumés, mais elle fut bien surprise et eut grand'peur quand elle aperçut devant l'autel trois énormes pierres, trois tombeaux.

Catherine s'agenouilla et commença sa prière, l'entrecoupant de larmes et de sanglots. Tout à coup elle entendit une voix qui disait: "Pauvre Catherine!" Aussitôt une seconde voix dit: "Pauvre Catherine!" et une troisième répéta bien tristement: "Pauvre Catherine!" en même temps les pierres qui recouvraient les trois tombeaux se soulevèrent.

—Qui êtes-vous, dit-elle, vous qui me plaignez tant?

Trois femmes enveloppées de leurs suaires sortirent des tombeaux et lui répondirent:

—Nous sommes les trois femmes que Barbe-Bleue a tuées, et tu feras la quatrième, si tu ne réussis pas à te sauver.

—Et comment pourrais-je fuir? dit Catherine; le pont-volant est levé, la tour est haute et les fossés sont profonds, le chien me dévorerait, et la route pour aller chez mon père est si longue, si longue, que je ne pourrais y arriver en huit jours.

—Prends cette corde avec laquelle Barbe-Bleue m'a étranglée, dit la première, et tu te laisseras glisser le long de la muraille.

—Prends ce poison avec lequel Barbe-Bleue m'a empoisonnée, dit la seconde; tu le jetteras au chien qui l'avalera et tombera mort.

—Prends ce gros bâton avec lequel Barbe-Bleue m'a assommée, dit la troisième; tu t'appuieras dessus pour faire ton long voyage.

Et toutes trois ajoutèrent:

—Dépêche-toi; car si Barbe-Bleue revenait, il te tuerait. Bonne chance, Catherine! Adieu.

Et elles rentrèrent dans leurs tombeaux.

Catherine prit le poison, la corde et le bâton. Dans la cour elle jeta le poison au chien qui s'élançait sur elle; il l'avala et tomba foudroyé; elle attacha la corde et se laissa glisser le long de la muraille.

Une fois dans les champs, Catherine se mit à courir, tant elle était pressée de s'éloigner du château maudit, mais elle fut bientôt fatiguée, et elle s'appuya sur le bâton. Après avoir longuement cheminé, elle rentra chez son père, qui pleurait au coin du feu, parce qu'il croyait que sa fille avait été dévorée par les loups.

Un mois après, Catherine épousait son fiancé; ils furent très heureux et eurent beaucoup d'enfants; elle ne retourna jamais dans la forêt, mais elle apprit que lorsque Barbe-Bleue était rentré chez lui, furieux de ne pas la retrouver, il s'était mis à sa poursuite dans le but de la ramener dans son château pour la faire bien souffrir et la tuer après.

Pendant trois mois, il parcourut les environs, la cherchant partout inutilement. Enfin, un jour, on le trouva mort, juste à l'endroit où il avait rencontré Catherine; c'était un loup-garou qui l'avait tué, disait-on. Longtemps après, l'on entendait encore, la nuit, au sentier des Trois-Solitaires, des rugissements et des sanglots. Les habitants du pays n'y passaient jamais après le coucher du soleil, quand les poules sont au poulailler.

A l'endroit où se trouvait le château de Barbe-Bleue, l'on vit pendant longtemps des spectres blancs, des revenants; c'étaient, disait-on, les femmes et les prêtres que le méchant seigneur avait assassinés.

Jeunes filles, n'allez jamais trop avant dans la forêt, rappelez-vous les malheurs de Catherine, vous pourriez y rencontrer des méchants Barbe-Bleue et vous seriez perdues.

(Cette version du conte vient de l'Auvergne.)

Chapter 8
RITES DE PASSAGE

Culture Notes

The **baccalauréat (bac)** was created by Napoléon I in 1808, and for the first session, professors traveled around France for the better part of a year administering the essentially oral test on Latin and Greek authors. For this first **bac,** 1,054 candidates were registered. In 1821, the subject matter was expanded to include science, history, and geography. In 1831, written exams were inaugurated, and in 1880, Latin was replaced by French. In 1862, an exception to the rules was made to allow a thirty-seven-year-old female schoolteacher, Julie-Victoire Daubié, to receive her **bac,** but it was not until 1924 that women were officially allowed to present themselves as candidates for the exam. In 1860, 4,000 people registered to take the **bac;** 15,000 in 1931; 32,000 in 1950; 67,000 in 1970; 220,000 in 1980, 384,000 in 1990; 665,000 in 1995. Today there are almost 80 different varieties of the **bac,** and annually this exam costs more than a billion francs to produce, administer, and grade.

Day 1
Warm-ups

1. Engage students in a discussion about the French educational system, in order to find out how much they know. Has anyone in the class ever studied in France? Do students know what the **bac** is? Do they know about the different grading system?, etc.

OR: 2. Ask students to describe a teacher/professor who had an influence (positive or negative) on their lives/studies. Encourage the use of the chapter vocabulary, where appropriate.

Agrippine   While students at first may be reluctant to discuss cheating openly in class, they can be motivated to reflect on this subject by asking what they think about school honor codes, or about cheating in general (on taxes, for example). Students may need help deciphering the text of the cartoon, since the handwritten text is in the French style. One difference you may want to point out is that in longhand the "p" is not closed up as it is in English. If the French grading scale was not covered in the warm-up, it will be important to do that before asking students to read the cartoon. A factor affecting the teacher's reaction that students probably will not be aware of is that cheating is much more widespread in French schools than in American schools; this explains why the teacher does not appear to be concerned about this copying incident.

«La vie d'étudiant: bonheur ou malheur?»   Once students have generated a list of the things they like and dislike (or are unhappy about) in their school, take a few minutes to discuss with them whether these might be the same concerns that French students have. Since the campus is the center of the American student's life, their list will probably include topics such as living conditions, sports facilities, food, etc., that would not be at all similar in France.

Homework   *(to be completed for Chapter 8, Day 2)*

IN TEXT: Ask students to complete the second part of the reading and the comprehension questions.

Structures: Assign a review of the passive voice and of the expression **plaire à.**

IN *CAHIER:*   Make a selection of **Entraînement** and **Développement** exercises.

Day 2
Warm-ups

1. Ask students if they like student life, and why or why not. Are they impatient to get out into the "real world," or would they like to prolong their present situation? If there are older students (or part-time, working students) in the class, ask them how it is being a student and being in the "real world" at the same time.

OR: 2. Use the **A discuter** activity as the topic for a warm-up discussion. If you haven't already given students information about the French **bac** (see Culture Notes at the beginning of the Chapter 8 Lesson Plan), they will probably need to have at least some general information now in order to be able to engage in a substantive discussion on this topic.

Select from among the various **Applications** exercises, according to the needs of your students.

«La place»   It will be important to cover both **Entrons en matière** and **Avant de lire** in class, before assigning the reading for out-of-class work. It may be somewhat rare for today's students to have parents who do not have a high school or college degree, and the students who do may be reluctant to talk about it in front of their classmates, so it will be best to try to keep the discussion impersonal. The point of the **Avant de lire** activity is to focus students' attention on the distinction set up in these two parts between *me* **(je)** and *him* **(le père).**

Homework   *(to be completed for Chapter 8, Day 3)*

IN TEXT: Ask students to read Part 1 of the **Lecture**, and to prepare the comprehension questions for discussion.

Structures: Ask students to review **tout.**

IN *CAHIER*:   Make a selection of **Entraînement** and **Développement** exercises.

Day 3

Warm-ups   1. Select an activity from the **Applications** section.
OR: 2. Discuss the questions in the **Allez plus loin** section.

Complete the second part of the reading in class. Finish up exercises from the **Applications** section that were not done earlier, or select an **Expansion** activity.

Homework   *(to be completed for Chapter 8, Day 4)*

IN TEXT: Organize teams for the debate of **Expansion** Activity B, or select a different activity as an out-of-class writing assignment.

IN *CAHIER*:   Select from **Développement** and **Expression** activities, if the writing activity from the text is not being assigned.

Lab: Assign the **Compréhension** section for Chapter 4.

Day 4

Warm-ups   1. Engage students in a discussion about the relationship between what they study in school and their everyday life. Do they think their courses should be more or less "practical" or technical? What do they think about curriculum requirements such as foreign language or general biology?

OR: 2. Engage students in a discussion about what they consider to be "student rights." Explain how grades in France are public information, and how teachers will often talk about a student's work in class, in front of the other students. Would they like to be treated that way?

Select **Expansion** activities according to time available.

✍ **Quiz**

Homework   *(to be completed for Chapter 9, Day 1)*

IN TEXT: Ask students to review the vocabulary for Chapter 9.
Structures: Assign a review of the future and conditional.

IN *CAHIER*:   Assign the vocabulary exercises, and a selection of **Entraînement** exercises on the future and conditional.
Lab: Assign the **Phonétique** section of the laboratory exercises.

Chapter 9
L'AVENIR

Culture Notes

TECHNOLOGY: When new media are launched in France, the initiative usually comes from the State while the private sector sometimes takes years to catch up. […] With the Internet, however, it's the other way around. The private sector was the first to strike out into cyberspace and the public sector is now scrambling to get online.

Yet even the private sector hesitated at first, in part because of the American origins of the Internet. Fortunately, attitudes changed and fast. Last year [1995] access providers began jumping into the French market, generating a price war that has made it easier for the general public to go online. About that same time, French businesses and organizations decided that Web sites were **un must**—even Government Ministries now have their own home pages. […]

France Télécom recently signed an agreement to distribute Netscape software and is developing Internet services in France. What does this mean for Minitel? Clearly, there's no longer any chance that it will expand beyond French borders. That said, its widespread use (six million terminals) and simplicity ensure that it will remain a fixture in French households for a long time to come. A dozen years of the Minitel have indisputably generated an "online culture." Nowadays, most French people type "11" on their Minitel screen instead of consulting the phone book, "3615 SNCF" remains the most practical way to reserve train tickets, and home banking—just now catching on in the United States—is widespread in France. But it is understood that these services will progressively move to the Internet.[1]

EUROPE: (NOTE: Since political change in this arena is rapid, it is difficult to provide information that will not be out of date. Students from political science and international studies can be asked to contribute their knowledge here.) Although the European Union has grown to fifteen members and other European states (notably Turkey and Poland) are eager for membership, a kind of disenchantment has set in. The continuing economic downturn and persistent high rates of unemployment have generated doubts as to the usefulness of the Union. Inability to deal with the crisis in the former Yugoslavia has brought into question the political and military role of the Union. International terrorism and concerns over illegal immigration have slowed the application of the Schengen accords which would have eliminated all borders within the E.U. Relatively few of the member-states will be able to fulfill the conditions established by the Treaty of Maastricht for the introduction of a common currency. Nevertheless, the governments of France and Germany remain committed to the **monnaie unique,** which will be called the **Euro.**

SOCIO/POLITICAL QUESTIONS IN FRANCE: (NOTE: The French government will continue to undertake efforts to reform social security and other entitlement systems in the next years. The material which follows presents the situation of 1995-96.)

Massive strikes in the sector of public transportation (métro, buses, trains, etc.) which rapidly spread to schools and factories, paralyzed Paris and other urban areas, notably Marseille, in the last weeks of 1995. These protests were a reaction to the French government's attempts to reform the system of social security in an effort to control its ever-larger deficits.

According to Jean Daniel in *Le Nouvel observateur,* the French are reacting against the threat to the welfare state **(l'état providence)** they have known. The French welfare state can be characterized by three assurances: (1) a diploma leads to a job, (2) help will be provided in the case of illness, (3) retirement income is guaranteed.

Without economic growth, there is less consumption and an end to the affluent society. It is this slowing of growth, decrease in consumption, and end of affluence which provoke a fear of the future. The result is a sense of insecurity, dangerous for modern industrialized societies. This means the end of the welfare state [...]

In France people are living longer, therefore needing more medical care. The increasing number of retired people consume less because of their reduced incomes and the lack of growth, and this impedes the much-needed restart of the economy.

Nothing could have provoked the anxiety of the French population more directly than Juppé's proposed reforms, which touched all three of the benefits ensured by the welfare state.[2]

---

[1] Frédéric Filloux, "Sleeping with the enemy," *France Magazine,* Spring 1996, p. 40.
[2] Jean Daniel, «Le défi lancé à la France», *Le Nouvel observateur,* 14-20 décembre 1995, pp. 22-23.

NOTE: If you only have three days to complete this chapter and students seem perplexed by *if*-clauses, you may wish to abbreviate the time spent on the readings and place more emphasis on the **Applications** activities. If you have four days, there will be enough time for all the reading activities and a good selection from **Applications.**

Day 1

Warm-ups   1. Ask students to imagine the world (not their personal lives) in 50 years. What will be different? What will be the same? Insist that they use the simple future tense and not the **futur proche.**

OR: 2. Ask students what words/ideas they associate with **avenir.**

Students can read the cartoon quickly and answer the questions.

«L'heure du multimédia»   This reading is quite challenging, since it is full of technical jargon. To keep students from becoming frustrated, do the pre-reading activity and then have them read the comprehension exercises so that they understand they only need to look for the main ideas. After the reading, students can work in small groups and help each other. **Et vous?** will allow students to use the vocabulary from the chapter. The class can be polled after the discussion to see how many students are active users of the computer and/or the Internet.

Une identité européenne?   A whole-class discussion and brainstorming session will allow students to pool their information as a pre-reading activity. If students in the class have taken political science courses on Europe they could be encouraged to make brief presentations. Many of today's students know relatively little about Europe but do express interest. The readings place Europe on the personal level, showing what it means to individual young people. If students are fairly sophisticated, the question of identity could be discussed: What makes you American? What characteristics do you associate with a French person? a Spaniard? an Irishman? etc.

If time runs out, students can complete the comprehension questions for homework. **Et vous?** can also be prepared at home so that students can look up information if needed.

Homework   *(to be completed for Chapter 9, Day 2)*

IN TEXT: Assign the comprehension questions for **Une identité européenne?** if needed and preparation for the **Et vous?** activity.

Structures: Ask students to study the usage of the future and the conditional, and *if* -clauses.

IN *CAHIER:*   Assign the **Entraînement** exercises for the future and the conditional and for *if* -clauses, and a selection of **Développement** exercises.

Day 2

Warm-ups

OR:

1. To generate conditional sentences, ask students what countries they would visit if they had the money and the time, and what they would do there.

2. Write the following sentence fragments on the board and ask students to complete them: *Si j'étais français(e)…; Mes amis et moi, nous irions en Europe si…; Il n'y aurait plus de guerres si…; Si une femme était présidente…; Tous les professeurs seraient contents si….* Encourage multiple answers, some of which could be written on the board to check spelling of verb forms.

Une identité européenne?   If students completed the comprehension questions at home, check these quickly. If time permits, move to **Et vous?** Students can find others who chose the same country for study abroad and together they can prepare a brief presentation in the conditional. Remind them of preposition usage with geographical names (Appendix B).

Select activities from **Applications.** The vocabulary exercise can be done as a warm-up for the third day of the chapter.

If you only have one additional day for this chapter, do the pre-reading activities for **«Heureux… malgré tout»** so that students can read at least the first part for homework.

Homework   *(to be completed for Chapter 9, Day 3)*

IN TEXT: Have students read the first part of **«Heureux… malgré tout»** and prepare the comprehension questions.

IN *CAHIER*:   Make a selection of **Développement** exercises for *if-*clauses.

Lab: Assign the **Compréhension** section.

Day 3

Warm-ups

OR:

1. You can do vocabulary exercise A from **Applications.**

2. Ask students to imagine what their university will be like in 50 years.

If the first part of the reading has been assigned as homework, do a quick comprehension check. Otherwise, read this first section in class. French women receive six months of maternity leave at full pay and are guaranteed their position when they return.

Select activities from **Applications.**

Complete the second part of the reading in class, since the concepts of the French social security system may be more difficult for students than the first reading, which deals with the more universal situation of women in the workforce.

Time permitting, choose from the **Activités d'expansion.**

Homework *(to be completed for the next class period)*

IN *CAHIER*:   Assign one of the writing topics from **Expression** for Chapter 9.

Postlude
LES CAJUNS

Culture Notes

French is an official language in Louisiana, and the French government has been actively promoting its use by exchanging teachers and funding cultural activities.

In Canada, six million **Québécois** are French-speaking, with minorities of French speakers in New Brunswick, Ontario, and a few other sections of the country. French is the only language of Quebec (the province is *not* bilingual), and the rest of Canada is officially bilingual. Since the mid-1960s there have been separatist movements in Quebec, and the vote in the referendum in the fall of 1995 was very close. Those who supported independence for Quebec maintained it was immigrants and English-speakers who succeeded in defeating it. Certain sections of New England also have minority French-speaking populations.

NOTE: The goals of the **Postlude** are to introduce students to a particular aspect of French culture within the United States; to have them reflect on the issue of the cultural/ethnic identity of a minority group within a majority culture; and to end the course on a cheerful, unexpected note through the use of Cajun music.

The **Postlude** can be completed in either one whole-class period or in half of a class period if time is needed, either to finish Chapter 9 or to review for the final exam. Since students will find the song interesting and amusing, especially after the serious issues of Chapter 9, it is worth making time for it.

Suggestions for a whole-class period

Warm-up   1. Initiate discussion about the chapter title, picture, and captions.
2. Ask about francophone regions in North America, including the Caribbean (Guadeloupe and Martinique).

Que veut dire «cajun»?   After students have read the selection, you can check their comprehension with the questions in the annotations.

«Disco et fais dodo»   To facilitate listening comprehension, students should read the text first and complete the comprehension questions, then listen to the song. After listening, they can give their reactions to the music.

Suggestions for a partial class period

Begin with the photo as outlined above and move directly into brainstorming about French heritage in North America. Summarize the material about the Cajuns for the class before students read the words of the song. Then play the tape. Or just play the tape as they follow along if time is very short.

> **Homework**   *(to be completed for the next class period)*
>
> **IN** *CAHIER:*   Make a selection of activities from the **Postlude.**

Prélude *En cours de langue*

_____
_____
_____
_____
_____
_____

Chapitre 1 **En famille?**

_____
_____
_____
_____
_____
_____
_____
_____
_____
_____
_____

Chapitre 2　Les jeunes

_____
_____
_____
_____
_____
_____
_____
_____
_____
_____
_____
_____
_____
_____

Chapitre 3　Le mal du pays

_____
_____
_____
_____
_____
_____

_____

_____

_____

_____

_____

_____

_____

Interlude 1 _«Laisse béton»_

_____

_____

_____

_____

Chapitre 4 **En route!**

_____

_____

_____

_____

Chapitre 5   Les voyages

Interlude 2 *«L'arbre va tomber»*

INSTRUCTOR'S MANUAL

NOTES

NOTES

INSTRUCTOR'S MANUAL

Chapitre 8   **Rites de passage**

Chapitre 9   L'avenir

Postlude 2 *Les Cajuns*

NOTES

_____

_____

_____

_____

_____

_____

_____

INSTRUCTOR'S MANUAL

Sur le vif

Deuxième édition

Sur le vif

Niveau intermédiaire

Deuxième édition

Clare Tufts **Hannelore Jarausch**

DUKE UNIVERSITY UNIVERSITY OF NORTH CAROLINA

HH Heinle & Heinle Publishers
Boston, Massachusetts 02116 U.S.A.

I(T)P® A division of International Thomson Publishing, Inc.
The ITP logo is a trademark under license.

Boston ■ Albany ■ Bonn ■ Cincinnati ■ Detroit ■ Madrid ■ Melbourne
Mexico City ■ New York ■ Paris ■ San Francisco ■ Singapore ■ Tokyo
Toronto ■ Washington

The publication of **SUR LE VIF, Second Edition** was directed by the members of the Heinle & Heinle College Foreign Language Publishing Team:

Wendy Nelson, Editorial Director
Amy R. Terrell, Market Development Director
Gabrielle B. McDonald, Production Services Coordinator

Also participating in the publication of this program were:

Publisher and Vice President: *Vincent P. Duggan*
Managing Developmental Editors: *Amy Lawler, Beth Kramer*
Project Manager: *Julia Price*
Copy Editor: *Barbara Browne*
French Consultant: *Nicole Dicop-Hineline*
Photo/Video Specialist: *Jonathan Stark*
Assistant Editors: *Diana Bohmer, George Lang*
Associate Market Development Director: *Melissa Tingley*
Production Assistant: *Lisa Winkler*
Manufacturing Coordinator: *Wendy Kilborn*
Photo Coordinator: *Martha Leibs-Heckley*
Illustrator: *Sarah Sloane*
Interior Designer: *Carmen Cavazos de Hartigan*
Decorative Art: *Douglas Labidee*
Cover: *Carmen Cavazos de Hartigan, Douglas Labidee*

Cover Art: ***Danseuse créole*** *(1950), Matisse, Henri (1869–1954)*
Nice, Musée Matisse, ©Photo RMN – Gérard Blot

Library of Congress Cataloging-in-Publication Data

Jarausch, Hannelore.
   SUR LE VIF / Hannelore Jarausch, Clare Tufts. — 2ᵉ édition
     p. 258
   French and English
   Includes index

     ISBN 0-8384-7088-2 (Student Edition)
     ISBN 0-8384-7092-0 (Instructor's Annotated Edition)

    1. French language—Textbooks for foreign speakers—English.
I. Tufts, Clare. II. Title.

PC2129.E5J36 1996
448.2'421—dc20   96-27338

Manufactured in the United States of America

ISBN: 0-8384-7088-2 Student Edition

10 9 8 7 6 5 4 3 2

Table des matières

STRUCTURES

STUDENT PREFACE

Welcome to **SUR LE VIF,** Second Edition. The title of this one-semester intermediate textbook suggests "from (real) life" or "lifelike" in French. By giving you lively and sometimes provocative topics to read about and discuss, this text will further develop your skills in French and increase your awareness of France and the francophone world. Now that you have completed the introductory sequence, you are ready to move beyond grocery shopping and weather to describe relationships with family and friends and to express opinions about youth culture, immigration, travel, television, and film. You will also talk about experiences driving, consider your attitudes toward ecology, think about folk traditions, discuss the role of education, and speculate about future social and political directions. You will learn about how these topics are seen in the French and francophone world, making comparisons with the American perspective. To improve your control of French grammar so that you will be able to speak, read, and write about the above issues with greater confidence, **SUR LE VIF** also provides a systematic review of the fundamental structures of the language and gives you many opportunities to practice the forms in class discussions and workbook activities.

Learning with SUR LE VIF

Format

Understanding the organization of **SUR LE VIF** will help you to get the most out of it, since it may be somewhat different from the textbook(s) you used in your introductory course. The first part of the book (and the longest) contains nine chapters with readings and activities for classroom use. Some of these can, of course, be assigned for homework, but most will be done under the guidance of your instructor. Grammar is not explained in this section, but marginal notes called **Préparation grammaticale** will suggest which grammar structures you should review for that part of the chapter, and **Rappel** boxes in the text give a brief statement of the rule that applies to the activities you are doing.

The second part of **SUR LE VIF,** called **Structures,** is the grammar review; its nine chapters correspond to those of the first section of the book. This part is meant for outside-of-class preparation and is grouped together for ease of study. Here you will find an explanation in English of the structures you are learning and reviewing. Examples which illustrate the grammar rules are taken from the readings of the corresponding chapters in the first section to help you become acquainted with the chapter theme and vocabulary. After a structure has been explained, you are referred to exercises in the *Cahier* so that you can practice the forms and check your own answers to verify if you can apply the rules.

The final section of the book is an appendix, with explanations of articles, preposition usage, and present participles, followed by verb conjugation charts. At the very end is a French-English glossary, with words defined as they are used in the context of the book. This will help you with readings and activities, but you should be aware that it won't substitute for a good dictionary.

The Student's Role

By the time you have completed the introductory sequence, you will have studied most of the fundamental structures of French, but you may not be able to apply all of them accurately all the time. You may be stronger in reading than in speaking, or understand more than you can write. This is normal, but it makes the intermediate course more complex. Each student will have slightly different needs due to different levels. You are in the best position to know what your strengths and weaknesses are. Therefore you must assume a more active role in your learning. By studying the grammar outside of class, you can concentrate on points that are more difficult or new to you and go more quickly when you are reasonably confident of your understanding. The self-check exercises in the *Cahier* will show you the structures you already use correctly and allow you to focus on those that pose problems for you.

In class, your instructor will ask you to apply to readings and activities the vocabulary and structures you have studied. Since you will have prepared the grammar, you will be ready to practice the forms, demonstrate your understanding of the readings, talk about your personal reactions to the topics, and participate in role plays and debates. Oral work is central to **SUR LE VIF** and you will be expected to go beyond single-sentence responses whenever possible. Being able to elaborate on your answers will make you a more sophisticated speaker of French.

You, your instructor, and **SUR LE VIF** will be partners in this course. You will prepare grammar outside of class so that you are ready to apply structures to communicate. Your instructor will create opportunities for speaking in class so as to check your preparation and understanding and build on your skills. The textbook will provide French and francophone cultural information, reading selections, and activities to encourage development of your listening, speaking, reading, and writing proficiency. Exercises in the *Cahier* will help you first to practice the forms, then to use them to communicate your own ideas, and finally to write compositions in which you blend the grammar reviewed with the theme of the chapter.

Additional Student Component
Cahier d'exercices écrits et de laboratoire

The workbook is divided into two sections, one for written work, to practice the grammar rules reviewed in the **Structures** section of the textbook, the other to be used for pronunciation and listening practice together with the audio tapes, either at home or in the listening laboratory.

Each chapter of the *Cahier d'exercices écrits* has three sections. The first, **Entraînement,** starts with self-check vocabulary and grammar exercises. By completing this section and verifying your answers in the answer key, you will be able to see immediately if you have understood the grammar explanations and can apply them. The activities in the next part, **Développement,** continue your practice of the rules but are open-ended, since they have no one correct answer. You will be using the structures you are studying to express your personal opinions or reactions and often will need to write more than one-sentence answers. The final section, **Expression,** contains a choice of topics for longer compositions (one to three paragraphs) and generally provides pre-writing instruction to help you prepare your work.

The ***Exercices de laboratoire*** portion of the ***Cahier*** is used with the audio tapes. Each chapter is only about thirty minutes long and includes pronunciation practice followed by a passage for listening comprehension, with a pre-listening activity, and a short dictation.

Acknowledgments

We would like to express our gratitude to the colleagues who participated in reviewing the materials for the second edition: Diane Adler, North Carolina State University; Edith Benkov, San Diego State University; Lauren Doyle McCombs, University of Alabama; Kevin Elstob, Cleveland State University; Robert Fronk, University of Washington; Hélène Germain-Simões, University of Kansas; Ray Horn, University of South Florida; Camille Kennedy Vande Berg, Western Michigan University; Michael Kline, Dickinson College; Margaret McDiarmid, Xavier University; Mari O'Brien, Wright State University; Anne Salamone, Ohio University; and Virginia Scott, Vanderbilt University. Their suggestions and criticisms guided our revisions and provided us with invaluable perspective.

Our thanks also goes to all those who supported us through this process of revision, most particularly our teaching assistants, whose comments and suggestions as they taught the first edition provided inspiration for changes. Alain-Philippe Durand of UNC-CH deserves mention for his role as ever-patient reader and critic of the new materials. Of course, all the third-semester French students at Duke and the University of North Carolina at Chapel Hill merit special credit, since their reactions to the first edition have guided our revisions. Extensive stays in France as resident directors of study abroad programs sponsored by our respective universities have kept us current on matters francophone and allowed us to collect teaching materials.

At Heinle & Heinle, we would like to express our appreciation to Stan Galek, who was with us from the beginning; Vince Duggan, who followed up on the project; and most especially to Wendy Nelson, our ever-patient editor, whose determination kept us on track. We gratefully recognize the direction of Gabrielle McDonald in the production phases. We are truly indebted to our Project Manager, Julia Price, whose enthusiasm for **SUR LE VIF** matches our own, and whose team of Barbara Browne and Nicole Dicop-Hineline smoothed the rough spots in the manuscript. Their eye for linguistic detail and pedagogical insights significantly improved **SUR LE VIF.** The artistic talents of the designers, Carmen Cavazos de Hartigan and Douglas Labidee, and of the illustrator, Sarah Sloane, have given life to our words. And finally, warmest thanks to those closest to us, without whose support none of this would have been possible: Rutledge, Willy, Jackson, and Konrad. When our work seemed overwhelming, their encouragement kept our spirits up.

H.J.   C.T.

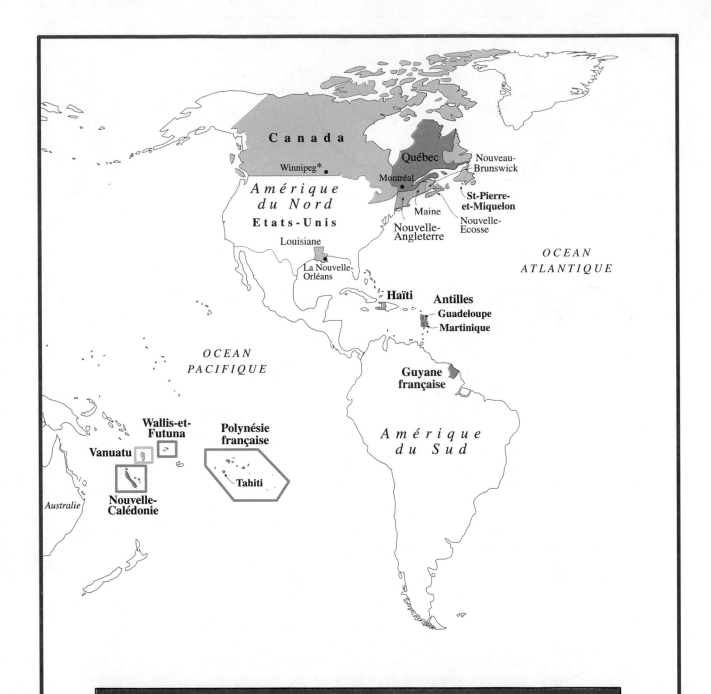

Canada

Winnipeg*

Amérique
du Nord

Etats-Unis

Louisiane

La Nouvelle-
Orléans

Québec

Montréal

Maine

Nouvelle-
Angleterre

Nouveau-
Brunswick

St-Pierre-
et-Miquelon

Nouvelle-
Écosse

OCEAN
ATLANTIQUE

Haïti

Antilles

Guadeloupe

Martinique

OCEAN
PACIFIQUE

Guyane
française

Amérique
du Sud

Wallis-et-
Futuna

Polynésie
française

Vanuatu

Tahiti

Nouvelle-
Calédonie

Australie

Le monde francophone

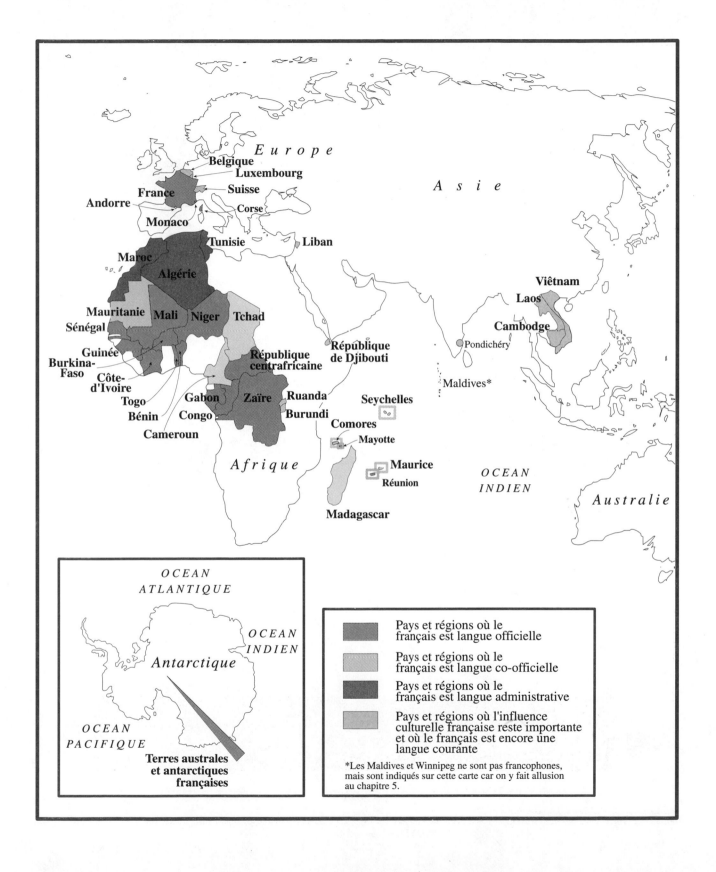

Europe

Belgique
Luxembourg
France
Andorre
Suisse
Corse
Monaco

Tunisie
Maroc
Algérie

Mauritanie
Mali
Niger
Tchad
Sénégal
Guinée
Burkina-Faso
Côte-d'Ivoire
Togo
Gabon
Bénin
Congo
Cameroun

Liban

Asie

Viêtnam
Laos
Cambodge

République centrafricaine

République de Djibouti

Zaïre
Ruanda
Burundi

Pondichéry

Maldives*

Comores
Mayotte

Seychelles

Maurice
Réunion

Afrique

OCEAN INDIEN

Australie

Madagascar

OCEAN ATLANTIQUE

OCEAN INDIEN

Antarctique

OCEAN PACIFIQUE

Terres australes et antarctiques françaises

Pays et régions où le français est langue officielle

Pays et régions où le français est langue co-officielle

Pays et régions où le français est langue administrative

Pays et régions où l'influence culturelle française reste importante et où le français est encore une langue courante

*Les Maldives et Winnipeg ne sont pas francophones, mais sont indiqués sur cette carte car on y fait allusion au chapitre 5.

Sur le vif

Deuxième édition

En cours de langue

For culture notes, warm-ups, lesson plans, homework assignments, see Instructor's Manual, pp. IM 26–IM 28, in the front of this book.

Les États-Unis de 1919 à 1937

QUESTIONS SUR L'IMAGE
Décrivez la personne sur la photo. Qui est-elle? Où est-elle? Que fait-elle?

«Il faut de tout pour faire un monde.»

Write the quote on the board and ask students what this could mean.

Ce dicton français qui parle de la diversité dans le monde pourrait s'appliquer à votre classe de français.

Qui sont vos camarades de classe?

Choisissez quelqu'un que vous ne connaissez pas encore et posez-lui certaines des questions suivantes (au choix) pour faire sa connaissance. Prenez des notes pour pouvoir présenter votre partenaire à la classe.

PAIRS If time is short, all students can do 1-3, then select three other questions.

Follow-up Students present their partner, giving two interesting details. This can be used as a warm-up for the next day.

1. Comment t'appelles-tu? Tu as un surnom *(nickname)*?
2. Tu habites chez tes parents? dans une résidence universitaire? dans un appartement? dans une maison?
3. Donne deux ou trois adjectifs pour te décrire.
4. De quelle origine est ta famille?
   —*Mes ancêtres viennent (de Russie, d'Afrique, du Japon, etc.).*
5. Tu as une voiture? Si oui, quelle marque?
6. Tu travailles? Où? Qu'est-ce que tu fais?
7. Quand tu as le temps et l'argent, est-ce que tu voyages? Où?
8. Tu regardes souvent la télé? Quelle sorte de films est-ce que tu aimes?
9. Quels sont, selon *(according to)* toi, les plus grands problèmes actuels?

   - le chômage *(unemployment)*
   - la pauvreté
   - la faim
   - les sans-abri *(the homeless)*
   - le SIDA *(AIDS)*
   - la drogue
   - la violence

   - la criminalité
   - le sexisme
   - le racisme
   - la dégradation de l'environnement
   - la guerre
   - (votre choix)

Présentez alors votre partenaire à la classe en insistant sur deux détails intéressants.

Qui est le professeur?

Vous êtes très curieux (curieuse). Préparez quelques questions à poser à votre professeur. Ne répétez pas la question d'un(e) autre étudiant(e).

Variant Students prepare 3 questions individually; then in groups of three, they pick the most interesting one to ask. This can be used as warm-up.

Les langues à l'école en France

Dans l'enseignement public, 99,6% des élèves étudient une première langue en sixième (*sixth grade*) et 94,8% une seconde langue en quatrième (*eighth grade*). La plupart choisissent entre l'anglais, l'allemand et l'espagnol.[1]

SILENT READING

WHOLE-CLASS DISCUSSION

A discuter

Pourquoi, selon vous, tant de jeunes Français choisissent-ils d'étudier l'anglais, l'allemand et l'espagnol? Commencent-ils à apprendre ces langues plus tôt ou plus tard que les Américains?

SMALL GROUPS Each group can discuss one language and present their thoughts to the class.

Aux Etats-Unis, quelle langue est-ce que la plupart des élèves étudient à l'école? Pourquoi? Donnez quelques raisons d'apprendre chacune des langues suivantes: le français, l'allemand, l'arabe, le russe, le japonais, le chinois.

Expressions utiles: hésitations

Il est utile de savoir exprimer son hésitation lorsqu'on cherche ses mots, ses idées, lorsqu'on pense à ce qu'on va dire. Voici quelques expressions françaises qui permettent de réfléchir avant de continuer:

PRONUNCIATION Read the expressions out loud and have students repeat them.

Voyons…	*Let's see…*
Disons…	*Let's say…*
Euh…	*Uh…*
Bon (Ben…)	*Well…*
Ben, tu sais (tu vois)…	*Well, you know (you see)…*
Eh bien, vous savez (vous voyez)…	

Essayez

PAIRS

Lisez le premier paragraphe ci-dessous à votre partenaire en utilisant quelques-unes des expressions d'hésitation; votre partenaire fait de même avec le deuxième paragraphe.

A. La miss (la prof d'anglais) est repartie au bureau. Elle nous lit un texte et nous a interdit d'utiliser le livre pour suivre. Moi, j'ai le bouquin ouvert sur les genoux. Elle me voit, me dit de ranger le livre.

B. D'accord, ça va, ça va… Elle se remet à lire. Un bon prof pourrait prendre un sujet et parler, chercher des thèmes capables de nous intéresser.

---

[1]*Avenirs, No. 454:* Les langues étrangères, mai 1994. Published by ONISEP (Office national d'information sur les enseignements et les professions).

Racontez

PAIRS or WHOLE CLASS

Dites à un(e) camarade de classe ce que vous aimez ou n'aimez pas dans les cours de langue. Il (Elle) vous répond. Utilisez une expression d'hésitation chaque fois que vous cherchez un mot.

«Journal de Berthier, 18 ans, dit Momo»

Entrons en matière

Brainstorm ideas briefly.

Quelle sorte d'élève se sent à l'aise (*feels comfortable*) dans un cours de langue? Quelle sorte d'élève se sent mal à l'aise?

Lecture

Dans le passage suivant, un élève qui s'appelle Momo[2] décrit un cours d'anglais dans un lycée français.

En lisant

Ne vous perdez pas dans les détails quand vous lisez le texte suivant. Cherchez l'idée principale.

SILENT READING

"…Have the children got to go to school today? Probably. If they were on holiday, they might not get up so early…" La prof a commencé à nous interroger… C'est comme ça à longueur d'année. Elle nous dit qu'on est mauvais. D'une certaine manière, elle a peut-être raison. Pour qu'on parle anglais, faut
5 vraiment qu'elle nous pousse, hein! Il n'y a aucune° conversation. On n'a pas le vocabulaire pour s'exprimer. D'ailleurs, on n'a pas envie. Tu as peur que les autres se foutent de ta gueule°.

ici: *[absolutely] no*

se… : *(fam.) make fun of you*

---

[2]Momo is a common nickname for Maurice.

"...*But, if the boy goes on sleeping, he will not have time to have break-fast before he leaves...*" Je me fais tout petit. Moi, en langues, plutôt que de 10 parler, je préfère la fermer°. Chaque fois qu'on essaie de s'exprimer, elle nous colle° une note. On passe sa vie à être noté...

La note empêche° d'apprendre... Moi, je ne sais pas, mais... On ne note pas un enfant quand il apprend sa langue maternelle, par exemple. Si la maman mettait une note à chaque fois que le bébé fait une faute, on serait 15 tous en train de bégayer°! On a parfaitement appris notre langue parce que nos mères sont plus intelligentes que les profs.

Adapté de: Maurice Lemoine, «Journal de Berthier, dit Momo», *Autrement*, 1 septembre 1981, p. 25.

Comprenez-vous?

L'idée principale. Quelle phrase exprime le mieux l'idée principale du texte que vous venez de lire?

1. Momo ne veut pas parler en classe.
2. Le cours d'anglais est ennuyeux.
3. Il est difficile d'apprendre une langue.
4. La prof donne trop de notes.
5. Les mères sont plus gentilles que les professeurs.

Des détails

Dites si les phrases sont vraies (V) ou fausses (F) et indiquez quelles phrases ou quels mots dans le texte vous aident à décider.

1. _____ Les élèves participent beaucoup dans cette classe.
2. _____ La prof pense que ses élèves ne travaillent pas assez.
3. _____ Les élèves n'ont pas beaucoup de confiance en eux.
4. _____ Ils connaissent déjà beaucoup de mots anglais.
5. _____ Recevoir des notes encourage les élèves.
6. _____ Les mères corrigent toujours leurs enfants quand ils commencent à parler.

Le cours idéal

1. Décrivez le cours de langue idéal, du point de vue du professeur: Comment sont les élèves? Qu'est-ce qu'ils font? Que fait le professeur?
2. Décrivez maintenant le cours de langue idéal du point de vue de l'élève: Que fait le professeur? Que font les élèves? Comment sont les devoirs et les examens?

For culture notes, warm-ups, lesson plans, homework assignments, see pp. IM 28–IM 32 in the front of this book.

QUESTIONS SUR LES IMAGES Qui est-ce que vous voyez sur les photos? Qu'est-ce qui se passe?

En famille?

A. La famille

les parents *m.*	relatives, parents
la famille recomposée	blended family
la famille monoparentale	single-parent family
la famille nombreuse[1]	family with many children[1]
la belle-mère	stepmother, mother-in-law
le beau-père	stepfather, father-in-law
le père (la mère) célibataire	unwed father (mother)
la demi-sœur	stepsister
le demi-frère	stepbrother
l'enfant unique *m./f.*	only child
l'enfant adoptif(-ve) *m/f.*	adopted child

B. Les amis

le copain, la copine	friend, buddy, chum
mon copain	my boyfriend
ma copine	my girlfriend
le petit ami[2] la petite amie	boyfriend girlfriend

[1]In France today, a family with three or more children is eligible for special benefits.

[2]**Le petit ami/la petite amie** is more formal than **le copain, la copine**.

C. Les rapports

s'entendre bien	to get along well
(s')aimer	to love (each other)
(s')aimer bien	to like (each other)
sortir (avec)	to go out (with), to date
(s')embrasser	to kiss (each other)
se marier (avec)	to get married (to)
(se) comprendre	to understand (each other)
faire confiance (à)	to trust (in)
soutenir	to support, to stand by
Mes parents me soutiennent.	My parents support me.
encourager	to encourage
rendre visite (à quelqu'un)	to visit (someone)
s'habituer (à)	to get used to
se calmer	to calm down
être facile à vivre	to be easy-going, to be easy to get along with
être de bonne humeur	to be in a good mood
sympathique	very nice
sympa *(fam.)*[3]	
Mon père est sympa! *(fam.)*	My father is very nice!

[3]*Fam.* is the abbreviation for **familier**. It means that the word or phrase is used among close friends but is not standard French. It would be inappropriate in more formal settings or when you do not know people well.

super*(fam.)*, génial *(fam.)* — neat, great, terrific

s'entendre mal — to get along badly

(se) détester — to hate (each other)

fâcher (quelqu'un) — to anger (someone)

se fâcher (avec quelqu'un) — to get angry (at someone)

gronder — to scold

hurler — to scream, to yell

crier — to shout

se disputer (avec) — to argue, to disagree, to fight (with)

divorcer — to get divorced

être difficile à vivre — to be difficult to get along with

être de mauvaise humeur — to be in a bad mood

supporter — to put up with, to stand

Je ne peux pas le supporter. — I can't stand him (it).

D. L'argent

gagner — to earn

dépenser — to spend (money)

s'inquiéter, se faire du souci — to worry

bosser *(fam.)* — to work

faire la route — to commute

le job *(fam.)*, le boulot *(fam.)* — job

le stage — internship, training period; short course

économiser, faire des économies — to save money

gérer un budget — to manage a budget

(se) payer — to pay (for), to afford

louer — to rent

se débrouiller — to manage, to get along

le coût de la vie — cost of living

le prix — price

les frais *m.* — expenses

la facture — bill (phone, electric, etc.)

le loyer — rent

cher (chère) — expensive

bon marché — inexpensive

E. L'appartement

la vie privée — private life

l'intimité *f.* — intimacy, privacy

déménager — to move, to move out

s'installer — to move in, to set up

ranger — to pick up, to straighten up (a room)

s'occuper (de) — to take care (of)

faire...

le ménage — to do (the) housework, to clean

la cuisine — to cook

la lessive — to do (the) laundry

les courses — to go shopping, to run errands

la vaisselle — to do (the) dishes

repasser — to iron

passer l'aspirateur — to vacuum

tondre le gazon — to mow the lawn

sortir la poubelle — to take out the trash

Préparation grammaticale

Avant de commencer ce chapitre, révisez la formation et l'usage du présent, pp. 145–148.

Les rapports dans la famille moderne

Entrons en matière

Quelle est votre idée d'une famille idéale?

WHOLE CLASS Brainstorm ideas.

Lecture

Voici quelques statistiques sur les rapports parents-enfants en France aujourd'hui.

SILENT READING

A 16 ans, 95% des jeunes habitent chez leurs parents. A 22 ans, c'est encore le cas de 60% des garçons et 45% des filles.

soutiens... : *emotional support*

Les enfants de 10 à 18 ans voient d'abord leurs parents comme des protecteurs et des soutiens affectifs° (50%), mais aussi comme des personnes qui
5 leur transmettent des valeurs (37%), des guides, des éducateurs (27%), des copains (20%), des appuis financiers° (15%).

appuis... : ceux qui aident avec l'argent

Les reproches adressées aux parents sont qu'ils ne font pas assez confiance (37%), travaillent trop (29%), ne s'intéressent qu'aux résultats scolaires (28%),

reactionary / ne veulent pas dépenser leur argent

n'écoutent pas assez (25%), sont rétrogrades° (19%) et un peu avares° (11%).
10 72% des garçons et 54% des filles n'ont jamais souhaité changer de parents.

Gérard Mermet, *Francoscopie 1995* (Paris: Larousse, 1994), pp. 172-173.

Comprenez-vous?

Dites si les phrases suivantes sont vraies (V) ou fausses (F). Si la phrase est vraie, indiquez la partie de la lecture où vous avez trouvé la réponse. Si elle est fausse, corrigez-la.

1. _____ Plus de filles que de garçons continuent à vivre avec leurs parents à l'âge de 22 ans.
2. _____ Beaucoup de jeunes Français croient qu'ils apprennent des valeurs en famille.
3. _____ Le travail des parents ne change pas les rapports parents-enfants.
4. _____ La plupart des jeunes trouvent que leurs parents ne leur donnent pas assez d'argent.
5. _____ La majorité des jeunes sont contents de leurs rapports avec leurs parents.

WHOLE CLASS OR PAIRS
Réponses *1. F (Plus de garçons continuent à vivre chez leurs parents.) 2. V 3. F (Beaucoup de jeunes pensent que leurs parents travaillent trop.) 4. F (Seulement 11% le pensent.) 5. V* Students should correct false answers. For true answers they should read aloud from the text where the answer is found.

RAPPEL

The **present tense** is used to talk about what is happening *now*, to make *generalizations*, or to speak about *habitual actions*. The present tense can also indicate what is *going to happen* in the *near future* or what *has just happened* in the *recent past*. For more details, see pp. 145–148.

Préparation grammaticale

Avant de continuer, révisez la formation et l'usage des verbes pronominaux, p.148.

GROUPS OF FOUR One designated student can record answers and present the results. *Follow-up* Have students summarize the general trends within the class.

A discuter   Brainstorm ideas.

Selon vous, pourquoi est-ce que tant de jeunes Français continuent à habiter chez leurs parents à l'âge de 22 ans?

Personnellement

Où habitent vos camarades de classe? A quatre, posez-vous les questions suivantes. Essayez d'utiliser le vocabulaire de la liste au début du chapitre. Le (La) secrétaire de votre groupe note les réponses par écrit.

1. Où est-ce que tu habites pendant l'année universitaire[4]? dans une résidence universitaire? dans un appartement? dans une maison?
2. Pourquoi est-ce que tu y habites?
3. Avec qui habites-tu?
4. Es-tu satisfait(e) de ta situation? Pourquoi ou pourquoi pas?

Le (La) secrétaire de votre groupe présente vos réponses à la classe. Comment votre groupe ressemble-t-il aux autres groupes dans la classe?

---

[4]To express the idea of dormitory, use **la résidence (J'habite dans une résidence).** The word **le dortoir** means a large sleeping room, as in a boarding school or youth hostel.

On se comprend?

Entrons en matière

Quelquefois, les enfants ont de meilleurs rapports avec leurs grands-parents qu'avec leurs propres parents. Avez-vous des grands-parents? Les voyez-vous de temps en temps? Quand? Leur téléphonez-vous? De quoi est-ce que vous leur parlez?

Avant de lire

Dans une bande dessinée, les images aident à raconter l'histoire. Avant de lire le dialogue, regardez les dessins ci-dessous. Combien de personnages y a-t-il? Qui sont ces personnages? Qu'est-ce qu'ils font? A votre avis, qu'est-ce qui se passe? Lisez ensuite les paroles.

PIEM, «PIEM et son temps», *Notre Temps*, avril 1989.

Comprenez-vous?

Indiquez si les phrases suivantes sont vraies (V) ou fausses (F). Corrigez les phrases fausses.

1. _____ La fille parle franchement à sa grand-mère.
2. _____ Elle ne lui raconte pas ses secrets.

3. _____ Elle trouve sa grand-mère sympathique.

4. _____ Ici, dire que quelqu'un est «terrible» est un compliment.

5. _____ La grand-mère est contente d'entendre tout ce que dit sa petite-fille.

3. V 4. V 5. F (Elle se fait du souci.)

A discuter

A votre avis, qu'est-ce que la fille raconte à sa grand-mère? Imaginez ce qu'elle dit.

A discuter
Give students 2-3 minutes to think before answering; or have students work in groups; or assign as homework to be done orally or in writing.

 RAPPEL

To indicate that something *has just happened*, use the *present tense* of the verb **venir** + **de** + *infinitive*. For more details, see p. 145.

La grand-mère indiscrète

Votre grand-mère, «Mamie», vous téléphone souvent, toujours quand vous êtes très occupé(e). Elle vous pose des questions sur vos activités récentes et celles de vos amis. Dialoguez avec un(e) camarade de classe sur ce que vous venez de faire. En vous basant sur le modèle suivant, utilisez les éléments donnés pour jouer ces deux rôles.

•*Modèle*   toi/se lever

> MAMIE: *Qu'est-ce que tu viens de faire?*
> PETIT-FILS (PETITE-FILLE): *Moi? Je viens de me lever.*

One student can ask the question and select another student to answer.

1. ton amie/faire la lessive

2. toi/ranger ma chambre

3. tes amis et toi/se disputer

4. tes copains/sortir la poubelle

5. toi/?? (Il est onze heures du soir.)

6. ton chien/?? (Il est cinq heures du soir.)

Préparation grammaticale

Avant de continuer, révisez l'usage de l'infinitif, de l'impératif et du **faire** causatif, pp. 149–152.

Applications

A. Ça veut dire quoi?

Un(e) camarade vous demande la définition des expressions suivantes. Consultez le vocabulaire du début du chapitre et répondez-lui. Si vous cherchez des mots, utilisez des expressions d'hésitation du Prélude, p. 4. Inversez ensuite les rôles.

PAIRS OR WHOLE CLASS This can be used as a warm-up.

•*Modèle*   demi-frère

> A: *Que veut dire «demi-frère»?*
> B: *Euh... c'est le fils de... voyons, de ta mère, mais pas... ben... de ton père, ou vice-versa.*

1. un enfant adoptif

2. une famille monoparentale

3. un enfant unique

4. un beau-père

5. une mère célibataire

6. une famille recomposée

7. une famille nombreuse

B. Les rapports parents/enfants

Comment voyez-vous les rapports dans la famille moderne? Pour exprimer votre point de vue, prenez comme point de départ les éléments donnés ci-dessous, puis terminez vos pensées de façon logique. Créez des phrases intéressantes avec le vocabulaire du chapitre! Ecoutez bien les idées de vos camarades. Etes-vous d'accord?

> •*Modèle*   *Un garçon de dix-neuf ans/devoir*
> *Un garçon de dix-neuf ans doit déménager s'il a assez d'argent.*
> OU PEUT-ÊTRE: *Un garçon de dix-neuf ans doit payer ses factures quand il a un boulot.*

1. Les pères/s'inquiéter
2. Les mères/aimer/s'occuper
3. Une fille de vingt ans/aimer/sortir
4. Dans une famille nombreuse, les parents/se fâcher
5. Dans une famille monoparentale, les enfants/pouvoir/se débrouiller
6. Dans une famille recomposée, les demi-sœurs et frères/se comprendre
7. Un beau-père/vouloir/s'entendre
8. Mes sœurs et moi, nous/se fâcher
9. Moi, je/vouloir/se marier

C. Parlons de nos amis et de notre famille

Avec un(e) camarade de classe, posez-vous des questions sur vos rapports avec vos amis et votre famille. N'oubliez pas le vocabulaire du début du chapitre pour varier vos réponses.

1. Est-ce que tu t'entends bien avec tous les membres de ta famille? Est-ce qu'il y a quelqu'un avec qui tu te disputes de temps en temps?
2. Qu'est-ce qui provoque des disputes chez toi? et avec tes amis?
3. De quoi est-ce que tu parles avec tes parents? De quoi est-ce que tu ne leur parles pas? Et avec tes amis?
4. Est-ce que tes parents ou tes grands-parents te donnent des conseils? Sur quoi? Est-ce que tu les suis? Pourquoi?
5. Est-ce que tes parents connaissent tes amis? Comment les trouvent-ils? Et que pensent tes amis de tes parents?

Infinitives have many different uses. When *two verbs* follow each other, the *second* verb is an *infinitive*. *After a preposition*, the verb is usually in the *infinitive* form. For more details, see pp. 149–150.

D. Pas assez d'argent? Que faire?

On n'a pas toujours assez d'argent. Vous parlez de ce problème avec un(e) camarade de classe qui n'a pas du tout les mêmes idées. Complétez les phrases suivantes de manières différentes.

WHOLE CLASS Each question is done by two different students.

> •*Modèle* *Moi, quand je n'ai pas d'argent, je préfère...*
> A: *Moi, quand je n'ai pas d'argent, je préfère chercher du travail.*
> B: *Vraiment? Pas moi! Je préfère téléphoner à mes parents.*

Pour indiquer que vous n'êtes pas d'accord, vous pourrez commencer par:

C'est vrai?	Vraiment?
Mais non!	Si tu veux, mais...
Ah bon?	

1. Pour faire des économies, j'essaie de...
2. A la fin du mois, je suis obligé(e) de...
3. Je travaille pour...
4. Il est difficile de... parce que...
5. Mes parents m'aident à...
6. Cet été, je vais faire un stage pour...

The *imperative*, which has *three forms*, is used to give orders or issue an invitation: (1) to someone you would address as **tu**; (2) to a group, including yourself (the **nous** form); (3) to more than one person or to someone you would address as **vous**. For more details, see pp. 150–151.

E. Partageons le travail

Jouez la scène suivante avec deux camarades de classe. Vous venez de trouver un bel appartement que vous allez partager avec deux copains (copines). Avant de vous installer, vous essayez de vous mettre d'accord sur la distribution des tâches ménagères. La première personne (A) dit à la deuxième (B) ce qu'elle doit faire, mais la deuxième veut que toutes les tâches soient faites ensemble. Et la troisième (C)? Elle n'est jamais d'accord et trouve une autre solution. Changez de rôle pour chaque tâche.

WHOLE CLASS Three different students perform each item.

> •*Modèle* *faire la vaisselle/acheter des assiettes en papier*
> A: *Toi, fais la vaisselle!*
> B: *Non, faisons la vaisselle ensemble.*
> C: *Moi, je préfère acheter des assiettes en papier.*

1. laver le linge/acheter de nouveaux vêtements
2. passer l'aspirateur/aller chercher le chien du voisin
3. ranger la salle de séjour/inviter ma mère à le faire
4. s'occuper de la cuisine/dîner au restaurant
5. faire les courses/regarder la télé

To say that you are *having someone else do something* rather than doing it yourself, use the verb **faire** followed by an *infinitive*. For more details, see p. 152.

F. Mes parents me font faire...

WHOLE CLASS Each student can prepare one item. Compare multiple answers.

Dans une famille, les enfants ont quelquefois l'impression que leurs parents donnent des ordres et leur font faire tout le travail. Complétez les phrases suivantes en vous basant sur votre propre expérience (ou inventez une réponse).

> •*Modèle*   Le matin, ma mère me fait...
>   Le matin, ma mère me fait préparer le café.

1. Le week-end, mes parents me font...
2. A six heures du soir, ma mère me fait...
3. Avant de partir en vacances, mon père me fait...
4. Après le dîner, ma mère me fait...
5. Quand ils sont très occupés, mes parents me font...

«Et la famille... ça va?»

Entrons en matière

Brainstorm ideas.

Peut-on dire qu'il y a «une famille américaine typique»? Pourquoi ou pourquoi pas?

Avant de lire

Les dessins et les titres:

Regardez les dessins et les titres des passages que vous allez lire. Ces textes vont-ils être sérieux ou comiques?

Students should scan the section titles and look at the drawings. Draw attention to the humor in these sketches.

Lecture

Les passages ci-dessous sont tirés d'un article sur la famille moderne, apparu dans le magazine *Phosphore*.

SILENT READING

En lisant

Demandez-vous si les passages décrivent de vraies personnes ou des personnes imaginaires.

Remind students of this question as they read.

Première partie

La famille intello

Les parents ont fait de très longues études supérieures. Ils n'ont pas eu le temps d'avoir plus d'un enfant. Les soirées sont d'un calme...
5 à mourir. Dès la dernière bouchée avalée°, tout le monde prend son bouquin et lit. Et si quelqu'un écoute de la musique, c'est avec un casque° pour ne pas gêner° la lecture des
10 autres. Ils ne parlent pas, ils discutent. De quoi? Des grandes questions qui animent le monde. Et quand ils jouent, c'est au Trivial Pursuit, *of course...*

Dès... : après le dîner

headphones
bother

Comprenez-vous?

1. «Intello» est l'abréviation de quel mot? Quels détails dans le texte renforcent ce titre?
2. Quelles sont les professions possibles des parents?
3. Est-ce qu'on s'amuse le soir dans cette famille? Expliquez votre réponse.
4. Donnez des exemples de questions qu'on peut discuter dans cette famille.
5. Pourquoi, à votre avis, cette famille joue-t-elle au Trivial Pursuit?

Réponses possibles
*1. «intellectuel», études, bouquin, lire, discuter, grandes questions
2. médecins, avocats, professeurs, etc.   3. Non, c'est d'un calme... à mourir.
4. la politique, la philosophie, la religion, le sens de la vie, etc.   5. Pour mettre en évidence son intelligence, sa connaissance de l'anglais, etc.*

La famille traditionnelle

C'est une famille unie: leur plaisir, c'est de se retrouver à table, ensemble. Pas question d'interrompre celui qui parle ou de filer° avec son assiette pour finir le repas devant la télé. Ici, l'édu-
5 cation des enfants est une priorité. Il y a un temps pour le sport, pour le piano, pour les études, pour le catéchisme sans oublier les repas de famille le dimanche.

(fam.) partir

Réponses possibles
1. On prend les repas ensemble; les parents s'intéressent aux enfants; on mène une vie bien organisée; les enfants font leur catéchisme. 2. L'éducation des enfants. 3. C'est l'occasion de se parler, de s'écouter, d'être ensemble. 4. Au moins deux enfants. (The answer is not in the text, students should justify their ideas.)

Comprenez-vous?

1. Dans quel sens cette famille est-elle traditionnelle?
2. Qu'est-ce qui est le plus important pour les parents?
3. Expliquez le rôle des repas dans cette famille.
4. Puisqu'il s'agit d'une famille française traditionnelle, il y a au moins combien d'enfants? Expliquez votre réponse.

Deuxième partie

(fam.) nutty, whacky

(fam.) maison

chaise

(fam.) vêtements / chats
hair

lieu en désordre

La famille folle-dingue°

Ils vivent à quinze dans une immense baraque° à la limite de la ville et de la campagne. Ne cherchez pas de
5 siège° pour vous asseoir, ils sont encombrés de tonnes de fringues° et de gros matous° qui laissent leurs poils° partout. Les parents, hyper-
10 cool, laissent leurs enfants se débrouiller tout seuls. La maison, toujours pleine de copains, est un immense bazar°, qui résonne de cris, de fous rires. Car si on se dispute souvent, en fait on s'adore.

high-tech moron

popped out
regarder attentivement / *screen*

font... : *(fam.)* gagnent de l'argent
(fam.) ne décanille... : ne quitte pas / *As for*

ardeur

fingernails / *(abrév.)* fluo-rescentes / *earphones*

La famille techno-abrutie°

On les reconnaît de loin, à leur air hagard, les yeux exorbités° à force de scruter° l'écran° de leur ordinateur et celui de la télé. Les
5 parents bossent, font du pognon°.
L'aîné de la famille sera ingénieur électronicien, le plus jeune ne décanille pas de° ses jeux vidéo. Quant à° la jeune fille de la maison, en seconde TSA[5], elle suit la mode avec acharnement°, ne manque jamais un film de Schwarzenegger et adore se peindre les ongles° en d'incroyables couleurs fluo° qu'elle compose
10 grâce à sa palette électronique. Chacun a ses écouteurs° sur les oreilles, personne n'écoute personne. Chez ces gens-là, monsieur, on ne parle pas, on «communique».

---

[5]**en seconde TSA** sophomore year in a high school applied science and technology program.

La famille chaotique

Combien sont-ils dans cette famille? On ne sait pas exactement. Un jour, le père est parti vivre sa vie ailleurs°. Ils ne sont plus que trois. Puis il revient avec un enfant qu'il a eu avec une autre femme et les voilà cinq. Pour combien de temps? Dès qu'ils parlent, c'est tous
5 ensemble et cela se termine par des cris et des claquements° de portes. Bref, on aimerait bien de temps en temps aller se reposer chez les intellos. Ou chez les «tradi».

elsewhere

slamming

«Et la famille... ça va?» *Phosphore*, avril 1994, pp. 69-72.

Comprenez-vous?

De quelle famille s'agit-il? Justifiez votre choix avec des détails tirés des trois passages de la Deuxième Partie.

1. On adore les animaux.
2. Chaque membre de la famille a son propre ordinateur.
3. Les enfants invitent souvent leurs amis à passer le week-end chez eux.
4. On ne fait pas souvent le ménage.
5. Les parents travaillent dur et ont beaucoup d'argent.
6. Quand on se fâche, on fait claquer les portes.
7. On se parle très peu.
8. De temps en temps, c'est une famille monoparentale.
9. Les enfants ont beaucoup de liberté.

Réalité ou imagination?   WHOLE CLASS

Ces passages représentent-ils de vraies familles ou des familles imaginaires? Expliquez votre réponse.

Inventons leurs vacances!

Par groupes de trois, imaginez une semaine de vacances dans une de ces cinq familles. Où vont les membres de cette famille? Que prennent-ils avec eux? Que font les parents? les enfants? Que font-ils ensemble? Lisez votre résumé à vos camarades de classe qui vont deviner de quelle famille vous parlez. Jouez ensuite la scène où les membres de la famille décident où ils vont aller.

A discuter

Dans quelle famille aimeriez-vous être un enfant? un parent? Est-ce la même famille dans les deux cas? Justifiez votre choix et comparez-le à celui de vos camarades de classe.

Réponses possibles *1. la famille folle-dingue (chats) 2. la famille techno-abrutie 3. la famille folle-dingue (la maison est pleine de copains) 4. la famille folle-dingue (poils de chat; tonnes de fringues sur les sièges) 5. la famille techno-abrutie (les parents bossent, font du pognon) 6. la famille chaotique (on parle ensemble, on crie, on fait claquer les portes) 7. la famille techno-abrutie (personne n'écoute personne; ils ont des écouteurs sur les oreilles) 8. la famille chaotique (un jour le père est parti) 9. la famille folle-dingue (Les enfants se débrouillent tout seuls).* (Other answers are possible; ask students to justify their responses.)

GROUPS OF 3 OR 4 Groups can present to the class.

WHOLE CLASS

WWW Explore!
See the Web Activity in the *Cahier.*

Activités d'expansion

A. Encore une famille!

This can be assigned as homework.

En groupes de trois ou quatre, décrivez de façon comique un autre type de famille, en suivant le modèle de la lecture. Trouvez-lui un nom amusant.

B. L'indépendance?

ROLE PLAYS

Au début du chapitre, vous avez lu qu'à l'âge de 22 ans, 40% des Français et 55% des Françaises ne vivent plus chez leurs parents. A votre avis, que se passe-t-il quand l'enfant annonce son départ à ses parents? et son retour?

1. A trois (père, mère, fils/fille), jouez la scène de la jeune personne de dix-huit ans qui veut quitter le foyer familial. Les parents ne sont pas d'accord, mais leur enfant essaie de les convaincre. Quels sont les arguments des parents? de l'adolescent(e)?

2. La situation a maintenant changé. Après avoir fini ses études, le fils (la fille) décide de revenir habiter chez ses parents. Mais cette fois-ci, les parents préfèrent que leur enfant cherche son propre appartement. A trois, jouez la scène où chacun explique ce qu'il veut.

C. Le débat: rester ou partir?

La classe est divisée en deux. Les membres du premier groupe préparent individuellement des raisons de rester chez leurs parents; ceux de l'autre groupe pensent à des raisons de quitter la maison familiale. Les membres de chaque groupe se mettent alors par trois pour partager leurs idées et sélectionner les cinq meilleures. Ensuite, chaque groupe de trois présente ses idées à la classe et les autres réagissent.

Each half of the class takes one position and prepares arguments at home. Each group then selects its best arguments for debate and reaction.

Si vous êtes d'accord, vous pourriez dire:
Oui, c'est vrai...
Moi aussi, je pense que...
C'est une bonne idée de...
Tu as raison de dire que...
C'est génial, ce que tu dis, parce que...

Si vous n'êtes pas d'accord, vous pourriez répondre:
Non, je ne le crois pas...
Je crois que tu te trompes...
Je regrette, mais tu as tort de dire que...
A mon avis...
Moi, je ne suis pas d'accord parce que...
Au contraire,...

Pour conclure:

Quelle est l'opinion de la plupart des étudiants?

Les jeunes

Chapitre

2

For culture notes, warm-ups, lesson plans, homework assignments, see pp. IM 32–IM 36.

A. Le corps

être beau (belle)	to be beautiful
joli(e), laid(e)	pretty, ugly
fort(e), gros(se)	strong, fat
costaud *(fam.)*	robust
faible, mince	weak, thin
maigre	skinny
avoir les cheveux...	to have...hair
longs, courts	long, short
fins, épais	thin, thick
raides	straight
ondulés, frisés	wavy, curly
ébouriffés	uncombed
teints	dyed
avoir une crête	to have spiked hair
être coiffé(e)	to have a
à l'iroquoise	Mohawk
être chauve	to be bald
avoir la tête rasée	to have a shaved head
avoir...	to have...
une barbe	a beard
une moustache	a moustache
des favoris *m.*	sideburns
avoir le visage...	to have a (an)... face
ovale, rond	oval, round
carré	square
pointu	pointed
joufflu	fat-cheeked
avoir le nez...	to have a... nose
droit	straight
busqué, épaté	hooked, flat
avoir les lèvres...	to have... lips
minces	thin
pincées	pinched
épaisses	thick
avoir le teint... (être...)	to be... (coloring)
bronzé(e)	tan
pâle, blême	pale, sick-looking
avoir des taches de rousseur	to have freckles

B. Le caractère

avoir l'air...	to look... (to be... looking)
franc	honest
malicieux	mischievous
éveillé	awake
endormi, dur	sleepy, hard
froid, doux	cold, soft (sweet)
être... gentil(le)	to be... nice
sympathique	friendly
discret(-ète)	discreet
sensible	sensitive
insensible	insensitive
désagréable	unpleasant
impoli(e)	impolite
grincheux(-euse)	grumpy
rouspéteur(-euse) (fam.)	grouchy
dynamique	dynamic
paresseux(-euse)	lazy
décontracté(e)	relaxed
débrouillard(e)	resourceful
maladroit(e)	awkward
railleur(-euse)	a tease

C. L'habillement

mettre
se mettre en porter.

Noms masculins

vêtements...	...clothes
chic	stylish
démodés	out-of-style
propres, sales	clean, dirty
pantalon, jean (délavé)	pants, (faded) jeans
short, tee-shirt	shorts, T-shirt
costume ✓	suit (men)
tailleur	suit (women)
chemisier	blouse
pull-over	sweater
imperméable ✓	raincoat
manteau	coat
blouson (en cuir)	(leather) jacket
maillot de bain	swimsuit
chapeau	hat
bracelet, collier	bracelet, necklace

Noms féminins

chemise, cravate	shirt (men), tie
jupe, robe	skirt, dress
veste	suit jacket (men/women)
chaussures, bottes	shoes, boots
sandales, tennis	sandals, tennis shoes
baskets	basketball shoes
boucle(s) d'oreille(s),	earring(s)
boucle de nez	nose ring

D. Activités et passe-temps quotidiens

jouer (à) + sports	
et jeux	**to play...**
au tennis	tennis
au basket-ball	basketball
au football	soccer
au football américain	football
à des jeux vidéo	video games

jouer (de) +	
instruments de musique	**to play...**
du piano	piano
du saxophone	saxophone
de la guitare	guitar

faire (de) + sports	**to go...**
du jogging	jogging
du cyclisme	cycling
de la voile	sailing
de la planche à roulettes	skate-boarding
du patin à roulettes	roller skating

faire (de)	**to do...**
de l'aérobic	aerobics

être...	**to be...**
musicien(-enne), dans un groupe (musical)	a musician, in a band
sportif(-ve), membre d'une équipe	athletic, on a team

Préparation grammaticale

Avant de commencer ce chapitre, révisez les formes et la place des adjectifs qualificatifs, pp. 153–158.

Le verlan, c'est l'envers...

WHOLE CLASS If students can't describe, have them demonstrate.

Avant de lire
Avez vous jamais inventé vous-même une «langue étrangère» pour communiquer avec vos amis? Si oui, décrivez-la.

Lecture   SILENT READING

Voici une description du **verlan,** un argot des jeunes Français d'aujourd'hui.

backwards; **petits...** *: petty thieves*

Le verlan, c'est l'inversion des syllabes d'un mot du français courant **(verlan = l'envers°).** A l'origine argot des petits voleurs° des années 30, le verlan a été adopté par les adolescents de toutes les catégories sociales dans les années 80. Mais les 15 à 25 ans ne forment pas une caste homogène.
5 C'est pourquoi les expressions évoluent d'une cité à l'autre, d'une bande à l'autre, d'un jour à l'autre.

Quelques exemples de verlan:
meuf   =   femme (fa-me → meu-fa)
keuf   =   flic° (fli-keu → keu-fli)
lus   =   salut (sa-lu → lu-seu)

(fam.) policier

Le verlan a ses modes. Dernière nouveauté: des mots d'une syllabe:
al   =   là
zen   =   nez

Philippe Vandel, *Le dico français/français* (Paris: Jean-Claude Lattès, 1993), pp. 235-40, 322.
Philippe Vandel, «Le jeune tel qu'ils le parlent», *Le Nouvel observateur,*1994, 17-23 mars, p. 47.

Comprenez-vous?
Indiquez si les phrases suivantes sont vraies (V) ou fausses (F). Corrigez les phrases fausses en vous aidant du texte.

WHOLE CLASS or PAIRS
Réponses *1. F (Le verlan date des années 30.) 2. V 3. F (Les expressions évoluent d'une bande à l'autre, etc.) 4. V* Students should correct false answers. For true answers, they should read aloud from the text where the answer is found.

1. _____ Le verlan est un phénomène récent.
2. _____ Le verlan n'a pas été inventé dans les lycées.
3. _____ Les jeunes parlent tous le même langage.
4. _____ Ça fait déjà plus de dix ans que les Français de 15 à 25 ans se parlent en verlan.

Jeux de mots
A. Devinez l'origine de ces mots de verlan. (Si vous ne réussissez pas, cherchez les réponses à la dernière page de ce chapitre.)

WHOLE CLASS *Variant* Do this as an individual, timed exercise before students look up right answers. **Réponses** *fou, parent, vas-y!, mère, Paris*

ouf, rempa, ziva!, reume, ripa

PAIRS *Follow-up* Each pair can put two favorite words on the board and ask the class to guess their meaning.

B. Avec un(e) camarade de classe, inventez trois nouveaux mots de verlan. Mettez ensuite vos deux mots préférés au tableau, et demandez à la classe d'en deviner le sens.

RAPPEL   In French *descriptive adjectives* agree *in gender* (masculine/ feminine) and *in number* (singular/plural) with the nouns or pronouns they modify. Although descriptive adjectives usually follow the words they modify, some short ones precede, and a few adjectives change meaning depending on their position. For more details, see pp. 153–158.

L'idéal de beauté

Entrons en matière   WHOLE CLASS

Blaise Pascal, un philosophe français du 17ᵉ siècle, a dit:

«La mode même et les pays règlent ce que l'on appelle beauté.» Est-ce toujours le cas aujourd'hui? Donnez des exemples pour justifier votre argument.

Avant de lire

Le texte que vous allez lire est en réalité la transcription des paroles d'une chanson du fameux rappeur français, MC Solaar. Mais la chanson par définition existe pour être entendue, pas pour être lue. Alors, avant de passer à la lecture, faites un petit exercice d'écoute. En écoutant cette chanson, notez sur une feuille de papier tous les mots que vous reconnaissez comme vocabulaire lié à l'image du corps.

Avant de lire
See culture note on MC Solaar, p. IM 32. WHOLE CLASS Students should listen to the song while jotting down familiar words related to body image. *Follow-up* Make a list on the board from the students' notes; leave it up while they read and discuss the lyrics.

Lecture   SILENT READING

«Victime de la mode»

Clap, prise 1, vision panoramique
Une caméra avance, gros plan° sur Dominique
Seule devant la glace°, elle osculte son corps
Puis crie machinalement encore quelques efforts
5 Tous les régimes° sur elle furent testés
Toutes les tentatives ont été des échecs complets
Mais elle persévère et pour plaire à son homme
Dominique a décidé de suivre la norme
Elle emmagasine des magazines

gros... : *close-up*
miroir

diets

(*fam.*) masochiste

10 Dans lesquels elle pense trouver le recours ultime
Maso° à l'assaut de ses formes rondelettes
Elle était occupée à couper du pécul car on lui piquait les fesses[1]

Victime de la mode tel est son nom de code

As... : *ace of clubs*
hand (card game)

Lumière, scène II, l'As de trèfle° lui propose
15 Une toute nouvelle donne° et en voici la cause
Tellement d'efforts et pour quel résultat

perd... : perd de l'argent /
 perdre... : *to lose weight*

Elle perd de l'oseille° au lieu de perdre du poids°   //
Dominique réplique et très vite m'explique qu'elle
veut être

video clip

20 la réplique d'une créature de clip°
ainsi font, font, font[2] les petites filles coquettes
Elles suivent un modèle qui leur fait perdre la tête
From London to Washington, Kingston, Charenton
ou Carcassonne
25 Quand le téléphone sonne, elle nous répond sans cesse
Qu'elle était occupée à couper du pécul car on lui
piquait les fesses

Victime de la mode tel est son nom de code

Donc, en guise de conclusion
30 A l'analyse logique de cette situation
Le régime, le jogging, la liposuccion
Sont à tester mais il faut faire attention
Espérons que vous aurez compris
Les bases très claires de ce code de déontologie°

the ethics of duty

35 Prendre ou perdre quelques kilos
L'essentiel est d'être vraiment bien dans sa peau
Ma tactique attaque tous tes tics avec tact
Dominique pas de panique, écoute bien ce funky beat
La quête de l'image la laisse dans le stress
40 Elle était occupée à couper du pécul car on lui piquait
les fesses

Victime de la mode tel est son nom de code

«Victime de la mode», paroles et musique de MC Solaar, interprétée par MC Solaar, Polydor
(2, rue Cavalotti — 75018 Paris), Ed. Fair & Square/BMG Music Publishing—517 422-2.

Comprenez-vous?

WHOLE CLASS OF PAIRS
Réponses *1. La minceur
2. Plaire à son homme /
ressembler à une créature
de clip 3. Etre bien dans
sa peau.*

1. De quelle mode Dominique est-elle victime?
2. Quelle est la première raison que Dominique donne pour vouloir perdre du poids? Et la deuxième?
3. Selon MC Solaar, qu'est-ce qui est plus important que la mode?

[1]**Elle était occupée à couper du pécul car on lui piquait les fesses:**
The idea here is that she was busy nursing her bruised derrière, which was
always being poked with needles (to remove cellulite, etc.).

[2]**Ainsi font, font, font...** is an allusion to a popular French song for
children: **Ainsi font, font, font les petites marionnettes, ...**

Allez plus loin

WHOLE CLASS **Réponses** *Il veut donner l'impression que l'on tourne un film./Il veut donner l'impression qu'il s'agit d'une pièce de théâtre.*

Quelle image MC Solaar veut-il créer par les paroles du premier vers du premier couplet («Clap, prise 1,… »)? Et par le premier vers du deuxième couplet («Lumière, scène II,… »)? *et par le* _____ *dernier couplet*
→ *un exposé grammatical*

GROUPS OF 3-4 *Follow-up* Groups can present their conclusions to the class. Students should determine if differences of opinion break down along gender lines.

A discuter

Est-ce que l'apparence est une préoccupation uniquement féminine? Les hommes pourraient-ils aussi être victimes de la mode?

Préparation grammaticale

Avant de continuer, révisez les règles de formation et d'emploi de l'adverbe, et celles de la comparaison, pp. 158–163.

Applications

A. Comment sont-ils?

Faites une description physique détaillée de chacune des personnes ci-dessous, en vous référant si nécessaire aux listes A et C du vocabulaire.

GROUPS OF 2-3 *Follow-up* For each photo have two groups present their descriptions and have the class discuss differences.

B. Les portraits

1. Mettez-vous avec un(e) camarade de classe.

    a. Faites chacun(e) par écrit une description physique détaillée de la personne devant vous en vous référant si nécessaire aux listes A et C du vocabulaire.

    b. Essayez de deviner le caractère de votre partenaire d'après son apparence (vocabulaire B).

    c. Lisez-vous vos descriptions, puis discutez de vos réactions. Est-ce que la description faite par votre partenaire est bonne ou mauvaise? Pourquoi?

•*Modèle*   portrait de l'homme sur la photo

    a. VOUS: *Vous êtes jeune. Vous avez probablement entre vingt-cinq et trente-cinq ans. Vous êtes grand et fort, mais pas gros. Vous avez les cheveux bruns, courts et fins, le visage ovale, le nez droit et les lèvres minces. Vous êtes très bronzé.*

    b. VOUS: *Vous êtes probablement sympathique, décontracté et débrouillard.*

    c. L'HOMME SUR LA PHOTO: *Vous avez plutôt raison. J'ai vingt-sept ans. Je suis grand, mais pas très fort. Je suis blond, en fait, mais j'ai les cheveux teints. On me trouve sympathique et débrouillard, mais je ne suis pas du tout décontracté!*

2. De temps en temps, nous voyons ou rencontrons des gens qui nous semblent bien différents de nous, ou même bizarres. Prenez quelques minutes pour réfléchir à la personne la plus «différente» ou bizarre que vous ayez jamais vue. Faites-en une description, en répondant aux questions suivantes:

    a. Où était cette personne?

    b. Que portait-elle?

    c. Comment était cette personne, physiquement?

    d. Du point de vue du caractère, comment vous imaginez-vous cette personne?

    e. Que faisait cette personne?

Many *adverbs* are made by adding **-ment** to a form of the *adjective*. Most adverbs *immediately follow the verb* they modify. Certain adverbs (for instance, adverbs of time and place) can take other positions in the sentence. For more details, see pp. 158–160.

C. Comment fait-on cela?

En utilisant des **adverbes variés**, créez des phrases qui expliquent **comment** on fait les activités suivantes.

WHOLE CLASS Students can create "on the spot" or you can allow 5 minutes of silent work time. Compare selected answers.

• **Modèle**   *parler: le professeur/la petite fille/l'adolescent*

La petite fille parle **doucement.**

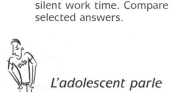

L'adolescent parle **rarement.**

Le professeur parle **vite** *en français.*

1. jouer au basket: vous/Michael Jordan/le professeur

2. jouer du saxophone: vous/Bill Clinton/l'étudiant(e) devant ou derrière vous

3. chanter: vous/MC Solaar/ votre camarade de chambre

4. faire du cyclisme: vous/les champions du Tour de France/vos grands-parents

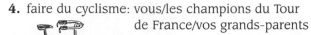

5. regarder la télévision: vous/vos parents/vos amis

To *compare* two people, things, or groups in French, one generally uses **plus, aussi, autant, moins** with **que** or **de**. The *superlative* form is used to *distinguish* someone or something from a larger group. A few comparative and superlative forms are irregular. For more details, see pp. 160–163.

D. Une comparaison de «looks»

Regardez les photos ci-dessous et comparez les personnes selon les indications données. Référez-vous, si nécessaire, à la liste A du vocabulaire.

(NOTEZ BIEN: + = plus / – = moins / = = aussi)

•*Modèle*   (+ / –) Jacques Chirac et Gérard Depardieu
> *Jacques Chirac a les cheveux plus [courts] que Gérard Depardieu et il a le nez moins [long].*

1. (– / =) Simone Veil et Isabelle Adjani
2. (+) Jacques Chirac et Simone Veil
3. (–) Isabelle Adjani et Gérard Depardieu
4. (+ *phrase superlative*) Jacques Chirac, Gérard Depardieu et Isabelle Adjani
5. (– *phrase superlative*) Simone Veil, Gérard Depardieu et Isabelle Adjani

Simone Veil, femme politique

Jacques Chirac, président de la République française

Gérard Depardieu, acteur

Isabelle Adjani, actrice

Avoir vingt ans en 1994

Entrons en matière   <small>WHOLE CLASS</small>

Avez-vous une voix dans la politique du pays? Si vous avez entre 15 et 25 ans, avez-vous le sentiment que ceux qui gouvernent notre pays considèrent vos opinions avant de prendre une décision qui affectera votre vie? Ou bien, si vous êtes déjà plus âgé(e), diriez-vous que, quand vous aviez cet âge, vous avez eu une influence sur la politique du pays?

Pour mieux comprendre   <small>WHOLE CLASS</small>

Pour parler du salaire minimum (*minimum wage)* en France, on utilise l'acronyme SMIC (salaire minimum interprofessionnel de croissance). Comment le SMIC peut-il influencer le taux de chômage (*rate of unemployment)* d'un pays?

Lecture

<small>SILENT READING</small>   ### Première partie

démonstrations collectives et publiques

A la fin de l'hiver 1994, le Premier ministre de France de l'époque, Edouard Balladur, a annoncé la décision d'établir un «SMIC-jeunes» (moins 20% du SMIC) en vue de créer plus d'emplois pour les Français de 15 à 25 ans. Le taux de chômage pour les
5 jeunes était 25% — le double du taux moyen (12,2%). Essayant d'apaiser les jeunes qui montraient leur mécontentement par des manifestations° parfois tumultueuses, Balladur les a invités à lui parler directement: il a fait envoyer un questionnaire à tous les jeunes de France âgés de 15 à 25 ans (ils sont 8,2 millions).
10   Voici un extrait de cette «invitation»:

On parle souvent des «jeunes», en général. On parle souvent en votre nom. Vous avez votre propre expérience, votre propre vision de la vie, votre propre conception de l'avenir, mais on ne vous demande jamais, directement, votre avis. C'est pourquoi j'ai décidé de vous consulter personnellement.
15   Si vous acceptez de participer à ce dialogue, votre avis sera pris en compte. [...]
    Le Gouvernement, à partir de vos demandes et de vos avis, présentés par le Comité d'organisation de la consultation, agira. Tout ne pourra pas être fait tout de suite. [...]
20   Je connais votre générosité et votre désir de faire bouger la société. Les difficultés sont là, il faut les surmonter. Je souhaite que la jeunesse s'exprime afin qu'ensemble nous construisions la France de demain.

Ce questionnaire, dont 1 800 000 ont été retournés, contient ces quinze catégories de questions:

25   Q:1   Mon opinion sur la société actuelle

    Q:2   Mon opinion sur la famille et les amis

Q:3   Mon opinion sur la santé

Q:4   Mon opinion sur l'école et les études

Q:5   Mon opinion sur l'emploi et le monde du travail

30   Q:6   Questions pour ceux qui travaillent déjà

Q:7   Mon opinion sur les sports et les loisirs …

Q:8   Ma participation et mes engagements

Q:9   Je suis prêt(e) à m'engager personnellement … pour …
       Exemple: *La lutte contre le racisme.*

carrière   35   Q:10   Je suis prêt(e) à en faire mon métier°? (voir # 9)

Q:11   Pour mieux prendre en compte les souhaits des jeunes, il
        faudrait: (plusieurs réponses possibles)

Q:12   Je suis

Q:13   Ma situation

40   Q:14   J'habite

Q:15   La situation professionnelle de mes parents

Comité pour la consultation nationale des jeunes, «Faites agir vos idées!», Questionnaire destiné aux 15/25 ans, 1994.

Comprenez-vous?

WHOLE CLASS **Réponses**
1. SMIC-Jeunes = moins 20%. 2. Les jobs sont moins bien rémunérés, mais il y en a davantage. 3. Ils ont manifesté. 4. Leur avis sera pris en compte. 5. Q:13. / Pour établir des statistiques sur les jeunes, pour donner l'impression que leur opinion compte, etc. 6. Non. Moins de 2 millions des 8,2 millions de jeunes ont répondu.

1. Quelle est la différence entre le SMIC et le SMIC-jeunes proposé par Edouard Balladur?
2. Comment la création d'un SMIC-jeunes peut-elle réduire le taux de chômage?
3. Comment les jeunes ont-ils réagi à cette idée d'un SMIC-jeunes?
4. En invitant les jeunes à remplir le questionnaire, qu'est-ce que Balladur leur promet?
5. Quelle catégorie de questions sur le questionnaire traite directement du problème du chômage? Pour quelle(s) raison(s) a-t-on posé toutes les autres questions?
6. Pourrait-on dire que Balladur a réussi son projet de «consulter personnellement» les jeunes Français de 15 à 25 ans? Pourquoi?

Allez plus loin

WHOLE CLASS **Réponses** *Il se distingue du gouvernement: «je» au lieu de «on».*

This can be done as silent in-class reading, or assigned as homework.

Comment Balladur essaie-t-il dans le texte de son «invitation» de se montrer du côté des jeunes, de se séparer du statu quo politique?

Deuxième partie

En plus des 1 800 000 questionnaires remplis et renvoyés à Balladur, 3 300 lettres spontanées lui ont été adressées. Voici un extrait d'une de ces lettres.

J'ai 23 ans, je suis étudiante en animation socio-culturelle. […] Cette lettre se veut apolitique: Je ne veux blamer personne, il est extrêmement difficile de
5   gouverner, je ne critique pas votre travail, je critique la manière dont le gouvernement a fait ce questionnaire et le discours que vous tenez, monsieur Balladur.

Je suis extrêmement surprise du peu de profondeur de ces questions, et surtout du ton servile et hypocrite de votre lettre. J'attendais plus d'engagement de votre
10 part, tout comme je m'engage aujourd'hui pour vous répondre. On ne nous demande même pas notre nom et notre adresse, comment voulez-vous que l'on se sente concerné! Peut-être aurions-nous pu alors engager un dialogue. Toutes ces questions ne servent à rien, vous
15 connaissez déjà les réponses, ou, si vous les ignoriez, vous n'accomplissez pas votre travail d'élu. Connaître la société que l'on gouverne me semble être la moindre des choses et ces questions sont beaucoup trop superficielles pour que vous compreniez réellement nos
20 aspirations. Vous nous dites que notre avis va être pris en compte, quand, par qui, y aura-t-il des jeunes, des élus, des citoyens? Quel est ce comité, quelles sont ces personnalités? En aucun cas vous ne tenez vos promesses de dialogue, nous ne savons même pas qui
25 sont nos interlocuteurs. […]

Vous dites: «C'est sur vous que repose l'avenir», essayons d'abord de gérer le présent! Je suis prête à discuter, si ce n'est pas pour perdre son *(sic)* temps. Je suis prête à m'engager pour faire une société plus
30 juste. […]

Puisse grâce à cette lettre *(sic)* vous avoir donné un meilleur portrait de la jeunesse d'aujourd'hui.

Laure, 23 ans,
étudiante en sociologie, Bagneux

Lecardonnel, Philippe, ed. «Dossier: Cent lettres de jeunes à Balladur», *Dix sur dix* N°1 (Paris: Dix sur dix éditions, 1995), pp. 53–54.

Comprenez-vous?

1. Quels aspects du questionnaire Laure critique-t-elle?
2. Selon Laure, quelles questions essentielles manquent dans le questionnaire?
3. Pourquoi est-ce que les questions posées dans le questionnaire «ne servent à rien» (ligne 14)?
4. Quels renseignements Laure veut-elle avoir sur le comité qui aura charge de lire les questionnaires, et pourquoi?
5. Laure dit qu'elle écrit une lettre «apolitique» (ligne 4). Est-ce que vous décririez sa lettre de cette façon? Pourquoi?

Allez plus loin

Laure critique «le ton servile et hypocrite» de la lettre de Balladur. Relisez l'extrait de cette lettre (Première partie) afin de voir si vous avez la même réaction. Justifiez votre réponse en citant des mots / des passages du texte.

WHOLE CLASS OR PAIRS
Réponses *1. Elle critique l'idée même du questionnaire, et le discours de Balladur. 2. Le nom et l'adresse de la personne qui répond. 3. Balladur devrait en connaître déjà les réponses. 4. Qui sont les membres du comité qui lira les réponses (âge, situation, etc.)? Dans un vrai dialogue, on sait à qui on s'adresse. 5. (Opinion personnelle)*

GROUPS OF 3-4 Compare reactions.

WWW Explore!
See the Web Activity in the *Cahier.*

Activités d'expansion

PAIRS

A. Se faire remarquer

1. Est-ce qu'il y a des «looks» particuliers que l'on adopte sur votre campus? Lesquels? Avec un partenaire, choisissez un «look» que vous avez tous les deux remarqué. Est-ce que vous avez réagi à ce look de la même façon que votre partenaire? Comparez vos réactions, et essayez de les analyser.

2. Il y a des gens qui veulent se faire remarquer *(make a statement)* par leur façon de s'habiller, de se coiffer, de se maquiller, etc. Trouvez un partenaire et discutez des gens que vous connaissez qui veulent se faire remarquer. Qui sont-ils? Que font-ils pour se distinguer des autres? Pourquoi, à votre avis, veulent-ils être «différents»?

B. «Etre jeune» — qu'est-ce que cela veut dire?

WHOLE CLASS, OR OUT-OF-CLASS WRITING

Est-ce qu'on est jeune par son âge, ou par son attitude? Connaissez-vous des adultes (35+) qui ont l'air très jeune, ou des jeunes (16 à 22) qui semblent déjà vieux? Si oui, qu'est-ce qu'il y a dans la conduite ou dans l'apparence de cette personne qui la rajeunit/vieillit?

C. Liberté de parole

Si le Président des Etats-Unis vous invitait à lui écrire pour lui expliquer vos opinions sur sa façon de gouverner le pays, que lui diriez-vous? Esquissez une lettre dans laquelle vous complimentez ou critiquez le gouvernement pour au moins un aspect de la politique qui vous touche directement. Ensuite, comparez vos opinions à celles des autres membres de la classe.

IN-CLASS or OUT-OF-CLASS WRITING   Compare results in class to promote discussion about youth and politics in America.

Réponses à l'exercice «Jeux de mots», p. 24: **fou, parent, vas-y!, mère, Paris**

For culture notes,
warm-ups, lesson plans,
homework assignments, see
pp. IM 36–IM 39.

QUESTIONS SUR LES IMAGES
Qui sont ces gens-là? D'où
viennent-ils? Que font-ils?

ptes annonces.

offre d'emploi

Le mal du pays

A. Présent ou passé?

**Pour parler
du présent**

aujourd'hui
à notre époque
de nos jours
actuellement
à l'heure actuelle

**Pour parler
du passé**

autrefois
il y a ... heures
... jours
... mois
... ans
à cette époque-là[1]
en ce temps-là[1]

[1]Either **à cette époque-là** or **en ce temps-là**
can be used to refer to a previously stated past
time.

B. La vie active

Quoi

faire une demande	to apply (for a job)
le formulaire	form, application
remplir un formulaire	fill out an application, a form
la lettre de candidature	cover letter, application letter
le C.V.	curriculum vitae, job résumé
l'entretien *m.*	interview
le poste	position, job
le métier	trade, job
les travaux domestiques *m.*	domestic work
embaucher	to hire
gagner sa vie	to earn one's living
travailler	to work
à plein temps	full time
à mi-temps	half-time
à temps partiel	part-time
comme bénévole	as a volunteer
licencier	to dismiss, to let go, to lay off
faire la grève	to go on strike

pour causes économiques. // *renvoyer → fire*

C. Questions sociales/ historiques

Mots apparentés: l'inégalité *f.*, le racisme, le (la) raciste, la pauvreté, le (la) pauvre, la richesse, le (la) riche, la bourgeoisie, le (la) bourgeois(e), le (la) propriétaire, coloniser, la colonie, le colon, ethnique, l'immigration *f.*, l'immigré(e), l'intégration *f.*, s'intégrer (à, dans)

le chômage	unemployment
le (la) chômeur(-euse)	unemployed person
le sans-abri, le s.d.f.[2]	homeless person
l'exclu(e)	marginal person
l'exclusion *f.*	marginalization
l'ethnie *f.*	ethnic group
l'intégrisme *m.*	separatist fundamentalism
l'intégriste *m./f.*	separatist fundamentalist
la métropole	France
le département d'outre-mer (D.O.M.)	overseas department (e.g., **Martinique**)
le territoire d'outre-mer (T.O.M.)	overseas territory (e.g., **la Nouvelle Calédonie**)

[2]**s.d.f.** sans domicile fixe *(invariable in plural)*

professions libérales → des honoraires

Qui
Mots apparentés:
l'employé(e), l'employeur *m.*

le (la) salarié(e)	wage-earner
l'ouvrier(-ière)	worker
le (la) patron(ne)	boss
le P.D.G. (Président directeur général)	CEO (Chief Executive Officer)
le (la) bénévole	volunteer

Où

l'usine *f.*	factory
le chantier	construction site
l'atelier *m.*	workshop
... textile	textile mill
... d'artiste	artist's studio
le bureau	office
le champ	field
l'entreprise *f.*	business, company

Préparation grammaticale

Avant de commencer ce chapitre, révisez la formation et l'usage du passé composé et de l'imparfait, pp. 165–170.

Les étrangers en France   SILENT READING

Depuis longtemps la France sert de pays d'accueil[3] à de nombreuses nationalités. Le graphique ci-dessous montre les pourcentages des principaux groupes d'étrangers en France en 1954, 1975, 1982 et 1990.

La population de la France en 1995: 58,3 millions.

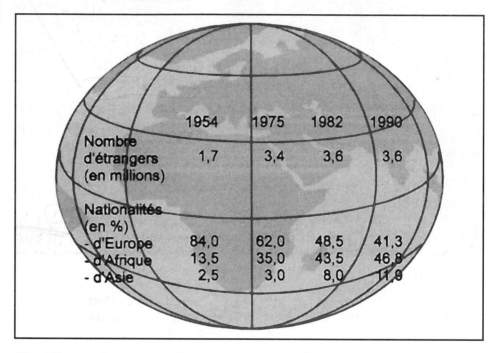

	1954	1975	1982	1990
Nombre d'étrangers (en millions)	1,7	3,4	3,6	3,6
Nationalités (en %)				
- d'Europe	84,0	62,0	48,5	41,3
- d'Afrique	13,5	35,0	43,5	46,8
- d'Asie	2,5	3,0	8,0	11,9

Gérard Mermet, *Francoscopie 1995* (Paris: Larousse, 1994), p. 213.

Comprenez-vous?

Est-ce que la phrase est vraie(V) ou fausse(F)? Si elle est fausse, corrigez-la.

WHOLE CLASS **Réponses**
*1. V   2. F (Elle a doublé.)
3. V   4. F (Il y a moins
d'Européens aujourd'hui—
la moitié de ce qu'il y
avait en 1954.)*

1. _____ La population française comprend 6,2% d'étrangers.
2. _____ La population étrangère totale a peu changé depuis 1954.
3. _____ Il y a presque cinq fois plus d'Asiatiques aujourd'hui qu'en 1954.
4. _____ La proportion d'étrangers d'origine européenne est restée la même depuis 1954.

A discuter

Brainstorm with the whole class.

Pourquoi, à votre avis, y a-t-il tant d'Africains en France? Que savez-vous des anciennes colonies de la France? Où sont-elles? Quelle est leur situation actuelle (politique, économique, sociale, etc.)? N'oubliez pas de consulter la carte, pp. xii–xiii.

---

[3]**pays d'accueil** pays qui reçoit les immigrés

A la recherche d'un travail

Avant de lire

Comprendre la structure ou l'organisation d'un texte prépare le lecteur à mieux en apprécier le sens ou les idées. Regardez le texte qui suit. De quelle sorte de texte s'agit-il? Comment le savez-vous?

Lecture

Dans ce texte sans titre, Francis Bebey (né en 1929), écrivain et musi-cien du Cameroun, présente les sentiments d'un homme qui doit quitter sa patrie pour chercher du travail en France.

Je suis venu chercher du travail
J'espère qu'il y en aura
Je suis venu de mon lointain° pays
Pour travailler chez vous

5 J'ai tout laissé, ma femme, mes amis
Au pays tout là-bas
J'espère les retrouver tous en vie
Le jour de mon retour

Ma pauvre mère était bien désolée
10 En me voyant° partir
Je lui ai dit qu'un jour je reviendrai
Mettre fin à sa misère

Have students look at the text, then try to guess simple poetry terms (**le vers, la strophe, la rime, le rythme**). Provide the French terms as needed.

Play the tape while students read silently.

à une grande distance

en me... : quand elle m'a vu

fait

réception

vaudrait... : *worth so much trouble*

J'ai parcouru° de longs jours de voyage
Pour venir jusqu'ici
15 Ne m'a-t-on pas assuré d'un accueil°
Qui vaudrait bien cette peine°

Regardez-moi, je suis fatigué
D'aller par les chemins
Voici des jours que je n'ai rien mangé
20 Auriez-vous un peu de pain?

torn

Mon pantalon est tout déchiré°
Mais je n'en ai pas d'autre
Ne criez pas, ce n'est pas un scandale
Je suis seulement pauvre

25 Je suis venu chercher du travail
J'espère qu'il y en aura
Je suis venu de mon lointain pays
Pour travailler chez vous.

Francis Bebey, dans: *Anthologie africaine d'expression française, II* (Paris: Hatier, 1988), p. 114.

Comprenez-vous?
PAIRS Assign two students per question and have them compare the answers they got on their own. **Réponses** *1. Un ouvrier immigré, il est pauvre, seul, fatigué, il a faim, son pantalon est déchiré. 2. aux Français, aux Européens. 3. sa famille (sa femme, sa mère), ses amis. 4. Il veut travailler. 5. Non, il parle de son retour, il dit qu'il reviendra. 6. Ils crient. L'ouvrier dit: Ne criez pas.*

Comprenez-vous?

1. Qui est le «je», la personne qui parle, dans le poème? Décrivez-le.
2. A qui est-ce qu'il parle? (Qui est le «vous» dans le poème?)
3. Qui a-t-il laissé dans son pays?
4. Pourquoi a-t-il quitté son pays?
5. Est-ce qu'il a l'intention de rester en France? Comment le savez-vous?
6. Quelle est la réaction des gens à qui il parle? Comment le savez-vous?

RAPPEL

There are two major *tenses* for talking about the *past* in French. The **passé composé** tells *what happened* in the past, the **imperfect** (**l'imparfait**) describes *conditions* in the past. For more details, see pp. 165–170.

GROUPS Assign one group per item. Then the groups can combine their answers and create a narration and description in the past. *Follow-up* Students can act out the scene.

Le départ de l'ouvrier immigré

Racontez au passé la scène du départ de l'ouvrier du poème. Voici quelques questions pour vous aider.

1. Où est-ce que cette scène s'est passée?
2. Qui était présent? Décrivez les personnes.
3. Quelles ont été leurs réactions? leurs sentiments?
4. Qu'est-ce qu'elles se sont dit?
5. Comment la scène s'est-elle terminée? Qu'est-ce que chaque personne a fait?

A la recherche d'un titre

This can be used as warm-up.

Puisque le poète n'a pas donné de titre à son poème, essayez de lui en trouver un.

Applications

A. Des définitions

Voici les définitions de sept mots de la liste B du vocabulaire au début du chapitre. Trouvez les mots qui sont définis.

1. établissement industriel où, à l'aide de machines, on transforme des produits
2. chef d'une entreprise industrielle ou commerciale
3. engager des salariés
4. renvoyer des employés pour des raisons économiques
5. tâches liées à la maison et à la famille
6. parcelle de terre cultivable
7. personne qui fait quelque chose gratuitement

B. Réactions personnelles

Choisissez l'un des mots de la liste C du vocabulaire au début du chapitre. Circulez dans la classe et demandez à vos camarades quels mots ils associent avec celui que vous avez choisi.

•**Modèle**   A quoi penses-tu quand je dis «chômage»?
RÉPONSES POSSIBLES:
Je pense au travail, à la pauvreté, au malheur,…

C. A l'étranger

Imaginez que vous avez quitté votre famille et votre pays pour travailler à l'étranger. Comparez votre nouvelle vie **(au présent)** et votre ancienne vie **(à l'imparfait).** Commencez la phrase en utilisant les éléments donnés et finissez-la de façon logique.

•**Modèle**   Aujourd'hui/je/travailler…
Autrefois/je/travailler moins/et je/s'amuser…
Aujourd'hui, je **travaille** tout le temps parce que je dois envoyer de l'argent à ma famille.
Autrefois, je **travaillais** moins et je m'**amusais** avec mes amis.

1. Maintenant/mes amis/me manquer…
A cette époque-là/je/passer du temps…
2. Actuellement/ma famille et moi/s'écrire…
Avant/nous/se voir…
3. Le week-end/je/être…
Quand/je/être chez moi…
4. Aujourd'hui/je gagne…
Autrefois/je/avoir peur de…
5. A l'heure actuelle/mes amis/devoir…
Il y a dix ans/mes amis/pouvoir…
6. Maintenant/je/vouloir…
Avant/je/vouloir…

D. Leur histoire

Item #1 should be done by the whole class. The rest of the items can be done in groups. Allow choices.

Parlez de l'histoire de ces différents groupes ethniques lors de la création de l'Amérique, en utilisant les verbes et les expressions donnés et en ajoutant d'autres détails. N'hésitez pas à utiliser d'autres verbes si vous préférez.

•*Modèle*   Les Allemands:
arriver/s'établir/construire/se marier/parler
Les Allemands sont arrivés au dix-huitième siècle. Ils se sont établis en Pennsylvanie où ils ont construit leurs maisons, leurs églises, leurs écoles. Certains se sont mariés avec des Américaines et ont commencé à parler anglais. D'autres ont continué à parler allemand.

1. Les premiers colons anglais:
quitter/voyager/arriver/faire froid/avoir faim/rencontrer/partager/??
2. Les Amérindiens:
vivre/chasser/cultiver/rencontrer/s'entendre/se battre/??
3. Les Africains:
vivre/partir/souffrir/mourir/travailler/essayer/s'échapper/trouver/??
4. Les Juifs:
souffrir/s'enfuir/voyager/s'établir/s'aider/vivre/??
5. Une ethnie de votre choix, telle que: les Chinois, les Japonais, les Irlandais, les Italiens, les Indochinois, les Mexicains, etc.

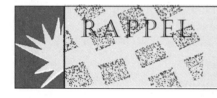

RAPPEL

To say you *miss* someone or something, use the verb **manquer (à)**. *What* or *whom* you *miss* is the <u>subject</u>, and you are the <u>indirect</u> <u>object</u>. To say that something *makes* you feel a certain way (*sad, happy,* etc.) use the verb **rendre** + an *adjective*. For more details, see p. 172.

E. Qu'est-ce qui vous a manqué?

GROUPS OF THREE   Some groups can present their thoughts to the rest of the class.

Vous rentrez au pays après avoir travaillé à l'étranger pendant un an. Vous racontez à votre famille ce qui vous a manqué, ce qui vous a rendu(e) triste ou heureux(-euse) pendant votre séjour à l'étranger.

•*Modèle*   *La bonne cuisine de chez nous m'a manqué.*
Le froid m'a rendu(e) triste.

Et votre famille va répondre avec ce qui lui a manqué et ce qui l'a rendue triste ou heureuse pendant votre absence.

F. Le premier job

This activity can be done first in pairs. Then, in groups of four, students can choose: **le travail le plus ennuyeux, le plus intéressant, le moins bien/le mieux payé.** Finally the whole class can select one in each category.

Avec un partenaire, posez-vous des questions sur votre premier emploi.

1. Pourquoi voulais-tu travailler?
2. A-t-il été facile ou difficile de trouver un emploi?
3. Qu'est-ce que tu as fait pour trouver un job?
4. Quelle sorte de travail faisais-tu?
5. Quand travaillais-tu? De quelle heure à quelle heure?
6. Tu étais content(e) de ton salaire?
7. Est-ce que ce travail était intéressant? Explique.

G. Vous avez de l'expérience?

Vous faites une demande d'emploi et on vous demande de décrire votre travail précédent. Racontez ce que vous avez fait ou expliquez-le en un petit paragraphe de cinq ou six phrases.

This can be used as homework, to be presented orally or in writing.

«Printemps»

Entrons en matière

Quelles sont les difficultés que rencontre un père (une mère) quand il (elle) doit élever son enfant (ses enfants) seul(e)?

Brainstorm with the whole class. Ask students about associations they might make with the photo on this page.

Pour mieux comprendre

On peut mieux comprendre un texte si on sait qui en est le narrateur (la narratrice) et de quelles personnes il (elle) parle. Lisez les deux premières phrases du passage à la page suivante. Qui parle? De qui parle-t-on? Puis continuez à lire en cherchant le pronom sujet qui prédomine dans les phrases qui suivent. Qui est-ce? Et quel pronom prédomine dans les trois dernières phrases du paragraphe? Qui est-ce?

WHOLE CLASS

Lecture

Les passages ci-dessous sont des extraits d'une nouvelle de J.M.G. Le Clézio (1940-). «Printemps» est l'histoire d'une jeune Marocaine, Saba, qui a passé les douze premières années de sa vie comme fille adoptive de M. et Mme Herschel, un couple américain. Sa mère biologique retourne la chercher quand elle a douze ans. Sa vie avec sa mère, qui est pauvre et doit travailler, contraste avec la vie de luxe que Saba avait menée chez les Herschel. Quatre ans plus tard, Saba, qui est malheureuse et voudrait partir, raconte la jeunesse de sa mère et explique les événements de sa naissance et de son adoption.

Première partie

SILENT READING *Variant* Stop at the end of the first paragraph and ask the comprehension questions 1-4 on the next page.

homme... : qui passait dans la région, mais n'y habitait pas
qui faisait la guerre

me portait... : *was pregnant with me / establishments for merchants in Arab countries*

scaffolding
ici: photo

prendre, retourner avec

s'est... : est partie sans être vue / **se...** : se fatiguent

boîte... : *cardboard box*
truck / would sit

a mis / *floor*

J'entends le bruit de la respiration de ma mère. Elle aussi, elle est partie de chez elle, une nuit, et elle n'est jamais revenue. Peut-être qu'on voulait la marier de force, ou bien elle a suivi un homme de passage°. Elle a quitté le village des Zayane[4], dans la montagne, elle a marché jusqu'à la mer. Son père était un guerrier°, un fils du grand Moha ou Hammou[5] qui avait fait la guerre aux Français, à Khénifra[6]. Quand ma mère a quitté la montagne, elle avait mon âge, et déjà elle me portait dans son ventre°. Elle a voyagé seule dans toutes ces villes qu'elle ne connaissait pas, elle a travaillé dans les fondoucs°, sur les marchés. Celui qui était mon père avait pris le bateau, il est allé travailler de l'autre côté de la mer, en France, en Allemagne peut-être. Mais, il n'est jamais revenu. Il est mort en tombant d'un échafaudage°, ou bien de maladie. Il n'a rien laissé derrière lui, pas même son image°.

Ma mère m'a dit un jour qu'elle avait reçu une lettre en français, et le patron du restaurant où elle travaillait l'a lue pour elle. Dans la lettre, on disait que mon père était mort à Marseille. Ensuite, mes oncles et mes tantes Zayane sont venus de la montagne, pour ramener° ma mère, parce qu'ils voulaient lui trouver un autre mari, et me garder avec eux. Ma mère a dit oui, et une nuit elle s'est échappée°, elle s'est cachée dans un fondouc jusqu'à ce que ses frères et ses sœurs se lassent° de la chercher et retournent dans la montagne. Alors, elle a décidé de partir, elle aussi. Elle m'a mise dans une boîte de carton°, et elle a voyagé en camion° et en autocar. Dans les marchés, elle s'asseyait° par terre, avec la boîte à côté d'elle, et elle attendait qu'on lui donne à manger. Et un jour, elle est arrivée à Nightingale[7], et elle a déposé° le carton sur le sol° de la cuisine, elle a pris les billets de banque du Colonel[8], et elle est partie.

---

[4]The family name of her father. The Zaane, or Zaian, was also a confederation of tribes in Morocco.
[5]Moha ou Hammou became the chief of the Zaian confederation of tribes in 1877, at the age of twenty.
[6]A town in the mountains of Morocco. The Zaians, led by Moha ou Hammou, gave the French their worst defeat in Morocco, at Khénifra, in the fall of 1914 during the French colonial period.
[7]The Herschel plantation where Saba lived during her childhood.
[8]The name Saba uses to refer to Mr. Herschel.

Comprenez-vous?

Globalement

Qu'est-ce qui est arrivé à la mère de Saba?

Write students' ideas on the board and have the class give the appropriate sequences in the past.

Précisément

1. Si vous ne saviez pas où se passe l'histoire racontée dans cette première partie, quels mots ou quelles expressions vous indiqueraient que ce n'est pas en France?
2. Pourquoi la mère est-elle partie de chez elle?
3. Après avoir quitté sa famille, qu'est-ce que la mère a fait pour gagner sa vie?
4. Dans le premier paragraphe de ce texte, Saba raconte l'histoire de ses parents. De quels détails de cette histoire n'est-elle pas sûre?
5. Comment la mère a-t-elle appris que le père de Saba était mort?
6. Dans quel pays le père est-il mort?
7. Pourquoi les tantes et les oncles Zayane voulaient-ils ramener Saba et sa mère chez eux?
8. Comment la mère a-t-elle réagi à cette suggestion?
9. A votre avis, quel âge Saba avait-elle à cette époque-là?
10. Quand la mère a échappé aux tantes et aux oncles Zayane, avait-elle beaucoup ou peu d'argent? Comment le savez-vous?
11. Qu'est-ce qui s'est passé à Nightingale?

Allez plus loin

1. Pourquoi, à votre avis, Saba dit-elle «aussi» dans la deuxième phrase du premier paragraphe?
2. Décrivez la mère de Saba. Comment était-elle? (courageuse, timide, jeune, vieille, heureuse…) Justifiez votre description.

PAIRS Students can prepare answers to assigned questions. **Réponses** *1. Zayane, Moha ou Hammou, Khénifra, fondoucs 2. Elle a suivi un homme, elle était enceinte. 3. Elle a travaillé dans les fondoucs, sur les marchés. 4. Elle ne sait pas comment son père est mort, elle ne sait pas comment il était parce qu'elle n'a pas d'images de lui. 5. Elle a reçu une lettre en français. 6. Il est mort en France. 7. Ils voulaient marier sa mère à quelqu'un d'autre. 8. Elle a fait semblant d'être d'accord et puis elle s'est échappée. 9. Elle était un bébé. 10. Elle n'avait pas d'argent. Elle a mendié. 11. Le Colonel a donné de l'argent à la mère, elle a laissé son bébé et elle est partie.*

Réponses *1. Saba veut partir, elle aussi. (Elle veut faire comme sa mère.) 2. Elle était jeune, courageuse et volontaire mais elle devait être malheureuse.*

SILENT READING *Variant*
Assign the questions on the
next page to individual
students before they read;
they can look for the
answers as they read.

yeux... : *doe-like eyes /*
  coiffés... : *braided*

hip / expression
apparence générale
buvait

captivaient
insignifiant
dur, pénible
sorte d'arbre
misère

marchait sans but / *dust*
shadow / *held tightly / folds*

pans... : *top of her dress /*
  breasts

pont... : *lower deck*

to chap

GROUPS OF FOUR Two people
in each group describe
Saba's mother and two say
what she did. Have students
compare their stories and
descriptions.

Deuxième partie

Tout ça, c'est mon histoire, mais je peux y penser maintenant comme si c'était vraiment arrivé à quelqu'un d'autre. Je peux penser à mon père inconnu, qui est mort à Marseille au moment où je commençais à vivre à Khénifra. Je peux imaginer ma mère, elle n'avait que seize ans, elle était si fragile, avec ses yeux de biche°, ses cheveux coiffés en nattes°, et pourtant elle était si audacieuse, si forte. Un jour le Colonel m'a parlé d'elle, quand il l'a rencontrée pour la première fois, elle portait ce tout petit enfant sur la hanche°. Il y avait quelque chose qui troublait son regard°, comme des larmes. Il la revoyait toujours, cette jeune femme au visage d'enfant, l'allure° sauvage et décidée, et le bébé qu'elle tenait contre elle et qui suçait° son lait. Lui qui était si riche, si puissant, qui avait commandé aux hommes pendant la guerre[9], le malheur et la jeunesse de ma mère le subjuguaient°, le rendaient timide et dérisoire°. Ce qui l'émouvait lui, le soldat de l'armée américaine, c'était le secret sombre et âpre° dans les yeux de cette femme, un secret semblable au pays des Zayane, les montagnes et les forêts de rouvres°, la lumière dure dans ses yeux, la méchanceté° de l'enfance interrompue.

Elle respire lentement, à côté de moi, dans l'alcôve. Je pense à ce qu'elle m'a fait. Je pense qu'elle errait° sur les routes blanches de poussière°, devant son ombre°, et j'étais serrée° contre sa hanche dans les plis° de sa robe, je suçais le lait de sa poitrine. Je pense qu'elle m'a laissée dans la maison des Herschel, endormie dans le carton, et Amie[10] m'a prise et m'a posée doucement dans le lit blanc qu'elle avait préparé à côté du sien, dans sa chambre. Je pense aux billets de banque roulés et liés par un élastique, qu'elle avait cachés dans les pans de sa robe° serrée par une ceinture, entre ses seins°. Je pense à la route vide devant elle, personne ne l'attendait, personne ne l'aimait. Le bateau qu'elle a pris pour Marseille, le pont inférieur° chargé d'émigrants, et le voyage à travers ce pays inconnu, où personne ne parlait sa langue, où personne ne lui ressemblait. Je pense aux endroits où elle a vécu, à Marseille, en Allemagne, à Hambourg, le travail, l'eau qui fait gercer° les mains, les ateliers où on se brûle les yeux. Peut-être qu'elle roulait déjà les billets de banque avec un élastique et qu'elle les cachait dans sa chambre, dans un carton à chaussures, comme elle fait encore maintenant?

J.M.G. Le Clézio, *Printemps et autres saisons* (Paris: Gallimard, 1989), pp. 63-65.

Comprenez-vous?

Globalement
Comment était la mère de Saba à l'âge de seize ans? Qu'est-ce qu'elle a fait?

---

[9]Mr. Herschel, a former colonel in the American army, probably came to Morocco with the Allied forces during World War II.

[10]The name Saba uses to refer to Mrs. Herschel; her real name was «Aimée».

Précisément

1. Pourquoi Saba dit-elle que son père est «inconnu»?
2. Dans le premier paragraphe, Saba décrit deux personnes importantes dans sa vie: sa mère et le Colonel Herschel. Comparez ces deux personnes en les opposant.
3. Quel événement raconté dans le deuxième paragraphe montre au lecteur comment la vie de Saba va être différente à Nightingale?
4. Quels mots soulignent la solitude de la mère dans le deuxième paragraphe? Quelle expression est répétée plusieurs fois? Pourquoi?
5. Pourquoi la mère avait-elle besoin des billets de banque?
6. Pourquoi la mère a-t-elle quitté son pays?
7. Quels travaux la mère a-t-elle faits en Europe?

WHOLE CLASS or PAIRS Students can prepare answers to assigned questions. **Réponses** *1. Elle ne le connaissait pas. 2. La mère: fragile, audacieuse, forte, sauvage, décidée, dure; le Colonel Herschel: riche, puissant, timide, dérisoire 3. Amie met le bébé dans un lit blanc (avant, Saba dormait dans une boîte de carton). 4. vide, personne: Elle ne connaît personne, personne ne la connaît. Le mot «personne» est répété quatre fois. Elle doit donc se sentir très seule. 5. Elle voulait aller travailler en Europe mais elle n'avait pas l'argent pour le voyage. 6. Pour travailler, gagner de l'argent. 7. Elle a fait des travaux manuels («l'eau qui fait gercer les mains»), elle a travaillé dans des ateliers.*

Allez plus loin

1. Quel âge avait la mère de Saba quand Saba est née? Relisez la première partie pour trouver l'âge de Saba au moment où elle raconte son histoire.
2. Saba imagine sa mère au moment où elle raconte son histoire. Comparez son portrait à la description que vous avez faite d'elle après avoir lu la première partie.

Réponses *1. La mère de Saba avait seize ans quand Saba est née. Saba a seize ans au moment où elle raconte son histoire. 2. Réponses variées.*

Récapitulation

Ecrivez un résumé de l'histoire de Saba. Utilisez cette méthode:

1. Faites une petite liste des **événements** de l'histoire; arrangez-les par ordre chronologique.
2. Faites une liste d'adjectifs et d'adverbes pour **décrire** la mère, le père, M. et Mme Herschel, la fille Saba, la situation, leurs actions, etc.
3. Puis écrivez votre résumé en reliant les deux parties; utilisez des adverbes tels que **d'abord, avant, après, ensuite, alors, enfin,** etc.

Groups can prepare 1 or 2 questions and the whole class can complete the summary.

WWW Explore!
See the Web Activity in the *Cahier.*

This can be assigned as homework to be presented orally or in writing.

For homework

Role play

Activités d'expansion

A. Votre réaction
Que pensez-vous de ce que la mère de Saba a fait? Imaginez une autre fin pour cette histoire.

B. La lettre
Ecrivez la lettre que la mère a reçue à la mort du père de Saba. Commencez par:

> *Madame,*
> *J'ai le regret de vous annoncer…*

A la fin, mettez:

> *Veuillez recevoir, Madame, mes sincères condoléances.*

C. Mère et fille se retrouvent
Quand Saba a douze ans, sa mère vient la reprendre de chez M. et Mme Herschel. Avec un(e) partenaire, jouez le rôle de la mère et de la fille en vous posant des questions sur les douze années passées.

D. Ouvriers immigrés aux Etats-Unis

Aux Etats-Unis, il y a aussi des ouvriers immigrés. Qu'est-ce que vous savez d'eux?

1. D'où viennent les ouvriers immigrés?
2. Quelle(s) langue(s) parlent-ils?
3. Où habitent-ils?
4. Pourquoi veulent-ils travailler aux Etats-Unis?
5. Quelle sorte de travail font-ils?
6. Est-ce que nous avons besoin d'eux?
7. Est-ce qu'on les accepte dans la société? Pourquoi ou pourquoi pas?
8. Avez-vous connu des ouvriers immigrés? Si vous avez eu des expériences personnelles, racontez-les.

WHOLE CLASS or PROJECT
Have students research migrant workers in the area and present their findings to the class.

«Laisse béton»

For culture notes, warm-ups, lesson plans, homework assignments, see pp. IM 39–IM 41.

«Laisse béton»[1] de Renaud

Un mec super cool?

Regardez le jeune homme sur le dessin ci-contre. Comment est-il? Décrivez-le **physiquement** (ses cheveux, ses vêtements, etc.). Est-ce que son apparence vous dit quelque chose sur son caractère? Pourquoi ou pourquoi pas?

Voici les paroles d'une chanson qui a connu un très grand succès dans les années 80 en France. (Ces paroles sont accompagnées d'une explication «non-argotique», ou simplifiée, pour vous aider à les comprendre.) Dans chacun des trois couplets, il s'agit à peu près de la même histoire: le protagoniste, un homme qui essaie de jouer—par sa façon de s'habiller et par ses passe-temps—le rôle d'un «mec[2] super cool», est victime d'un vol.

Ne vous perdez pas dans les détails. Vous savez déjà que l'action de cette chanson est très simple et se répète. En lisant les paroles, cherchez surtout les réponses aux questions de base: **Qui**? (Qui sont les personnages?) **Quoi...**? (Que font-ils?) **Pourquoi**? (Pourquoi font-ils cela?)

I.

J'étais tranquille, j'étais pénard	[J'étais tranquille, j'étais paisible]
Accoudé au flipper	[J'avais les coudes (*elbows*) sur le billard électrique]
Le type est entré dans le bar	[L'homme est entré dans le bar]
A commandé un jambon-beurre	[Il a commandé un sandwich au jambon et au beurre]
5 Puis il s'est approché de moi	[Il est venu plus près de moi]
Et il m'a regardé comme ça:	[Il m'a regardé d'un air menaçant:]
«T'as des bottes, mon pote,	[Tu as des bottes, mon ami,]
Elles me bottent.	[Elles me plaisent.]
J'parie que c'est des Santiag.	[Je suis sûr que ce sont des Santiago (bottes mexicaines).]
10 Viens faire un tour dans l'terrain vague	[Viens avec moi dans le terrain vague (*empty lot*)]
J'vais t'apprendre un jeu rigolo	[Je vais t'apprendre un jeu amusant]
A grands coups de chaîne de vélo	[Avec des coups de chaîne de bicyclette]
J'te fais tes bottes à la baston».	[Je vais te battre pour te voler tes bottes.]
Moi j'y ai dit: «Laisse béton».[1]	[Moi, je lui ai dit: «Laisse-moi tranquille».]
15 Il m'a filé une beigne,	[Il m'a donné une gifle (*slap*),]
J'y ai filé une torgnole,	[Je lui ai donné un coup (*punch*),]
M'a filé une châtaigne,	[Il m'a donné un coup de poing,]
J'y ai filé mes grolles.	[Je lui ai donné mes bottes.]

---

[1]**«Laisse béton»** = verlan: «Laisse tomber». (*Let it drop; Forget it.*)
[2]**mec** (*fam.*) guy

Comprenez-vous?

1. L'action se passe dans un _____.
2. Le type veut prendre _____ du protagoniste.
3. Le type menace de frapper le protagoniste avec une _____.

WHOLE CLASS OR IN-CLASS WRITING. *Follow up* If written, select students to read their descriptions. Using descriptive adjectives, adverbs, comparisons, and superlatives, encourage whole-class discussion of relationship of what people wear to how they act.

SILENT READING. Emphasize the importance of focusing on finding the answers to the three questions "Who are the characters?", "What are they doing?", "Why are they doing it?", rather than getting lost in the small details.

WHOLE CLASS **Réponses**
*1. bar 2. les bottes
3. chaîne de vélo.*

II.

SILENT READING

J'étais tranquille, j'étais pénard,
Accoudé au comptoir   [Debout, avec les coudes sur le comptoir *(counter)*]
Le type est entré dans le bar,
A commandé un café noir.
5 Puis il m'a tapé sur l'épaule
Et m'a regardé d'un air drôle: [Et il m'a regardé d'une manière étrange:]
«T'as un blouson, mecton,   [Tu as un blouson, mon petit,]
L'est pas bidon!   [Ce n'est pas du faux! (Il est bien!)]
Moi j'me les gèle sur mon scooter,   [Moi, j'ai très froid sur ma motocyclette, *(vulgaire)*]
10 Avec ça j'serai un vrai rocker.   [Avec ce blouson de cuir, j'aurai l'air d'un rocker.]
Viens faire un tour dans la ruelle,   [Viens dehors avec moi, (**la ruelle** = *alley*)]
Je te montrerai mon Opinel   **un Opinel** = un petit couteau
Et j'te chouraverai ton blouson!   [Et je volerai ton blouson!]
Moi j'y ai dit «Laisse béton».
15 Il m'a filé une beigne,
J'y ai filé un marron,   **un marron** = un coup
M'a filé une châtaigne;
J'y ai filé mon blouson.

Comprenez-vous?

WHOLE CLASS **Réponses**
1. bar 2. le blouson
3. couteau.

1. L'action se passe dans un _____.
2. Le type veut prendre _____ du protagoniste.
3. Le type menace sa victime d'un _____.

III.

SILENT READING

J'étais tranquille, j'étais pénard,
Je réparais ma mobylette,
Le type a surgi sur le boulevard
Sur sa grosse moto super-chouette,   **super-chouette** = très belle
5 S'est arrêté l'long du trottoir   [Il s'est arrêté près du trottoir]
Et m'a regardé d'un air bête.
«T'as le même blue-jean que James Dean
T'arrêtes ta frime!   = *Stop putting on airs!*
J'parie que c'est un vrai Levi-Strauss, [Je pense que ton jean est un Levi Strauss,]
10 Il est carrément pas craignos   [Il est vraiment beau]
Viens faire un tour derrière l'église, [Viens avec moi derrière l'église,]
Histoire que je te dévalise   [Pour que je vole ton jean]
A grands coups de ceinturon!»   [En te donnant des coups avec ma ceinture!»]
Moi j'y ai dit: «Laisse béton».
15 Il m'a filé une beigne,
J'y ai filé une mendale   **une mendale** = une gifle
M'a filé une châtaigne
J'y ai filé mon futal.   **un futal** = un pantalon

Comprenez-vous?

1. Où se passe l'action?
2. Qu'est-ce que le type veut prendre au protagoniste?
3. Avec quoi le type menace-t-il de frapper sa victime?

La dernière partie de la chanson s'appelle «la morale». C'est dans cette partie-ci que le chanteur parle directement aux auditeurs (ou que l'écrivain parle à ses lecteurs).

Quand un auteur termine ce qu'il écrit avec une morale, c'est parce qu'il veut donner des conseils à ses lecteurs. Ces conseils peuvent être sérieux ou humoristiques. En lisant le texte suivant, essayez de déterminer l'attitude du chanteur ou de l'auteur.

La morale de c'te pauvre histoire   [La morale de cette triste histoire]

20 C'est qu'quand t'es tranquille et pénard   [C'est que quand tu es tranquille et paisible]

Faut pas trop traîner dans les bars   [Il ne faut pas passer ton temps dans les bars]

A moins d'être fringué en costard.   *Unless you are wearing a suit.*

Quand à la fin d'une chanson

Tu t'retrouves à poil sans tes bottes,   [Tu te retrouves nu sans tes bottes,]

25 Faut avoir d'l'imagination   [Il faut avoir de l'imagination]

Pour trouver une chute rigolote.   [Pour trouver une fin amusante.]

«Laisse béton», paroles et musique de R. Séchan, interprétée par Renaud, Polydor (2, rue Cavalotti—75018 Paris), Ed. Allo Music—2056.702.EC.

Comprenez-vous?

1. Quels conseils l'auteur donne-t-il à ses lecteurs (ou à ses auditeurs)?
2. Quelle est, à votre avis, l'attitude de l'auteur dans la dernière partie de sa chanson?

Ecoutons!

Ecoutez maintenant l'enregistrement de «Laisse béton». Puis, mettez-vous par groupes de quatre personnes pour comparer vos idées sur cette chanson. Commencez votre discussion en répondant à ces questions: Que pensez-vous de la musique? Est-ce que la musique change vos idées sur le texte? Comment? A votre avis, quelle atmosphère Renaud veut-il créer par la musique et les paroles de la chanson? Connaissez-vous des chansons en anglais qui ressemblent, par leur thème ou par leur musique, à «Laisse béton»?

En route!

Chapitre 4

For culture notes, extra car vocabulary, warm-ups, lesson plans, homework assignments, see pp. IM 41–IM 45.

A. La voiture

la voiture…	car…
neuve	new car
d'occasion	used car
l'automobile *f.*, l'auto *f.*	car
la bagnole (*fam.*)	car
le camion	truck
la monospace	minivan
le break	station wagon
le 4 x 4 (quatre-quatre)	four-wheel drive
la décapotable	convertible
le conducteur (la conductrice)	driver
le permis de conduire	driver's license
la vitesse maximum	speed limit
la circulation	traffic
l'essence *f.*	gas
la station-service	service station
le parking	parking lot
l'assurance automobile *f.*	car insurance

B. Activités

monter (dans la voiture, dans l'autobus *m.*)	to get (into the car, on the bus)
descendre de (la voiture, l'autobus)	to get out of (off) (the car, the bus)
mettre le contact	to switch on the ignition
mettre en prise	to put in gear
accélérer, appuyer sur l'accélérateur *m.*	to accelerate
freiner	to brake
démarrer	to start off
conduire	to drive
rouler	to go (a car)
doubler, dépasser	to pass
garer	to park
faire le plein	to fill up the tank

C. Problèmes/Solutions

le bouchon	traffic jam	la roue de secours	spare tire
l'embouteillage *m*.	traffic jam	la batterie à plat	dead battery
l'heure de pointe *f*.	rush hour	l'accident *m*.	wreck
tomber en panne	to break down	entrer en collision	to run into
(d'essence *f*.)	(to run out of gas)	avec, rentrer dans	
ne pas marcher	to not work	écraser	to run over
La radio ne	The radio	déraper	to skid
marche pas.	doesn't work.	le garage	garage
le pneu crevé	flat tire	le garagiste	car mechanic
		dépanner, réparer	to repair
		la dépanneuse	tow truck
		remorquer	to tow
		l'amende *f*. (pour	(speeding)
		excès de vitesse)	ticket, fine
		le feu (rouge,	traffic light
		orange, vert)	
		la police	the (town) police
		le policier	policeman
		la femme agent	policewoman
		(de police)	
		la gendarmerie	(country) police,
			police station
		le gendarme	policeman
		le poste, le	(town) police
		commissariat	station
		de police	

Sempé, *Rien n'est simple* (Paris: Editions Denoël et Sempé, 1962).

Préparation grammaticale

Avant de commencer ce chapitre, révisez les pronoms d'object direct, indirect, *y* et *en*, pp. 173–176.

WHOLE CLASS **Réponses possibles** *Le dessin est comique parce que le conducteur de la petite voiture dans le quatrième dessin se fait gronder comme un enfant. Le gendarme est plus doux. On a l'impression qu'il s'adresse à un enfant. Vu l'uniforme du gendarme, l'architecture des bâtiments, etc., cette scène se passe en France, probablement à Paris./ Le dessinateur pense que cette voiture est comme un jouet d'enfant.*

This activity can be done either by the whole class working together, in pairs, or by students working individually as in a test situation. Follow up with a discussion of test results.

Sauriez-vous conduire en France?

1 2 3 4

Trouvez-vous ce dessin comique? Pourquoi? Quelle est l'attitude du gendarme vis à vis de la dernière voiture? Où cette scène se passe-t-elle, à votre avis? Que pense le dessinateur de cette voiture, à votre avis?

Lecture

Même si l'on est excellent(e) conducteur (conductrice), on n'est pas toujours sûr de pouvoir bien conduire dans un pays étranger. Afin de savoir si vous pourriez conduire en France sans problèmes, faites le test suivant. Vous trouverez le corrigé du test à la fin du chapitre.

A. EN FRANCE, VOUS DEVEZ TOUJOURS...

oui	non	(1) rouler à moins de 80 km/heure° sur une route	*approx. 50 mph (1 km = .62 miles)*
oui	non	(2) rouler à moins de 130 km/heure° sur une autoroute	*approx. 80 mph*
oui	non	(3) laisser la priorité° aux usagers° venant de droite	*right of way* / conducteurs

B. IL VOUS EST TOUJOURS INTERDIT°...

ce qui n'est pas permis

oui	non	(1) de dépasser les poids lourds°	**poids... :** camions
oui	non	(2) de tourner à gauche	
oui	non	(3) de klaxonner° en ville	*honk*
oui	non	(4) de passer au feu orange°	**feu.. :** *yellow light*
oui	non	(5) de franchir° une ligne blanche continue	aller d'un côté à l'autre
oui	non	(6) de rouler sans ceinture de sécurité	
oui	non	(7) de conduire une voiture à 19 ans	

C. A QUOI CORRESPONDENT CES PANNEAUX?

1.   2.   3.   4.   5.

a. sens interdit
b. circulation à double sens
c. vitesse limitée

d. vous roulez sur une route prioritaire
e. vous allez croiser une route prioritaire

Adapté de: Danilo et al., *Le Français commercial* (Paris: Presses Pocket, 1985), pp. 122, 125.

A discuter

Comment avez-vous appris à conduire? Qu'est-ce qui vous a aidé le plus à apprendre le code de la route°: les conseils de vos parents? l'auto-école? des explications écrites? l'observation des autres conducteurs? Quand vous avez fait votre demande de permis de conduire, qu'est-ce qui a été le plus difficile ou stressant, le test écrit ou la conduite°? Quand vous avez commencé à conduire, qu'est-ce qui vous a fait le plus peur? Qu'est-ce qui vous a mis en colère? Qu'est-ce que vous avez aimé le plus?

WHOLE CLASS

code... : *driving rules*

driving test

RAPPEL

Direct object pronouns replace nouns that are acted on directly by the verb; *indirect object pronouns* replace the preposition **à** + *a person*; **y** replaces the preposition **à** + *a thing*; **en** replaces **de** + *a thing*. For more details, see pp. 173–176.

«La voiture change de sexe»

Entrons en matière

L'automobile est-elle mâle ou femelle? Pensez-vous que la publicité attribue aux voitures des caractéristiques masculines ou féminines? Pouvez-vous en donner des exemples? Quels adjectifs pourrait-on utiliser pour créer une image masculine d'une voiture? Et pour une image féminine?

Avant de lire

Regardez les photos suivantes de quatre voitures Renault. De quelle façon ces voitures françaises ressemblent-elles aux voitures américaines ou japonaises que vous connaissez? Voudriez-vous acheter une de ces voitures? Expliquez votre réponse.

Il porte bien son nom car il vous offre l'été à portée de la main.[4] Les femmes et les enfants en avant! Les chiens et les valises à l'arrière! La nouvelle gamme[5] Espace intègre, en option ou en série selon les modèles: l'Airbag conducteur, le toit ouvrant—tellement mieux quand il fait chaud, le conditionnement d'air—si agréable quand il fait très chaud, la direction assistée[6]— idéale pour éviter le coup de chaud.[7]

Telle le citron, elle est toujours pressée et quel jus! Pour l'été, la Twingo se pare de nouvelles teintes,[1] et selleries,[2] et en option ou en série,[3] du toit ouvrant panoramique, du conditionnement d'air, de l'ABS, des accessoires, de l'équipement tout électrique... Cela devient difficile de choisir entre la Twingo Easy, la Twingo Pack et les autres...

Une grande aventurière équipée en grande professionnelle, encore plus grande que les plus grandes. Bref, tout ce qu'il faut pour aller plus loin en toute sécurité sans se fatiguer. Votre Clio vous mènera où vous voulez comme un courant d'air léger.

[1] **teintes** *colors*
[2] **selleries** *upholsteries*
[3] **en option ou en série** *optional or standard*

Elégante, raffinée, avec un grand sens de la famille, l'été est impatient de la croiser sur les routes, impatient d'admirer avec quelle facilité elle accumule les kilomètres, avec quelle aisance elle vous mène jusqu'au bout du monde. Avec en série selon les modèles: double Airbag, ABS, direction assistée, climatiseur, comme vous la Safrane aime le grand confort, la perfection.

[4] **à portée ... :** *accessible sans se déplacer*
[5] **gamme** *model*
[6] **direction ... :** *power steering*
[7] **pour ... :** *to avoid overexertion*

Lecture

L'irruption des valeurs féminines dans le design et la conception des produits explique la tendance récente à la rondeur. Elle est particulièrement visible dans les nouveaux modèles automobiles (Renault Clio, Twingo ou Safrane, Citroën Xantia, Série 3 de BMW, Mercedes 190, Opel Vectra...),

5 jusqu'à la forme des phares°, allongée et étroite, qui fait irrésistiblement penser à un regard de femme.

Après une longue période où elle privilégiait la puissance° et la virilité, la voiture change de sexe et se fait à nouveau séductrice. Le confort, la douceur, le silence et la simplicité sont des revendications° d'importance croissante°.

10 Elles expliquent le succès de la monospace (comme l'Espace Renault), concept typiquement féminin, qui a fini par l'emporter° sur celui du 4 X 4, essentiellement masculin. On retrouve cette rondeur dans bien d'autres produits, des flacons° de lessive liquide aux Caméscopes°, en passant par les réfrigérateurs, les aspirateurs ou les meubles. A une époque où il est difficile

15 d'être «carré»° dans ses certitudes ou ses raisonnements, il n'est pas étonnant que l'on cherche à arrondir les angles.

Gérard Mermet, *La Piste française*, First, 1994.

[margin glosses:]
SILENT READING You may want to point out that *design* is the English word, often used in French, and pronounced *[dizajn]*.
headlights
force
demandes / qui grandit
gagner, vaincre
bouteilles / *video cameras*
straightforward, forthright

Comprenez-vous?

1. Dans le premier paragraphe, l'auteur fait une analogie entre «les valeurs féminines» et un aspect physique des nouveaux modèles automobiles. Quel est cet aspect physique?
2. Quel adjectif l'auteur emploie-t-il pour mettre en opposition la voiture puissante et virile d'autrefois à la voiture d'aujourd'hui?
3. Quels sont **les quatre noms** dont l'auteur se sert dans le deuxième paragraphe pour décrire la voiture féminisée d'aujourd'hui?
4. Quel rapport l'auteur voit-il entre les nouveaux modèles automobiles et les nouveaux modèles de réfrigérateurs ou d'aspirateurs?

[margin:]
WHOLE CLASS OR PAIRS **Réponses** *1. La rondeur. 2. Séductrice. 3. Le confort, la douceur, le silence et la simplicité. 4. Pour tous les produits, on a arrondi les angles.*

A votre avis

1. Pourquoi la monospace est-elle un «concept typiquement féminin»?
2. Qui trouve que les nouvelles voitures sont «séductrices» — les hommes ou les femmes? Sur quels éléments du texte basez-vous votre réponse?

[margin:]
WHOLE CLASS **Réponses** *1. (Opinion personnelle).* Refer students to the description for the picture of the **Espace**, p. 58. *2. (Opinion personnelle).*

A discuter

Cette analyse de la forme des nouveaux modèles automobiles peut-elle être considérée sexiste? Pourquoi?

[margin:]
GROUPS OF 3-4 *Follow-up* Groups can present their conclusions to the class. Students should try to determine if differences of opinion break down along gender lines.

Préparation grammaticale

Avant de continuer, révisez l'ordre des pronoms, pp. 176–177.

Réponse possible *Un soir je devais conduire une amie au cinéma dans la voiture de mon père. D'abord je n'arrivais pas à trouver les clés, mais enfin je les ai trouvées sous le siège de la voiture. J'y ai aussi trouvé un billet de vingt dollars. J'ai demandé à mon père s'il l'avait perdu. Il a dit non, et me l'a donné. Puis, j'ai remarqué qu'il n'y avait pas assez d'essence. Quel dommage! J'allais être obligé de dépenser cet argent pour en acheter. Je suis parti tout de suite à la station service. Quand j'y suis arrivé, j'ai découvert que j'avais aussi un pneu crevé! Après avoir payé l'essence et la réparation du pneu, je n'avais plus d'argent. Enfin j'ai téléphoné à mon amie pour lui dire que je ne pouvais plus la conduire au cinéma. Quand je lui ai raconté cette histoire de panne d'essence et de pneu crevé, elle m'a dit que je l'avais inventée!*

This exercise offers the opportunity to have students review the formation of the imperative. You may want to do a quick drill of those forms before beginning the activity. Students work in groups of three to role-play the conversation. *Follow-up* Select a group to re-enact their dialogue for the class, and write their vocabulary suggestions on the board. Ask the class for variations, or corrections where necessary.

Applications

A. Jouez le prof!

GROUPS OF 2-3 *Follow-up* Groups ("profs") compare their corrected paragraphs. You may want to have the groups make their corrections on transparency sheets, so that comparisons can be made more quickly.

Mettez-vous à deux ou trois pour jouer le rôle d'un prof d'un cours intermédiaire de français. Un de vos étudiants vient de vous rendre un paragraphe au sujet d'un incident de voiture. Pour l'aider à éliminer les répétitions de noms, insérez les pronoms nécessaires (d'objet direct, d'objet indirect, **y**, et **en**) dans son paragraphe. Après avoir corrigé le paragraphe, comparez-le aux paragraphes des autres «profs» de votre classe.

Un soir je devais conduire une amie au cinéma dans la voiture de mon père. D'abord je n'arrivais pas à trouver les clés. Enfin j'ai trouvé les clés sous le siège de la voiture. J'ai aussi trouvé sous le siège de la voiture un billet de vingt dollars. J'ai demandé à mon père s'il avait perdu ce billet de vingt dollars. Il a dit non, et il a donné ce billet de vingt dollars à moi. Puis, j'ai remarqué qu'il n'y avait pas assez d'essence. Quel dommage! J'allais être obligé de dépenser cet argent pour acheter de l'essence. Je suis parti tout de suite à la station service. Quand je suis arrivé à la station service, j'ai découvert que j'avais aussi un pneu crevé! Après avoir payé l'essence et la réparation du pneu, je n'avais plus d'argent. Enfin j'ai téléphoné à mon amie pour dire à mon amie que je ne pouvais plus conduire mon amie au cinéma. Quand j'ai raconté à mon amie cette histoire de panne d'essence et de pneu crevé, elle a dit à moi que j'avais inventé cette histoire!

B. Une promenade en voiture

Mettez-vous en groupes de trois pour jouer la scène suivante.
Trois ami(e)s **(A, B C)** sortent en voiture:

- Une personne **(A, B** ou **C)** dit quelque chose au sujet de la promenade ou de la voiture.
- Une deuxième personne **(A, B** ou **C)** offre une solution ou une réponse.
- Une troisième personne **(A, B** ou **C)** répète cette solution ou réponse, mais en substituant les pronoms (d'objet direct, indirect, **y** ou **en**) quand c'est possible.

Afin de trouver les mots de vocabulaire qui conviennent, référez-vous au dessin en haut de la page 61.

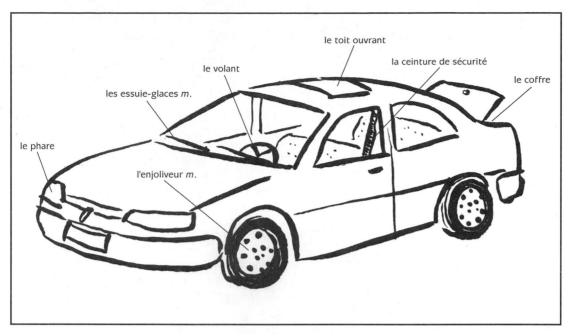

le toit ouvrant

le volant

la ceinture de sécurité

les essuie-glaces *m*.

le coffre

le phare

l'enjoliveur *m*.

•***Modèle*** A: Nous n'avons pas assez d'essence. ⟶ *A: **Nous n'avons pas assez d'essence.***

B: Allons…! ————————⟶ *B: **Allons à la station-service!***

C: Oui, …! ————————⟶ *C: **Oui, allons-y!***

NOTEZ BIEN: Le point d'exclamation indique l'emploi de l'impératif. Il y a aussi des phrases qui n'exigent pas l'emploi de l'impératif.

1. A: Il y a trop de choses sur les sièges.
B: Mettons les livres dans …!
C: Oui, …!

2. B: Qu'est-ce qui manque à cette roue?
C: Nous avons perdu …
A: Oui, …

3. C: En route!
A: Mettons nos …!
B: Oui, …!

4. A: Il fait très beau aujourd'hui.
B: C'est vrai. Ouvrons…!
C: Non, (ne pas) …!

5. B: Il y a beaucoup de virages (*curves*) sur cette route!
C: Attention! Il faut mettre les deux mains sur …
A: Oui, …

6. C: Il commence à pleuvoir.
A: Comment mettre en marche les …?
B: Bonne question! Comment … mettre en marche?

7. A: Et puis la nuit tombe.
B: As-tu allumé …?
C: Oui, … as-tu allumés?

Groups of 3 **Réponses possibles** *1. B. le coffre C. mettons-les-y 2. C. l'enjoliveur. A. nous l'avons perdu. 3. A. ceintures de sécurité B. mettons-les 4. B. le toit (ouvrant) C. ne l'ouvrons pas!
5. C. le volant. A. mettez-les-y! 6. A. essuie-glaces B. les 7. B. les phares C. les*

Préparation grammaticale

Avant de continuer, révisez les pronoms disjoints, pp. 177–178.

PAIRS *Follow-up* Select pairs to read their dialogues to the class. *Variant* Have students in pairs write the dialogue, to be turned in for checking. This also can be assigned as an out-of-class writing assignment.

C. Des incidents de route (de plus en plus graves!)

Créez, avec un partenaire, un dialogue entre deux amis qui se revoient après des vacances. Vous avez, tous les deux, un «incident de route» à raconter, et chacun de vous pense que ce qui vous est arrivé était plus grave (et plus intéressant) que l'incident de l'autre. Utilisez la liste C du vocabulaire (au début du chapitre) et autant de pronoms disjoints que possible.

• *Modèle*   **Moi**, *j'ai un incident de route incroyable à raconter… Mes parents,* **eux**, *n'étaient pas du tout contents….*

 ## «La 2 CV de ma sœur»

Entrons en matière

WHOLE CLASS

Dans le livre *Francoscopie 1989*, on trouve ce constat: «Les femmes au volant provoquent 10% de plus d'accidents que les hommes, mais ils coûtent 30% moins cher.» Que pensez-vous de cette statistique? Pourquoi, à votre avis, les femmes en France ont-elles plus d'accidents que les hommes? Pourquoi les accidents des hommes sont-ils plus chers? Est-ce que la situation est la même aux Etats-Unis?

Pour mieux comprendre

Souvent les histoires comiques nous semblent encore plus comiques si nous comprenons le caractère du protagoniste (ou de la «victime»). Un bon comédien sait donc bien décrire ses personnages. Parcourez le deuxième paragraphe de ce sketch de Fernand Raynaud où le narrateur décrit sa sœur. Qu'est-ce que nous y apprenons sur cette femme? Quelle est l'attitude du narrateur envers son personnage?

WHOLE CLASS During the discussion, make a list on the board of the students' ideas about the sister, so that they have a clear picture of the main character before beginning the reading assignment.

Lecture

Fernand Raynaud (1926–1973) est l'un des comédiens français les plus connus. Apprécié aussi par des étrangers, Raynaud a reçu un télégramme de Charlie Chaplin en 1960 annonçant son intention de venir assister à son premier grand spectacle. Ses sketchs, improvisés et présentés sur scène au fil des ans, ont été mis par écrit beaucoup plus tard quand Raynaud les a dictés à sa secrétaire. Le public français d'aujourd'hui continue à rire en lisant les histoires drôles de ce comédien, et plusieurs fois par an on trouve ses sketchs diffusés à la télévision.

SILENT READING Or assign as homework to be followed by completion of the comprehension questions, p. 64.

Première partie

Si un jour une de vos amies vous dit: «Veux-tu que je te parle franchement?» répondez-lui: «Non! Non! Non! Continue à me parler comme avant.» Donc, avec ma sœur… Ne soyez pas sincère, c'est-à-dire, soyez diplomate, ne lui demandez pas pourquoi sa 2 CV n'est plus peinte en rouge!

5 Ah! Oui, il lui est arrivé un incident—j'ai pas dit accident mais incident. Parce que ma sœur est très prudente. Elle ne dépasse jamais le vingt-cinq à l'heure° et elle roule toujours au milieu de la route, et elle dit: «Si tout le monde était comme moi, y'aurait pas souvent d'accident!» Elle en est à son seizième mort, parce que, y'a des gens qui veulent doubler, des imbéciles, des
10 artistes! C'est nuisible° à la société!

L'autre jour, ma sœur roulait avec sa 2 CV et il y avait un convoi du cirque° Tantini. Comme le convoi roulait à vingt-cinq à l'heure, ma sœur dit: «J'y va-t-y, j'y va-t-y pas°? Allez, je me paye le culot°, je double le convoi!»

Elle l'a fait, et v'là qu'après avoir doublé trois roulottes°, cinq camions,
15 deux caravanes, un gros camion s'était arrêté pour laisser prendre aux éléphants leurs ébats°—parce que tous les quarante kilomètres il faut s'arrêter pour laisser descendre les éléphants, afin qu'ils puissent se détendre, s'ébrouer°, enfin, tout ce que les éléphants ont besoin de faire lorsqu'ils sortent d'un camion… Ma sœur a donc été obligée de stopper avec sa 2 CV rouge, et quelle n'a pas été sa
20 stupeur de voir arriver lentement vers elle, alors qu'elle était assise dans sa 2 CV, un gros pachyderme, qui se tourne vers elle, lui fait voir son arrière-train, lève la queue et crac! Il s'assoit sur le devant de la 2 CV!

Ma sœur, ça lui a fait comme un coup. Elle se croyait en pleine nuit, elle s'est trouvée mal°. Le cornac° est arrivé précipitamment, a fait lever l'éléphant,
25 a ranimé ma sœur à grands coups de gifles. Le directeur est arrivé en courant: «Rassurez-vous, nous sommes assurés°, on vous paiera les réparations! Je vais vous expliquer pourquoi l'éléphant s'est assis sur la 2 CV. C'est parce que, chaque soir, au cours de son numéro, au milieu de la piste°, il s'assoit sur un tonneau° qui est rouge comme votre voiture!»

le vingt-cinq… : 25 km à l'heure (approx. 16 mph)

qui fait du mal

convoi… : véhicules qui transportent les animaux

j'y… : (fam.) j'y vais, je n'y vais pas? / me paye… : (fam.) me permets de faire une chose inhabituelle / maisons roulantes / laisser… let the elephants move about / s'agiter vivement

s'est… : s'est évanouie (fainted) / trainer

insured

circus ring
barrel

Ma sœur était tellement suffoquée que le directeur du cirque Tantini l'a 30
emmenée dans un petit café, lui a fait prendre un cognac, puis un deuxième,
puis un troisième. Le cornac a payé sa tournée, ma sœur n'a pas voulu être
en reste°, elle a payé la sienne… Et elle est repartie en fredonnant° «Cerisiers
roses et pommiers blancs».

*être... : indebted to /
humming*

Comprenez-vous?

1. Qu'est-ce qu'on apprend au sujet de la voiture de la sœur du narrateur
   dans le premier paragraphe?
2. Comment conduit la sœur, et quel est le résultat de sa façon de conduire?
3. Pourquoi la sœur a-t-elle été obligée d'arrêter sa voiture sur la route?
4. Pourquoi la sœur s'est-elle trouvée mal?
5. Pourquoi l'éléphant a-t-il agi ainsi?
6. Combien de verres de cognac la sœur a-t-elle bus au café?

WHOLE CLASS **Réponses**
*1. Autrefois sa voiture était
peinte en rouge. 2. Elle
conduit très lentement; le
résultat est que les gens se
tuent en essayant de la
doubler. 3. Elle se trouvait
derrière un convoi de cirque
qui s'est arrêté pour laisser
descendre les éléphants.
4. Un éléphant s'est assis
sur le devant de sa voiture.
5. Chaque soir, au cours de
son numéro, l'éléphant
s'assied sur un tonneau
rouge (qui ressemble à la
2CV). 6. Elle en a bu neuf
(trois payés par le directeur,
trois payés par le cornac,
et trois payés par la sœur
elle-même).*

Deuxième partie

Pour mieux comprendre

Have students work individually on this
skimming exercise, then compare answers.

La première partie de ce texte de Fernand Raynaud est une narration. Dans la
deuxième partie, que vous allez lire maintentant, il s'agit plutôt d'un dialogue.
Parcourez le texte pour déterminer qui parle.

Lecture

SILENT READING   Or assign as homework to be followed by
completion of the comprehension questions, p. 65.

steering

embankment

**motocyclistes de la
gendarmerie
Rangez... : Arrêtez-vous**

Elle a réussi quand même à doubler le cirque mais v'là qu'au bout de
trois kilomètres, elle dit: «Pourvu que ma direction° n'en ait pas pris un coup!
Vérifions s'il n'y a rien. Montons sur le petit talus° à droite, ça a l'air d'aller…
Voyons le petit talus à gauche…»
On entend des coups de sifflet. Deux motards° arrivent:
«Rangez-vous° à droite, non mais dites donc, ça va pas vous? Vous êtes
un danger public, mademoiselle! Vous allez à droite, vous allez à gauche…
Mais dites donc! Vous avez eu un accident?»

—Non, non! C'est un éléphant qui s'est assis sur ma voiture!

10 —Ah… Oui, oui, je vois très bien ce que c'est! Marcel! Viens voir! Y'a un éléphant qui s'est assis sur le devant de la voiture de Madame!

—Mademoiselle s'il vous plaît!

—J'vais vous en donner moi, du mademoiselle!

—Oui! Je vous assure Monsieur l'agent! C'est un éléphant qui s'est assis 15 sur le devant de ma voiture!

—Mais vous puez° le cognac, vous?   *reek*

—Mais, monsieur…

—Y'a pas de «Mais, monsieur». Vous allez à droite, vous allez à gauche, vous sentez le cognac et vous nous dites qu'un éléphant s'est assis sur votre 20 voiture? Vous nous prenez pour des enfants de chœur°? Suivez-nous au poste!»   **enfants… :** garçons qui aident le prêtre à l'église (personnes très naïves)

Ils ont fait une prise de sang à ma sœur et, comme il y avait évidemment de l'alcool, ils l'ont gardée quarante-huit heures. Elle hurlait: «Oui, oui, oui! C'est vrai! Un éléphant s'est assis sur mon auto! Je le vois arriver, je vois un éléphant… Ouh! Le gros n'éléphant[1]!»

25 Ils voulaient l'interner°, il a fallu que le directeur du cirque vienne témoigner que les faits étaient exacts. Ils l'ont relâchée°.   **mettre à l'hôpital psychiatrique** / remise en liberté

Elle a fait repeindre sa voiture en vert et, si vous la rencontrez, surtout ne lui dites pas : «Pourquoi votre 2 CV est-elle verte maintenant, expliquez-moi ça?»

Surtout ne lui dites pas, car elle verrait rouge.

Fernand Raynaud, «La 2 CV de ma sœur», *Heureux*! (Paris: Editions de Provence, 1975), pp. 95-98.

Comprenez-vous?

WHOLE CLASS **Réponses** *1. Elle voulait vérifier que sa voiture n'avait pas été endommagée par l'éléphant. 2. Elle sentait l'alcool. 3. Elle avait de l'alcool dans le sang. 4. Le directeur. 5. Quand elle pense à cet incident, elle «voit rouge». NOTE: «voir rouge» = avoir un accès de colère qui incite au meurtre (donc: voir du sang).*

1. Pourquoi la sœur commençait-elle à zigzaguer d'un côté à l'autre de la route?
2. Pourquoi les gendarmes ne croyaient-ils pas l'explication de cette femme?
3. Quelle raison la police avait-elle de garder la sœur pendant quarante-huit heures?
4. Qui a convaincu la police de relâcher cette femme?
5. Pourquoi des questions à la sœur sur le changement de couleur de sa voiture sont-elles dangereuses?

Allez plus loin

Allez plus loin *Note:* Play the recording of the sketch before having students work on the questions; this will help them focus on the oral/aural aspect of the work. Play the sketch twice; first students listen without looking at the text, then follow along in the text the second time. *Follow up* Conduct a brief discussion of the differences between the oral and written text.

1. Quelles sont les raisons possibles pour lesquelles Fernand Raynaud a décidé de faire parler les personnages de la deuxième partie de son histoire (sous forme de dialogue) au lieu de raconter (sous forme de narration) leurs actions?

(Question 1) WHOLE CLASS **Réponses possibles** *Il est plus drôle d'entendre les différentes voix./ L'histoire est plus vivante./ L'histoire est plus facile à suivre.*

2. Quelle(s) technique(s) le comédien utilise-t-il dans son sketch pour attirer l'attention du public qui l'écoute? Trouvez-en des exemples dans «La 2 CV de ma sœur».

(Question 2) GROUPS OF 2-3 *Follow-up* Have groups compare findings. NOTE: The most effective technique is the use of spoken language vs. written language. Some indications that this text was prepared for oral delivery are: the use of direct discourse; the use of conversational French («J'ai pas dit», «y'a des gens», «j'y va-t-y», «v'là»); and the use of repetition.

---

[1] The use of **n'** before a noun beginning with a vowel comes from child's speech; since French children must learn to make the liaison between the final consonant **n** of one word and the initial vowel of the following noun (**un éléphant**) they often assume that the noun actually begins with the consonant.

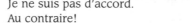

WWW Explore!
See the Web Activity in the *Cahier.*

Activités d'expansion

A. La voiture la plus économique

Essayez, avec trois ou quatre de vos camarades de classe, de vous mettre d'accord sur la voiture la plus économique du monde. Il faut trouver une voiture qui est économique du point de vue du prix **et** de l'usage. Quels sont les avantages de cette voiture? Quels en sont les inconvénients? Voici des mots et des expressions qui pourront vous aider dans la discussion.

GROUPS OF 3-4 Groups choose their most economical car and write a short defense of their choice to present to their classmates. *Follow-up* Groups discuss their choices and argue for or against those of their classmates, using the expressions suggested.

Pour décrire la voiture:
agile (*not sluggish*), confortable, maniable (*easy to handle*), puissante (*powerful*), sûre (*reliable*)
consomme peu d'essence (*uses little gas*)
ne coûte pas cher, est bon marché (*cheap*)
a une bonne tenue de route (*holds the road well*)
à deux (quatre) portes, avec traction avant (*front-wheel drive*),
   à boîte automatique (*automatic transmission*), à boîte manuelle

Pour exprimer votre opinion:

Moi, je pense que…	Il me semble que…
A mon avis…	Je trouve que…
Pour ma part…	Je crois que…

Pour exprimer votre accord:

Je suis (tout à fait) d'accord.	Bien sûr!
Je suis de ton (votre) avis.	Absolument!
C'est juste.	Sans aucun doute!
Tu as (Vous avez) raison.	

Pour exprimer votre désaccord:

Je ne suis pas d'accord.	Absolument pas!
Au contraire!	Tu as (Vous avez) tort.
Par contre…	Pourtant; Cependant
Pas du tout!	

Divide the class into two teams to debate the question. Refer students to the section above for expressions that will help them articulate their opinions.

B. Débat: les conducteurs les plus dangereux?

Il y a des gens qui pensent que les conducteurs les plus dangereux sur la route sont ceux qui conduisent trop vite. D'autres pensent le contraire: que ceux qui conduisent trop lentement sont plus dangereux. Qu'en pensez-vous et pourquoi? Si possible, donnez des exemples pour soutenir votre opinion.

C. A chacun son goût

Regardez les photos des voitures à la page 58 et décrivez les personnes ou les familles qui, selon vous, vont les acheter.

IN CLASS OR OUT-OF-CLASS WRIT-ING Compare descriptions in class to promote discussion about stereotypes.

D. La voiture: malheur du monde?

La plupart des gens aux Etats-Unis et en Europe considèrent la voiture comme un objet absolument indispensable, mais on ne nie pas que sa prolifération dans le monde entraîne des conséquences très graves (pollution, embouteillages, gaspillage d'énergie, etc.). Qu'est-ce que vous en pensez? La voiture est-elle vraiment essentielle à la vie? Pourriez-vous vous passer de votre voiture? Quelle(s) solution(s) voyez-vous à ce problème?

WHOLE-CLASS DISCUSSION, OR OUT-OF-CLASS WRITING ASSIGNMENT

Corrigé du test (pp. 56–57)

A. 1. Non, la vitesse est limitée à 90 km/h sur les routes et à 130 km/h sur les autoroutes. 2. oui 3. Oui, sauf si vous roulez sur une route prioritaire.

B. 1. non 2. non 3. oui 4. non 5. oui 6. oui 7. Non, l'âge légal est 18 ans.

C. 1. d 2. a 3. e 4. c 5. b.

Chapitre

5

For culture notes, warm-ups,
lesson plans, homework assignments, see pp. IM 45–IM 49.

Les voyages

A. Pourquoi?

se détendre — to relax, to unwind
la détente — relaxation
s'amuser (à) — to amuse oneself,
se divertir — to enjoy, to have fun
se cultiver — to improve one's mind
se reposer — to rest

B. Comment?

voyager en car — to travel by bus
en train — train
en avion — plane
en voiture — car
prendre le car, — to take the bus,
le train, etc. — the train, etc.
faire du stop — to hitchhike
décoller, atterrir — to take off, to land (airplane)
embarquer — to get on board (ship)
débarquer — to disembark, to land (ship)

C. Où?

en plein air — outdoors
la maison de campagne — country house
la résidence — second home,
secondaire — vacation home
le chalet, le bungalow — small vacation house
la caravane — camping trailer
la colonie de vacances — camp (for children)
l'auberge de jeunesse f. — youth hostel
le terrain de camping — campground
la tente — tent
coucher... sous la — to sleep... in a tent,
tente, à la belle étoile — out in the open
le sac de couchage — sleeping bag
faire la grasse — to sleep in, to sleep
matinée — late
faire une croisière — to go on a cruise

D. Les activités

En été

faire...	to go...
de la planche à voile	windsurfing
de la voile	sailing
du ski nautique	waterskiing
du canoë	canoeing
du bateau	boating
de la randonnée	hiking, backpacking
de l'équitation	horseback riding
du rafting	white-water rafting
du v.t.t.[1]	mountain-biking

faire de l'alpinisme, escalader	to go mountain climbing
faire un pique-nique	to have a picnic
se faire bronzer	to get a tan
se promener, faire une promenade	to stroll, go for a walk

faire une promenade...	to go...
à cheval	horseback riding
à vélo	bike riding
en voiture	for a (car) ride

nager, faire de la natation	to swim, to go swimming
se baigner	to bathe
plonger, faire de la plongée	to dive, to go scuba diving
plonger, faire du plongeon	to dive (from a diving board)
chasser, aller à la chasse	to hunt, to go hunting
pêcher, aller à la pêche	to fish, to go fishing

En hiver

skier, faire du ski alpin, faire du ski de fond	to ski, to go downhill skiing, to go cross-country skiing
faire de la luge	to go sledding
patiner, faire du patinage	to skate, to go skating
jouer au hockey	to play hockey
la motoneige	snowmobile
la raquette	snowshoe

[1] **v.t.t.** vélo tout terrain

Préparation grammaticale

Avant de commencer ce chapitre, révisez les formes interrogatives, pp. 179–183

Serre, «Les vacances» (Grenoble: Editions Glénat, 1984).

Ask students the questions under the cartoon. Encourage them to use the vocabulary from Chapter 4. Point out all the cars and the trailer in the background to elicit from the students that it is summer vacation time.

Qui sont les personnages sur ce dessin? Où sont-ils? Qu'est-ce qui est arrivé? Que font-ils?

Les vacances en France

Pour mieux comprendre

A student can list the words on the board in the two categories.

Parcourez le passage ci-dessous pour trouver quatre mots associés à l'idée de vacances, et trois mots associés au travail. Puis relisez le passage plus lentement; quelles en sont les idées les plus importantes?

Lecture

SILENT READING

commencé

    Les Français ont entamé° leur conquête des vacances en 1936: pour la première fois, les salariés disposaient de deux semaines de congés payés par an. Ils n'ont cessé depuis de gagner de nouvelles batailles: une troisième semaine en 1956, une quatrième en 1969, une cinquième en 1982… Pour
5 beaucoup de Français, les «vraies» vacances sont celles de l'été. Le soleil de la mer ou de la campagne vient récompenser onze mois d'efforts, de contraintes, de frustrations. Pour être réussies, les vacances doivent donc être en contraste total avec la vie quotidienne°: farniente°, bronzage°, gastronomie, fête et insouciance°. Les Français ne sont pas de grands voyageurs, et la plupart
10 (88%) de ceux qui partent en vacances ne quittent pas la France.

de tous les jours / *doing nothing* / l'action de se faire bronzer / tranquillité

Les vacances d'hiver restent un phénomène minoritaire et sélectif. Près des trois-quarts des Français restent chez eux. La principale raison est sans doute économique; le budget d'une famille de quatre personnes, dont deux enfants en âge de skier, dépasse 10 000 francs pour une semaine. Les Alpes
5 restent la destination favorite des skieurs, avec 68% des séjours en montagne, loin devant les Pyrénées.

Adapté de Gérard Mermet, *Francoscopie 1995 (*Paris: Larousse, 1994), pp. 421-422.

Comprenez-vous?
Répondez aux questions en donnant des détails du texte.

1. Depuis combien de temps les Français ont-ils droit à cinq semaines de congés payés?
2. Comment sont les vacances idéales pour la plupart des Français?
3. Quel pourcentage de vacanciers français partent à l'étranger?
4. Pourquoi tant de Français ne vont-ils pas à la montagne en hiver?

A discuter

WHOLE CLASS

Où les Français vont-ils en vacances quand ils préfèrent ne pas quitter la France? Quelles régions touristiques de la France connaissez-vous? Où les touristes étrangers aiment-ils aller quand ils visitent la France? Pourquoi?

WHOLE CLASS
Réponses *1. Ils ont droit à cinq semaines de congés payés depuis 15 ans* (will vary depending on actual year), *ou: depuis 1982. 2. Les vacances idéales sont un contraste avec la vie de tous les jours. On va à la plage, on ne fait rien, on mange bien, on fait la fête. 3. Seulement 12% des vacanciers français partent à l'étranger. 4. Le ski coûte trop cher.*

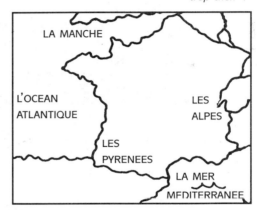

LA MANCHE

L'OCEAN ATLANTIQUE

LES ALPES

LES PYRENEES

LA MER MEDITERRANEE

RAPPEL   To find the appropriate prepositions to use with place names, see Appendix B I, p. 220.

Bon voyage

Avant de lire
On peut souvent prédire quels renseignements, quelles informations, se trouveront dans un certain genre de texte. Par exemple, quels détails se trouvent généralement dans la publicité pour les voyages organisés? Faites-en une liste avec deux camarades de classe, puis comparez vos idées avec celles des autres étudiants.

GROUPS OF THREE
Réponses possibles *prix du voyage, prix de l'hôtel, dates du voyage, activités, sites à visiter, moyens de transport, si les repas sont compris*

Lecture

En décembre 1994, le magazine *L'Evénement du jeudi* a proposé quelques voyages extraordinaires à ses lecteurs. En voici une sélection pour vous.

En lisant

Remind students to think of answers as they read.

Réfléchissez au genre de personne qui préférerait chacun des voyages présentés.

SILENT READING

Vous regardez trop la télé, bon voyage!

Point to the map at beginning of the book (pp. xii–xiii) so that the students can locate the places mentioned.

Québec

Au royaume de la motoneige

(fam.) promenade

Les fans de motoneige ont leur Mecque: Saint-Michel-des-Saints. C'est le lieu de départ de cette fabuleuse virée° blanche que propose l'agence Any Way qui, non contente d'emmener ses clients à travers lacs gelés et forêts enneigées sur de drôles
5 d'engins motorisés, les équipe aussi de la tête aux pieds!

«Aux portes du Nord» 8 jours, 6 990 F ou 7 990 F (selon partage ou non de la motoneige), demi-pension. Départ tous les dimanches, du 1ᵉʳ janvier au 12 mars 1995 (supplément vacances scolaires: 300F). Any Way, tél.: (1) 40.28.00.74.

Maroc

Sous les sabots, l'Atlas

étroits

Sur les chemins muletiers° des contreforts du Haut Atlas, Club Aventure nous convie à une charmante randonnée équestre. De forêts de pins en cultures en terrasses, les chevaux nous mèneront de Marrakech vers des villages
peaks
5 berbères dominés par des cimes° enneigées.

«Les villages berbères à cheval»: 5 950 F tout compris. Du 24 au 31 décembre 1994. Club Aventure, tél.: (1) 46.34.22.60.

Maldives

The Maldives islands are not francophone. They were formerly a British protectorate, but have been independent since 1965.

Croisière-plongée dans un sanctuaire retrouvé

Les Maldives étaient un véritable paradis pour plongeurs, mais, victime de son succès, cet archipel a perdu une grande partie de son charme. En s'éloignant des atolls trop fréquentés, cette croisière permet de retrouver l'éden
5 sous-marin qu'on croyait perdu.

«Croisière-plongée Maldives»: de 10 115 F à 19 740 F selon la durée (de 8 à 15 jours) et le bateau choisi. Force 4, tél.: (1) 42.61.66.77.

Viêtnam

Du fleuve Rouge à la baie d'Along

L'Indochine, Diên Biên Phu, la baie d'Along, le fleuve Rouge: des images fortes du pays du riz qui ont attiré des milliers de voyageurs. Il n'a pas fallu longtemps pour que le Viêtnam, après son ouverture, devienne une «usine à touristes». Aussi est-il
5 devenu indispensable de sortir des sentiers battus.° C'est ce que vous propose Zig-Zag avec un voyage combinant trek et minibus, logement en hôtel et chez l'habitant.

fréquentés

«Des minorités montagnardes aux deltas»: 14 900 F. Départs les 17 et 21 décembre 1994, et de janv. à déc. 1995. Zig-Zag, tél.: (1) 42.85.13.93.

Catherine Cochereau et Laurent Mélikian, «Vous regardez trop la télé, bon voyage!»
L'Evénement du jeudi, 1er au 7 décembre 1994, pp. 126–127.

Comprenez-vous?

Choisissez le voyage parfait. Parmi les quatre voyages décrits ci-dessus choisissez celui qui conviendra le mieux à chacune des personnes suivantes. Il peut y avoir plusieurs possibilités, alors justifiez votre choix.

1. Un militaire retraité.
2. Une femme divorcée de trente-cinq ans qui veut se reposer et qui s'intéresse à la vie aquatique.
3. Une famille dont la fille de quatorze ans souffre du mal de mer et dont le fils de dix ans, assez timide, n'aime pas marcher.
4. Un écrivain qui veut connaître les habitants du pays qu'il visite.
5. Un médecin qui aime la nature mais déteste la chaleur.
6. Une étudiante en géographie qui s'intéresse à la culture maghrébine.
7. Un professeur de français qui s'intéresse aux pays francophones et qui déteste avoir froid.

GROUPS OF THREE *Follow-up* Students should explain the reasons for their choices. **Réponses possibles** *1. le Viêtnam, à cause de la guerre 2. les Maldives, pour faire de la plongée. 3. le Maroc, parce qu'on va à cheval, ou le Québec (mais le garçon aura peut-être peur d'aller à motoneige) 4. le Viêtnam parce qu'on loge chez l'habitant ou le Maroc parce qu'on peut visiter les villages berbères 5. le Québec parce qu'il y fait froid. (Tous les voyages sont possibles à part les Maldives parce qu'ils ont lieu en hiver.) 6. le Maroc parce qu'on visite les diverses régions de ce pays maghrébin 7. le Maroc ou le Viêtnam parce que ce sont des anciennes colonies françaises.*

RAPPEL

There are several different ways to ask questions in French, from informal to more formal. For yes/no questions, you can *raise your voice* at the end of the sentence, put **est-ce que** at the beginning, or *invert* the subject and verb. Questions which ask for information need an *interrogative adjective, adverb, or pronoun* at the beginning. For more details, see pp. 179–183.

GROUPS OF 3-4 Students ask each other questions to establish reasons for their choice.

Projets de vacances

Si vous aviez la possibilité de faire un des quatre voyages présentés, lequel choisiriez-vous? Après avoir décidé, circulez dans la classe pour trouver deux ou trois autres étudiants qui ont choisi la même destination que vous. Pour découvrir la destination qu'ils ont choisie, demandez: **Où veux-tu aller?**

En travaillant avec ces camarades de classe, posez-vous des questions sur le voyage en utilisant les expressions interrogatives **pourquoi, comment, où, combien, quand, qu'est-ce que,** etc. pour discuter de vos raisons pour ce voyage. Puis présentez-les à la classe. Où est-ce que la plupart des étudiants veulent aller? Quel groupe a les raisons les plus intéressantes?

Applications

Follow-up Individual students can report on details of one activity. If no one did one of the activities, ask students why they think that is the case.

A. Les dernières vacances des camarades de classe

Qui a fait quoi? Circulez dans la classe et demandez à vos camarades s'ils ont fait une des choses suivantes pendant leurs dernières vacances.

1. faire du camping
2. faire du v.t.t.
3. passer la nuit dans une auberge de jeunesse
4. se cultiver
5. se reposer
6. travailler dans une colonie de vacances

Si un(e) camarade répond «oui», demandez des détails: Où?, Pourquoi?, Avec qui?, etc. Si un(e) camarade répond «non», demandez-lui pourquoi. Après trois réponses affirmatives avec des détails, asseyez-vous.

B. Le sondage sans questions

On veut vous embaucher pour faire des recherches (research) sur les vacances des étudiants. Pendant l'interview, on vous donne des réponses à un sondage pour voir si vous savez formuler des questions. Quelles sont les questions? (Il y a plusieurs possibilités.)

1. Trois semaines.
2. Je préfère la montagne.
3. Les Pyrénées.
4. Avec un ou deux copains, pas plus.
5. Je n'ai besoin que d'un sac à dos, de ma tente et d'une bonne paire de chaussures.
6. Je cherche la solitude et l'aventure.
7. La pollution, les voitures, trop de touristes—tout cela m'énerve.

Continuez le sondage avec trois autres questions logiques.

PAIRS To save time, each pair can be assigned three answers for which they need to find questions and one question to add. *Follow-up* Compare the questions created by the pairs.

C. Et des précisions?

Vous parlez à un agent de voyage parce que vous aimeriez avoir des détails sur un des voyages décrits aux pages 72–73. Formulez cinq questions sur le voyage en utilisant une forme de l'adjectif interrogatif **quel**.

GROUPS OF 2–3 *Follow-up* Each group writes one of their questions on the board, without repeating the questions of others, so that the spelling of **quel** can be checked.

D. Des interviews imaginaires

Avec un(e) camarade de classe, jouez la situation suivante: **A** est journaliste, **B** joue le rôle d'une personne célèbre (un acteur/une actrice, un personnage de feuilleton télévisé, le Président des Etats-Unis, votre prof de français, etc.). **B** vient de rentrer de vacances. Posez-lui des questions sur ce qu'il (elle) a fait pendant les vacances. Après, **B** sera journaliste et **A** sera une autre personne célèbre. Vous pouvez, bien sûr, inventer des réponses!

NOTEZ BIEN: Il y a dans ce genre de situation un certain protocole. Attention aux formes interrogatives!

•*Modèle*   A: *Où êtes-vous allé(e) pendant les vacances?*
            Pourquoi y êtes-vous allé(e)?

PAIRS *Variant* As a whole-class activity, one student can volunteer to be the celebrity, choosing his (her) own identity. The other students can be the journalists to ask the questions. The instructor should insist on logical follow-up questions to focus on the topic of travel.

E. Des vacances extravagantes ou des vacances bon marché?

Vous faites des économies, mais un(e) de vos ami(e)s a des grands-parents très riches qui lui offrent beaucoup d'argent pour ses vacances de printemps. Comparez vos projets en vous posant des questions.

•*Modèle*   VOUS (ÉCONOME): *Moi, je vais faire du camping. Et toi?*
            LUI (ELLE) (RICHE): *D'abord, je vais faire une croisière.*

PAIRS *Follow-up* Several pairs can perform their dialogue. The other students can select the most extravagant and the most economical vacation of those presented.

«Les déserteuses»

Entrons en matière

Quand on voyage vers une destination inconnue, quelles émotions ressent-on? Ces émotions varient-elles plutôt selon l'âge ou le caractère de la personne qui voyage?

Préparation grammaticale

Avant de continuer, révisez la formation et l'usage du passé simple et du passé antérieur, pp. 183–185.

Lecture

En 1955, Gabrielle Roy (1909-1983), un écrivain canadien francophone, a publié *Rue Deschambault*, une collection de nouvelles basées sur son enfance dans une communauté francophone dans les plaines du Canada. Vous allez lire un extrait d'une de ses nouvelles, «Les déserteuses.» Le titre fait allusion à Christine, une jeune fille, et à sa mère, qui voyagent ensemble à Montréal. Elles s'appellent «les déserteuses» parce qu'elles quittent leur famille pour aller voir des parents dans la grande ville.

Pour mieux comprendre

Parcourez le premier paragraphe. Qui en est la narratrice? Qu'est-ce que vous apprenez sur elle et sur ses rapports avec sa mère?

Première partie

ait été (imparfait du subjonctif du verbe être)

J'ai trouvé le Canada immense, et il paraît que nous n'en avons traversé qu'un tiers environ. Maman aussi paraissait fière que le Canada fût° un si grand pays. Elle me confia qu'au fond, si les circonstances le lui avaient permis, elle aurait pu passer sa vie à voir des gens, des villes; qu'elle aurait fini
5 en vraie nomade, et que cela aurait été son malheur. Et je m'aperçus combien

maman rajeunissait en
voyage; ses yeux devinrent
tout pleins d'étincelles qui
jaillissaient° à la vue de

10 presque tout ce que nous
apercevions. Les petits
sapins, l'eau, les rochers qui
bordaient le chemin de fer,
maman regardait tout cela

15 avec amour. «Le monde est
fascinant», disait-elle. [...]
    Tout un jour, nous
avons longé le Lac Supérieur.
    —C'est le plus grand

20 lac du monde?

ses yeux... : *her eyes sparkled*

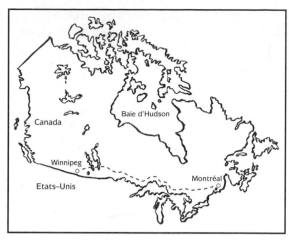

    Maman m'a dit que oui, qu'elle pensait que c'était le plus grand lac du monde.
    Et j'ai été fière que nous autres, au Canada, on ait le plus grand lac du monde.

25   —Il est plus grand que l'Ontario?
    Maman a bien ri. Comment voudrais-tu qu'il soit plus grand que l'Ontario, puisqu'il est contenu dans l'Ontario?
    Depuis ce jour, j'ai aimé le mot: Canada. Avant, j'aimais surtout: la *Pampa* ou *Tierra Del Fuego*. Dès lors°, j'ai autant aimé le Canada. On voit tout

30 de suite que c'est le nom d'un très grand pays. Et même dans ce temps-là je pense que je n'aurais pas souhaité vivre dans un de ces tout petits pays qui ne font qu'une tache sur la carte du monde.
    Nous avons passé une autre nuit encore dans le train. Le lendemain, maman devint un peu soucieuse, et, quand nous fûmes dans la gare de

35 Windsor, elle eut l'air franchement tracassée°. C'est que nous n'avions personne de bien proche de nous à Montréal. Maman avait souvent prétendu° y avoir beaucoup de parents et, entre autres, un certain docteur Nault, son cousin, qui devait avoir° gardé sa nature affectueuse. Mais dans la gare maman me dit qu'il y avait quand même trente-cinq ans qu'elle avait perdu

40 de vue ce cousin Nault, qu'il était devenu riche, que les gens lorsqu'ils deviennent riches se rappellent difficilement les choses, ou les visages d'autrefois.

Dès... : à partir de ce moment

inquiète
affirmé

devait... : avait probablement

Comprenez-vous?

1. Comment Christine et sa mère voyagent-elles? Quels mots vous le disent?
2. Que pense Christine de son pays, le Canada? Pourquoi aime-t-elle y vivre?
3. Selon vous, quel âge a la narratrice? Expliquez votre réponse.
4. Pourquoi la mère se fait-elle du souci quand elles arrivent à Montréal?

Allez plus loin

Comparez le ton du dernier paragraphe aux paragraphes qui précèdent. Qu'est-ce que l'auteur veut suggérer par ce changement de ton ?

WHOLE CLASS **Réponses** *1. Elles voyagent par train. On parle du chemin de fer et de la gare. On peut regarder le paysage par la fenêtre pendant le voyage et on passe au moins deux nuits à voyager.   2. Elle est fière du Canada et elle aime y vivre parce que c'est un très grand pays.   3. Elle est jeune, peut-être entre 9 et 12 ans, parce qu'elle pose des questions un peu naïves et qu'elle n'a pas beaucoup voyagé.
4. La mère ne sait pas si son cousin sera aussi gentil qu'avant. Elle ne l'a pas vu depuis 35 ans et il est devenu riche. Alors il l'a peut-être oubliée.*

This question is for more advanced students. **Réponse** *Au début, la mère est très contente de voyager, elle rajeunit. Avec sa fille elle parle des beautés du Canada. Dans le dernier paragraphe, elle se fait du souci, elle s'inquiète parce qu'elle ne sait pas ce qui va arriver. Elle avait dit qu'elle avait beaucoup de parents à Montréal mais finalement elle explique qu'il n'y a que ce seul cousin qu'elle n'a pas vu depuis 35 ans. L'auteur veut suggérer qu'à la fin du voyage, c'est la réalité de tous les jours qui revient et qu'il faut assumer ses responsabilités.*

Remind students to look for
the answers to these questions as they read.

Variant Assign questions on
p. 79 to individual students
before they read so they can
find the answers.

jars
plante médicinale

skullcap
l'homme

eyebrows

Pour mieux comprendre

En lisant le passage suivant, demandez-vous combien de personnages s'y trouvent. Qui sont-ils? Que font-ils?

Deuxième partie

Nous sommes entrées dans une pharmacie d'allure ancienne; les rayons étaient remplis de grands bocaux° de verre pleins d'herbes séchées, de poudres, sur lesquels était écrit: arsenic, séné°, belladone… J'étais en train de lire tous ces mots, quand j'ai entendu bouger derrière un haut comptoir. Là se
5 tenait un petit homme en noir, avec une barbe noire, des yeux très noirs, la tête couverte d'une calotte°. Maman lui ayant demandé: «Etes-vous le docteur Nault?», le bonhomme° répondit:

—Lui-même. En personne.

—En ce cas, me reconnaissez-vous? demanda maman qui se campa
10 devant le bonhomme en portant la tête un peu de côté et levant haut ses beaux sourcils°, comme elle faisait devant une glace ou pour paraître à son avantage.

Le bonhomme répondit sans hésiter:

—Pas du tout. Est-ce que je suis supposé vous connaître?

15 A ce moment, une clochette tinta° de l'autre côté d'une cloison°, à peu   *rang* / mur
de distance. Le docteur Nault enleva sa calotte. Il nous dit:

—Excusez-moi: une cliente en médecine…

Il ouvrit une petite porte dans le mur qui faisait communiquer la
pharmacie avec ce qui nous parut être un cabinet de médecin. Nous
20 aperçûmes une cliente qui entrait effectivement dans ce cabinet de
consultation mais par une porte donnant sur la rue.

Dix minutes passèrent; nous vîmes la cliente sortir comme elle était
entrée et tenant à la main un bout de papier où elle devait chercher une
adresse, car elle portait les yeux du papier au numéro de la maison. Arrivée à
25 la porte voisine qui était celle de la pharmacie, elle entra. Au même moment,
le docteur Nault revenait par la petite porte que j'ai dite, dans le mur; il remit
sa calotte; il était à son poste de pharmacien lorsque la cliente atteignit° le   arriva à
comptoir, et il lui prit des mains le papier qu'il venait de lui donner dans le
cabinet de consultation. Nous avons compris, maman et moi, que c'était sa
30 propre ordonnance que le docteur Nault, redevenu pharmacien, allait
exécuter. De fait, il s'appliqua à lire tout ce qui s'y trouvait écrit, ensuite à
mêler ensemble et à broyer° des pincées° de poudre qu'il prit à gauche, à   réduire en poudre /
droite, par en haut, dans tous ses bocaux. Maman me fit signe de ne pas rire.   quantités que l'on peut
Quand sa cliente eut pris son petit paquet et qu'elle eut payé, le docteur Nault   mettre entre les doigts
35 se tourna vers nous, tout intrigué.

—Samuel, dit alors maman, ne te rappelles-tu pas la douzaine d'œufs
cassés?

Le bonhomme sursauta et mit des lunettes pour mieux nous voir.

—Qui est-ce que t'es, toi?° […]   Qui es-tu? (canadianisme)
40 —Eh, oui, dit maman, qui l'aida beaucoup à ce qu'il me semble. Je suis
ta cousine Eveline.

—Ah! fit le bonhomme. Mais d'où est-ce que tu sors?

—Du Manitoba, fit maman.

—Oui, dit le bonhomme, j'ai su que tu avais été t'exiler au Manitoba.
45 Mais qu'est-ce que tu fais par ici? Est-ce que tu ne t'es pas mariée?

—Je suis mariée en effet, dit maman; voici ma petite fille.

Gabrielle Roy, *Rue Deschambault* (Québec: Stanké, 1980), pp. 113–117.

Comprenez-vous?

1. Où est le cousin Nault quand la mère et la fille arrivent? Où va-t-il
quand la petite cloche sonne? Pourquoi revient-il?

2. Que fait la dame? Combien de fois le cousin la voit-il? Pourquoi?

3. Quelles sont les professions du cousin Nault? Comment le savez-vous?
Que fait ce cousin quand il «change de profession»?

4. De quel incident dans leur passé la mère parle-t-elle à son cousin?

Comprenez-vous?
WHOLE CLASS OR PAIRS
Réponses *1. dans sa vieille pharmacie, derrière le comptoir/Il va dans une pièce à côté qui est son cabinet de médecin./Il revient pour jouer le rôle du pharmacien et exécuter sa propre ordonnance. 2. D'abord elle rencontre le docteur Nault comme médecin, puis elle le rencontre comme pharmacien. Le cousin la voit deux fois, dans ces deux rôles différents. 3. médecin et pharmacien/On le voit avec la cliente. Quand il est médecin il enlève sa calotte et il la remet quand il redevient pharmacien. 4. d'un incident de leur jeunesse quand on a cassé une douzaine d'œufs.*

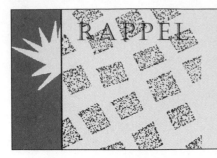

Literary French often uses a past tense called the **passé simple** instead of the **passé composé** for narrating in the past tense. Note that the **passé simple** is a simple tense made of only one verb, while the **passé composé** is a compound tense made of an auxiliary verb and a past participle. Both the **passé composé** and **passé simple** express completed actions in the past, whereas the **imperfect** is used in both spoken and literary French for *conditions* or *descriptions* in the past. For more details, see pp. 183–184.

This activity is for more advanced students. *Variant* Students can look for examples of the **passé simple** and give the **passé composé** equivalent.

Question de style

Vous avez peut-être remarqué que dans le paragraphe qui commence par «Dix minutes passèrent;...» (l. 22) Gabrielle Roy utilise l'imparfait, le passé composé, le plus-que-parfait, le passé simple et le passé antérieur. Trouvez un exemple de chaque temps et expliquez pourquoi l'auteur l'a choisi.

GROUPS This can also be assigned for out-of-class preparation either in writing or to be presented orally.

A suivre

Imaginez une suite à cette histoire. Qu'est-ce qui arrive aux «déserteuses»? Poursuivez cette histoire en deux ou trois paragraphes au passé.

WWW Explore!
See the Web Activity in the *Cahier.*

Activités d'expansion

A. Les retrouvailles

PAIRS *Follow-up* Several pairs can perform the scene for the class.

Imaginez une réunion de famille où vous venez de retrouver un(e) cousin(e) que vous n'avez pas vu(e) depuis cinq ans. Quelles questions lui posez-vous? Préparez au moins cinq questions à poser à un(e) camarade de classe qui jouera le rôle du cousin (de la cousine).

•*Modèle*   *Où est-ce que tu habites maintenant?*

B. Les voyageurs rentrent

GROUPS OF THREE *Follow-up* Several groups can perform the scene for the class.

En groupes de trois, jouez la scène suivante. Deux étudiants jouent le rôle de deux amis qui ont passé l'année en France (dans la même région). Ils ont réagi de façon très différente à leurs expériences. Un(e) ami(e) leur pose des questions sur leur séjour et est étonné(e) par des réponses si contradictoires.

•*Modèle*   A: *Quel temps y faisait-il?*
            B: *Il faisait toujours beau.*
            C: *C'est faux. Il pleuvait tout le temps!*

Si vous n'êtes pas d'accord, vous pourriez dire:
   Je regrette, mais...
   Ah pardon, mais...
   Mais ce n'est pas vrai!
   Jamais de la vie!
   Bien au contraire!
   C'est faux!
   Je ne suis pas du tout du même avis.
   Je ne suis pas du tout d'accord (avec toi).

C. En famille

Il n'est pas toujours facile de se mettre d'accord pour décider où on veut aller en vacances. La situation se complique s'il y a plusieurs enfants, ou même des grands-parents qui partent ensemble. Formez un groupe de quatre ou cinq et jouez la scène où une famille essaie de se mettre d'accord.

GROUPS OF 4–5 Students can prepare their individual roles at home and then play the scene in class.

1. **D'abord,** choisissez votre rôle: mère, père, grand-parent, enfant (de quel âge?).
2. **Ensuite,** pendant quelques minutes, travaillez seul et pensez à ce que votre personnage voudrait faire en vacances. Où désire-t-il aller? Avec qui?, etc.
3. **Enfin,** remettez-vous en groupe et discutez. Il faut trouver une solution qui convienne à tout le monde, et que vous expliquerez plus tard à la classe.

Si vous voulez interrompre:

Patiemment	*Impatiemment*
Une minute.	Attends! Attendez!
Pardon,… ; Excusez-moi,…	Mais attention,…
J'aimerais dire une chose,…	Mais enfin,…
	Non! Mais écoute!…
	Alors là,…

D. L'essentiel

PAIRS Students can compare what is most important for them to have a successful vacation.

Sondage

Question: Quelles sont les trois conditions à remplir, parmi les suivantes, pour que vos vacances soient pleinement réussies?

Réponses	%	*Réponses*	%
Avoir du beau temps	81	**S'occuper de soi, bronzer, maigrir**	13
Ne pas avoir d'horaires	37	**Dormir**	11
Passer du temps en famille	30	**Faire l'amour**	9
Se dépayser	29	**Lire**	7
Visiter des musées, des expositions	19	**Tomber amoureux**	5
Rencontrer de nouveaux amis	18	**S'occuper de sa maison, bricoler**	5
Faire du sport	15	**Ne se prononcent pas**	2
Bien manger, bien boire...	14		

Sondage Ipsos/*Ça m'intéresse* réalisé du 8 au 11 avril 1994 sur 1000 personnes constituant un échantillon national représentatif de la population française âgée de 15 ans et plus (méthode des quotas)

Et pour vous, quelles sont les conditions les plus importantes? Y a-t-il des conditions qui ne se trouvent pas dans la liste?

E. Et chez nous?

Relisez le début du chapitre sur les vacances des Français. Avec votre classe, créez des questions pour un sondage sur les habitudes américaines en ce qui concerne les vacances. Puis posez ces questions à la classe.

This can be assigned as a group homework project.

Chapitre

6

For culture notes,
warm-ups, lesson plans,
homework assignments, see
pp. IM 49–IM 52.

Ciné
et télé

A. Le cinéma

Mots apparentés: le cinéma; la salle de
cinéma; le film: musical, comique, d'aven-
tures, de science-fiction, d'horreur, historique,
politique, érotique, pornographique; la
comédie musicale; le drame psychologique;
le western; le documentaire

le film policier	detective movie
le film d'espionnage	spy movie
le film de guerre	war movie
le film d'épouvante	horror movie
le film fantastique	fantasy movie (science fiction, etc.)
le (grand) classique	classic
le dessin animé	cartoon
en couleurs	in color
en noir et blanc	in black and white

se dérouler/se passer   to take place

en version originale (en v.o.)	original version
doublé	dubbed
sous-titré [1]	subtitled
l'écran *m.*	screen
le réalisateur M (la réalisatrice) F → la réalisation	director
l'acteur (l'actrice)	actor (actress)
la vedette, la star	star
le personnage (principal)	(main) character
le (la) cinéphile	movie buff
l'intrigue *f.*	plot
le dénouement	ending, conclusion
le décor	set
les effets spéciaux *m.*	special effects
le retour en arrière	flash back
le thème	thème

[1] The French refer to the movie screen as
le grand écran; le petit écran is the TV.

B. La télévision

le poste de télévision, le téléviseur	TV set
le téléspectateur, la téléspectatrice	television viewer
la chaîne	channel
la télévision par câble	cable television
l'antenne parabolique *f.*	satellite dish
la programmation	programming
l'émission *f.*	program
les informations *f.*	the news
le journal (télévisé)	the news
le jeu télévisé	game show
le mélodrame, le mélo *(fam.)*, le feuilleton	soap opera
la série	serial
le téléfilm	TV movie
la publicité, la pub *(fam.)*	ads, commercials
la télécommande	remote control
zapper	to channel surf
le zapping	channel surfing
le caméscope	video camera
le magnétoscope	VCR
la cassette vidéo (la vidéo)	videocassette
enregistrer	to tape
rembobiner	to rewind

Qu'est-ce que vous voyez dans le dessin humoristique ci-dessus? Qu'est-ce qu'il y a de comique? Le trouvez-vous réaliste? Pourquoi? A votre avis, la télévision a-t-elle une influence positive ou négative sur les enfants? Et sur les adultes?

Préparation grammaticale

Avant de commencer ce chapitre, révisez la négation, pp. 187–190.

durée... : *average viewing time*
SILENT READING

maison

available

broadcasting

diminué

households

surveys

Devant la télé

Entrons en matière

Passez-vous beaucoup de temps devant la télé? Plus ou moins que vos camarades de classe? Essayez de calculer la durée d'écoute moyenne° de la classe.

Lecture

Entre 1985 et 1991, la durée d'écoute moyenne par foyer° avait augmenté d'un peu plus d'une heure par jour: 249 minutes en 1985; 315 en 1991. Cet accroissement s'expliquait par celui du nombre de chaînes disponibles°, par la progression de la proportion de foyers équipés de plusieurs postes et
5 l'augmentation du temps de diffusion° (télévision du matin et de la nuit).

On assiste depuis 1992 à un retournement. La durée d'écoute moyenne par foyer a baissé° ; elle a atteint 302 minutes en 1993, soit 13 minutes de moins qu'en 1991. Cette baisse ne peut être attribuée aux conditions techniques de réception, qui sont au contraire plus favorables, avec le
10 développement de l'équipement des ménages°, l'accès croissant au câble ou aux satellites. On est donc tenté de l'attribuer à une insatisfaction des téléspectateurs, qui est d'ailleurs confirmée par plusieurs enquêtes°.

Parmi les pays de l'Union européenne, c'est aux Pays-Bas que l'on regarde le moins longtemps la télévision: 89 minutes par jour, contre 228 en
15 Grande-Bretagne, 224 au Portugal, 216 en Espagne.

Gérard Mermet, *Francoscopie 1995* (Paris: Larousse, 1994), pp. 383–384.

Comprenez-vous?

Vrai ou faux? Si la phrase est vraie, indiquez dans quelle partie du texte vous trouvez cette information. Si la phrase est fausse, modifiez-la pour qu'elle corresponde au texte.

1. _____ Le téléspectateur avait un plus grand choix d'émissions en 1991 qu'en 1985.
2. _____ On pouvait regarder la télé aux mêmes heures de la journée en 1991 qu'en 1985.
3. _____ Depuis 1991, la durée d'écoute moyenne par foyer continue à augmenter.
4. _____ Le téléspectateur français pense que la qualité des émissions est moins bonne qu'autrefois.
5. _____ En 1993, la durée d'écoute moyenne par foyer en France dépassait celle aux Pays-Bas par plus de trois heures.   ✓

WHOLE CLASS or PAIRS   *1. V 2. F (Il y a eu une augmentation du temps de diffusion; on a commencé à diffuser plus tôt le matin et plus tard le soir.) 3. F (Depuis 1991, la durée d'écoute a baissé.) 4. V 5. V.* Students correct false answers, indicating the part of the text where the correct answer is found.

Et vous?

Regardez-vous plus ou moins la télévision aujourd'hui qu'en 1993? Pour quelle(s) raison(s) avez-vous changé vos habitudes de téléspectateur?

WHOLE CLASS

La censure

Ce qu'on censure dans les films aujourd'hui ressemble peu à ce qu'on censurait il y a une soixantaine d'années, mais même à cette époque-là, on était beaucoup plus libéral en France que de ce côté de l'océan. Voici des extraits des critères de la censure dans la province de Québec en 1931.

SHARON STONE   GENE HACKMAN

"S. Stone est un pur fantasme d'ange de la vengeance en pantalon de cuir et au regard d'acier".
PREMIERE

"Très brillamment mis en scène par Sam Raimi".
LES CAHIERS DU CINEMA

"Un vrai plaisir que ce règlement de comptes".
VSD

MORT ou VIF
DUELS À REDEMPTION

Actuellement

Entrons en matière

Vous savez déjà que le texte qui suit est un texte d'interdiction. Faites une liste d'au moins cinq sujets qui n'étaient probablement pas permis dans le cinéma de cette époque-là.

Students make their own lists, then contribute their ideas to a class list written on the board. You can hold a brief discussion of the reasons for their choices.

«Critères de la censure en 1931»

(Copie exacte d'un document d'archives)

Lecture

Directives
Bureau de Censure des Vues animées de la province de Québec

Principes particuliers:

Sexe:

5 a) Le Bureau de Censure des Vues animées devra avoir toujours en vue de faire respecter le mariage et de faire ressortir la valeur de la famille dans la société.
agréable
pousser
b) Le divorce <u>ne</u> devra <u>jamais</u> être présenté de façon attrayante° et utilisé comme propagande pour induire° à rompre l'union matrimoniale. Les allusions au divorce sont permises dans le dialogue.
10 c) L'adultère, même s'il est nécessaire ou essentiel à l'intrigue d'un film, <u>ne</u> devra <u>pas</u> être traité de façon trop claire ou explicite et présenté de manière attrayante. Le Bureau de Censure prohibera ce qui pourrait induire l'auditoire à l'imitation.
a trait à : est relatif à
d) L'infidélité, en ce qui a trait à° l'état matrimonial, <u>ne</u> sera <u>pas</u> permise à moins que le film (ne) comporte la leçon morale qu'elle est mauvaise et tou-
15 jours punie, de manière à décourager toute imitation.

Crimes:
Le meurtre et l'homicide involontaire comme effets scéniques (ne) seront acceptés que s'ils sont essentiels à l'intrigue d'un film. Ils <u>ne</u> devront <u>jamais</u>
esprits... : *weak, easily swayed people*
être accompagnés de détails, et tout ce qui pourrait induire les esprits faibles°
revenge
20 à l'imitation sera prohibé. Le meurtre de revanche° est interdit.

Religion:
faith
Tout film ridiculisant la Religion ou la Foi° est interdit.

Loyauté envers le Roi:
Le Bureau de Censure sera rigide et sévère envers tout film tendant à dimi-
25 nuer la loyauté et le respect dûs au Roi.

Bolchévisme et communisme:
Tout film de nature communiste et bolchéviste, même s'il est déguisé sous le manteau de l'art, sera refusé.

Dialogue:
30 Tout mot ou geste obscène, toute allusion, chanson, farce à double sens et
brutale, choquante
trop crue°, le blasphème, sont interdits.

Costumes:
La nudité complète est toujours défendue, qu'elle soit réelle ou en silhouette,
lustful, lecherous
de même que tout dialogue ou personnage libertin ou lubrique°.

35 Cruautés:
Les sujets suivants devront être traités avec beaucoup de prudence et dans les limites du bon goût:
hanging
a) Pendaison°, électrocution et suicide.
confessions
b) Méthodes d'interrogation d'accusés pour obtenir des aveux°.
40 c) Toute brutalité.
d) La cruauté envers les femmes, les enfants, les animaux.

Yves Léger, *Histoire générale du cinéma au Québec* (Montréal: Boréal, 1988), pp. 477–479.

Comprenez-vous?

1. En quelles circonstances le divorce, l'adultère, et l'infidélité étaient-ils admis dans le cinéma québécois en 1931?
2. De quelle façon les scènes de meurtre et d'homicide involontaire étaient-elles différentes à cette époque-là?
3. Quels sujets étaient strictement interdits?
4. Quelle restriction précise y avait-il concernant la religion?
5. De quel roi parle-t-on dans cet article?

Réaction personnelle   WHOLE CLASS

1. Etes-vous pour ou contre une censure rigide au cinéma et à la télévision? Pourquoi?
2. Commentez la dernière phrase de ce texte.
3. Quel(s) exemple(s) de censure voit-on aujourd'hui aux Etats-Unis?

WHOLE CLASS **Réponses**
1. Quand ils n'étaient pas présentés de manière attrayante.   2. Elles devaient être essentielles à l'intrigue et présentées de manière à décourager toute imitation; elles ne devaient pas être accompagnées de détails.   3. Le meurtre de revanche, le bolchévisme, le communisme, les mots ou gestes obscènes, le blasphème et la nudité complète.   4. On ne pouvait ridiculiser ni la Religion ni la Foi.   5. George V, roi de Grande-Bretagne 1910–1936.

RAPPEL

The *negative construction* in French consists of two parts: **ne + pas** (**jamais, personne, rien**, etc.). The first part of the negative (**ne**) directly precedes the verb; the second part generally follows the verb, but certain expressions require a different placement within the sentence. For more details, see pp. 187–190.

Applications

A. Le Bureau de Censure vous contredit

Vous proposez un film au Bureau de Censure, et chacune de vos suggestions est refusée. Complétez le dialogue en utilisant des expressions négatives.

- **Modèle**　VOUS:　Bonjour, Messieurs, Dames! Tout le monde va aimer mon nouveau film.
　　　　　　　EUX:　*Personne ne va aimer votre nouveau film.*

1. VOUS:　Mais pourquoi? Il y a quelque chose de nouveau dans ce film.
　 EUX:
2. VOUS:　Je veux y mettre des scènes de divorce et de meurtre.
　 EUX:
3. VOUS:　Mais vous avez toujours aimé mes projets!
　 EUX:
4. VOUS:　Est-ce qu'il y a encore une chance de recevoir votre approbation *(approval)*?
　 EUX:
5. *Continuez ce dialogue avec un partenaire...*

Begin as whole-class discussion, then have students work with partners to continue dialogue.   *Follow-up* Have several pairs read their dialogues to the class.
Réponses possibles   *1. Il n'y a rien de nouveau dans ce film.   2. Vous ne pouvez y mettre ni scènes de meurtre ni scènes de divorce.   3. Nous n'avons jamais aimé vos projets.   4. Il n'y a plus de chance de recevoir notre approbation.*

Préparation grammaticale

Avant de continuer, révisez les pronoms relatifs. pp. 190–192.

Réponses *1. dont 2. que 3. qui, qu' 4. où 5. lequel* WHOLE CLASS You may want to follow up with a brief discussion of the film, to see who has seen it, what they thought about it, and if they can describe the plot or characters.

B. Les films que je préfère...

Faites d'abord une liste des titres de vos films préférés dans les catégories suivantes:

> film de science-fiction
> film d'épouvante
> western
> dessin animé
> grand classique
> film français

Ensuite, circulez parmi vos camarades de classe pour trouver des personnes qui partagent vos préférences dans au moins trois des six catégories.

C. Un grand classique

Remplissez les blancs dans les phrases suivantes par les **pronoms relatifs** qui conviennent.

1. *The African Queen* est un grand classique _____ on parle souvent.
2. C'est un film _____ j'ai déjà vu au moins cinq fois.
3. C'est l'histoire d'une femme _____ tombe amoureuse d'un homme _____ elle ne trouvait même pas sympathique au début du film.
4. Ils sont obligés de descendre en bateau un fleuve _____ ils font face à beaucoup de dangers.
5. Le vieux bateau dans _____ se déroule la plupart de l'action n'offre pas d'abri contre les moustiques de la jungle.

RAPPEL

In French, as in English, *relative pronouns* allow you to *qualify* something you are saying by attaching a *second clause*. In the subordinate, or relative clause, the *pronoun* can function as the *subject*, the *direct object*, or the *object of a preposition*. For more details, see pp. 190–192.

PAIRS **Réponses possibles** *J'ai vu un film **dont** le personnage principal est un cochon **qui** croit qu'il est un chien de berger. Ce cochon, **qui** s'appelle «Babe», travaille bien avec les moutons **auxquels** les vrais chiens de berger font peur. Le secret de Babe, **que** le berger comprend enfin, est qu'il sait parler aux moutons. Le berger décide de ne pas manger ce cochon **qui** devient très célèbre. Le magazine* New Yorker *recommande ce film, **dont** le sujet semble juvénile, aux adultes aussi bien qu'aux enfants.* *Follow-up* Groups can share their paragraphs. You may want to have the groups make their corrections on transparency sheets, so that comparisons can be made more quickly.

D. Donnez un coup de main!

Un ami vous demande de l'aider à améliorer un petit paragraphe qu'il doit rendre à son professeur de français demain. Ce paragraphe a pour sujet un film qu'il a vu récemment. Vous voyez que votre ami a surtout besoin de pronoms relatifs dans son paragraphe et—heureuse coïncidence—vous venez de réviser ces pronoms dans votre propre cours de français! Avec votre ami, essayez de lier des phrases par des pronoms relatifs. Il y a plusieurs possibilités.

> J'ai vu un film. Le personnage principal de ce film est un cochon. Le cochon croit qu'il est un chien de berger. Ce cochon s'appelle «Babe». Babe travaille bien avec les moutons. Les vrais chiens de berger font peur aux moutons. Le secret de Babe est qu'il sait parler aux moutons. Le berger comprend enfin ce secret. Le berger décide de ne pas manger ce cochon. Ce cochon devient très célèbre. Le magazine *New Yorker* recommande ce film aux adultes aussi bien qu'aux enfants. Le sujet du film semble juvénile.

E. La télé
Créez des phrases originales en utilisant les éléments donnés.

1. la chaîne câblée / que
2. le journal télévisé / qui
3. un jeu télévisé / dont
4. un feuilleton / dans lequel
5. un mélo / où

Students work individually. *Follow-up* Students read or write on the board the sentences they have created.

Maïmouna

Entrons en matière
Essayez d'imaginer que la télévision n'existe pas encore, que le cinéma est une invention récente, et que vous allez voir un film pour la première fois de votre vie. Quel effet vous fait cette nouvelle technologie? Que pensez-vous des images projetées sur l'écran? Qu'est-ce qui rend l'expérience particulièrement intéressante?

Have students each write their answers to the three questions, then share them with the class.

Pour mieux comprendre
Il est plus facile de comprendre les actions (et les réactions) des personnages d'un roman si vous savez à quelle époque l'action se déroule. Dans les deux premiers paragraphes de ce texte, il y a des indications qui vous aideront à situer l'histoire de *Maïmouna;* cherchez-les.

Lecture

INDIVIDUAL OR PAIR WORK
Réponses possibles
C'était probablement dans les années quarante. Le Sénégal était toujours une colonie française, le cinéma y était une nouveauté, Bounama portait un chapeau mou, etc. Follow-up Students discuss their answers, which can be written on the board.

Maïmouna, un roman de l'écrivain sénégalais Abdoulaye Sadji, raconte l'histoire d'une jeune fille qui abandonne sa vie de paysanne pour aller vivre chez sa grande sœur Rihanna et son mari Bounama, à Dakar (la ville capitale du Sénégal). Séduite par la grande ville, cette jolie fille naïve en devient la victime. Après une triste aventure à Dakar, elle retourne dans son village où elle devient marchande, comme sa mère.

Bien que ce roman ait une fin tragique, on y trouve beaucoup de passages amusants et légers. Dans l'extrait que vous allez lire, Maïmouna découvre la technologie grâce au cinéma.

Première partie

Deux fois par mois Bounama emmenait la famille au cinéma: la Responsable[2] était toujours de la compagnie. Bounama en joli complet veston, chapeau mou° et canne; les femmes superlativement endimanchées° et belles à ravir. [...]

5 Le grand cinéma Rialto n'avait pas son pareil à Dakar. Il était en plein air, il rutilait° de lumière. Installation magnifique pour un cinéma de la colonie. Depuis les fauteuils rembourrés° jusqu'aux chaises en bois à dossier mobile, tout un monde s'étageait, allant des personnalités européennes les plus marquantes aux négrillons°.

SILENT READING   Or assign as homework to be followed by completion of the comprehension questions, p. 90–91.

chapeau mou: *fedora /* **habillées en vêtements du dimanche**

brillait

stuffed

noirs (*fam.;* **maintenant, péjoratif**)

---
[2] La Responsable est une femme qui travaille chez Bounama et Rihanna.

10   C'est au Rialto que tout Dakar se rendait en matinée et en soirée.

Bounama n'allait qu'en matinée. Il louait chaque fois un taxi dans lequel s'embarquait la famille: Rihanna, Maïmouna et la Responsable.

dazzled
staggered

La première fois qu'elle alla au cinéma Rialto, Maïmouna fut éblouie° par la crudité de la lumière et chancela° un peu. Il y avait tellement de gens!
15 Elle n'avait jamais vu cela. Sa sœur, habituée, marcha devant; elle suivit presque en se cachant. Plus tard elle n'eût pas pu dire où elle s'était alors assise.

Maintenant les lumières et le monde du Rialto ne lui faisaient plus peur. Quand le taxi stoppait les femmes descendaient en rajustant leurs vêtements,
20 elles entraient et attendaient. Bounama prenait les billets au guichet et les leur distribuait. Elles franchissaient l'entrée avec une dignité de princesse, traversaient quelques rangées de fauteuils et s'asseyaient dans l'ordre suivant: Bounama vers la sortie, Rihanna, Maïmouna, et enfin la Responsable.

qui est né dans le pays dont il est question

Leur entrée faisait toujours sensation, surtout du côté indigène°. On se
25 retournait pour contempler la beauté éclatante de cette jeune fille, de cette

burst forth / riffraff
vêtement ample et long

dame. Des sifflements d'admiration fusaient° parmi «la racaille»° des jeunes gens en caftan°[…]

WHOLE CLASS **Réponses**
1. Il semble les admirer, puisqu'il suit leur mode (complet veston, chapeau mou, et canne).   2. On s'assied dans un fauteuil ou sur une chaise, au lieu de rester dans sa voiture.

Comprenez-vous?

1. Qu'est-ce qu'il y a dans les vêtements de Bounama qui révèle son attitude envers les colonisateurs de son pays?
2. Quelle est la grande différence entre le Rialto, ce grand cinéma en plein air de Dakar, et les cinémas en plein air qui existaient autrefois aux Etats-Unis?

3. Quelles sont les deux choses qui ont provoqué la peur que Maïmouna a ressentie la première fois qu'elle est allée au cinéma?

4. Comment Maïmouna a-t-elle réagi la première fois qu'elle a franchi l'entrée du Rialto? Depuis ce jour-là, quelle différence y a-t-il eu dans son comportement?

5. Quelle différence voyez-vous entre le comportement des gens de Dakar qui attendent le commencement du film et celui de vos contemporains?

A votre avis   Whole class

La famille s'assied toujours dans le même ordre. Cet ordre a-t-il une signification particulière?

*3. La crudité de la lumière et la foule.   4. Elle a chancelé et s'est cachée derrière sa sœur. Depuis ce jour-là, elle y entrait avec une dignité de princesse.   5. Les gens de Dakar font beaucoup plus de bruit; ils parlent à haute voix aux autres spectateurs.
Variant Students work in pairs or groups and then present their "group" answer to the class.*

Deuxième partie

Silent reading Or assign as homework to be followed by the completion of the comprehension questions, p. 92.

Qui dira jamais l'effet de cette musique qui précédait le film d'actualité°! Musique aux éclats métalliques. Les gamins°, dès le lendemain, la sifflotaient dans toutes les rues de Dakar. Musique tendre aussi ou désespérément triste: Opéras des grands maîtres, mais alors les négrillons ne l'écoutaient plus et
5 discutaillaient°, se houspillaient°.

Quelle émotion fit naître en Maïmouna la vue d'un film cinématographique! Le premier jour elle ne put résister à l'envie de poser mille questions: étaient-ce des personnes, de vraies personnes? Marchaient-elles sur la toile°? D'où sortaient-elles? Pourquoi faisaient-elles tant de gestes? […] Mais sa sœur lui
10 pinça la cuisse en lui disant de se taire. Elle ne voulait pas qu'elle passât pour un de ces êtres de la brousse°, qui n'avait jamais rien vu. A la maison elle lui expliquerait tout en détail.

Et le film se déroula au bruit de machine à coudre° de la caméra. Elle vit tumultueusement des rivières, des paysages, de grandes élévations de terre
15 et des maisons comme il n'y en avait même pas à Dakar, des maisons hautes à toucher le ciel. […]

film... : newsreel
enfants

discutaient (fam.)/ se... : se querellaient

l'écran

région africaine éloignée des centres urbains

machine... : sewing machine

Toubabs: (mot d'Afrique)
Européens, Blancs

Des hommes, des femmes «Toubabs»°, bien habillés selon la mode de leur pays, parlaient, faisaient des gestes, allaient à leurs affaires.

Pourquoi venait-on au cinéma? Sans doute pour voir du monde, de
20 belles lumières et la foule si dense, si variée. Elle tourna la tête, regarda à

paralysé

droite, à gauche. Tout ce monde silencieux était figé° dans une même attitude, la tête levée vers les dansantes images.

Mais depuis cette première séance, sa sœur et Bounama lui avaient expliqué le mystère du cinéma et Maïmouna avait réussi à suivre avec

n'importe lequel

25 intérêt le déroulement d'un film quelconque°. Ne parlant pas un mot de français, elle comprenait par intuition la mimique des personnages et pouvait s'expliquer la suite des tableaux qui composaient un film. Et le cinéma devint pour elle une distraction passionnante.

Abdoulaye Sadji, *Maïmouna* (Paris: Présence africaine, 1958), pp. 89–102.

WHOLE CLASS **Réponses**
1. On projetait des films d'actualité.   2. On ne peut pas dire. Si elle était énergique, les gamins la sifflotaient dans les rues, mais si elle était triste ou tendre, personne ne l'é- coutait.   3. Non. Elle ne voulait pas qu'on sache qu'elle venait de la brousse. 4. Elle ne comprenait pas la technologie; elle pensait qu'il y avait de vraies personnes qui marchaient sur la toile. 5. Elle pensait que l'on venait au cinéma pour voir du monde, de belles lumières et la foule si dense.

A votre avis
WHOLE CLASS **Réponses possibles** *Les films venaient de France. / L'auteur indique que Maïmouna ne parlait pas français mais «comprenait par intuition».*

WHOLE CLASS

Comprenez-vous?

1. Aujourd'hui, avant le commencement d'un film, on projette souvent des annonces publicitaires, ou des annonces d'autres films à venir. Qu'est-ce qu'on projetait au Rialto?
2. Quel effet la musique avait-elle sur les habitants de Dakar?
3. La sœur Rihanna est-elle fière de ses origines? Comment le savez-vous?
4. De quoi Maïmouna se souvenait-elle du premier film qu'elle avait vu?
5. Maïmouna n'a pas suivi l'intrigue du film la première fois qu'elle est allée au Rialto, et, en fait, elle pensait qu'on venait au cinéma pour une autre raison. Laquelle?

A votre avis

D'où venaient les films qu'on projetait au Rialto? Qu'est-ce qui vous donne cette impression?

Activités d'expansion

WWW **Explore!**
See the Web Activity in the *Cahier.*

A. Les films étrangers

Que pensez-vous des films étrangers? Les préférez-vous aux films américains? Préférez-vous les films étrangers sous-titrés ou doublés? Pourquoi? Quel est votre film étranger favori? Quel est le plus mauvais film étranger que vous ayez jamais vu?

B. Chez soi?

Préférez-vous voir un film dans une salle de cinéma, à la télévision ou sur cassette vidéo? Quels sont les avantages de chaque média? Et les inconvénients?

WHOLE CLASS OR PAIRS For the whole-class discussion, make a list on the board of the advantages and disadvantages suggested by students. For pair work, have the students interview each other, make their list based on their partner's opinions, and report their findings back to the class.

C. Une nouvelle chaîne de télévision

Vous faites partie d'une équipe qui essaie de créer une nouvelle chaîne de télévision aux Etats-Unis. Si votre chaîne réussit mieux que toutes les autres, vous et les autres membres de l'équipe gagnerez chacun un million de dollars! Etablissez le programme d'un jour (qui sera représentatif du programme de la semaine), et expliquez votre choix d'émissions.

GROUPS OF 3-4 You may want to provide copies of American and French TV program schedules as models (see transparencies). *Follow-up* Each group puts schedule (times and program titles) on the board. *Variant* Show a video of French TV commercials and discuss them afterward.

— Je préfère celui-ci. Je n'aime pas beaucoup la Télé...

«L'arbre va tomber»

For culture notes, warm-ups, lesson plans, homework assignments, see pp. IM 52–IM 54.

WHOLE CLASS

Regardez le dessin. A quoi cela vous fait-il penser?
A quoi sert un arbre? Qu'est-ce qu'on peut faire avec un arbre?
Pourquoi les abat-on (fell)?

«L'arbre va tomber»

Voici les paroles d'une chanson de Francis Cabrel, un chanteur qui ressemble un peu à Bob Dylan. Très populaire depuis le milieu des années quatre-vingt, surtout parmi les étudiants, Cabrel a en quelque sorte «réinventé» la folk song à la française.

Ici il chante d'un arbre, mais est-ce tout? Cet arbre, a-t-il une valeur symbolique?

Avant d'écouter

Lisez les paroles. A côté de tous les vers qui parlent de l'arbre, mettez un «A». A côté de tous les vers qui parlent de l'homme (ou du monsieur), mettez un «H». Puis, en travaillant à deux ou trois, comparez vos résultats. Ensemble, répondez aux questions:

1. Qu'est-ce que nous apprenons sur l'arbre?
2. Comment Cabrel représente-t-il l'homme?
3. Pourquoi l'homme de la chanson veut-il abattre l'arbre?

En écoutant

Cherchez le refrain. Comment l'arbre est-il utile pour les gens dans le refrain? Dans le chapitre 3, vous avez appris l'expression **les sans-abri.** Quel est le verbe apparenté à cette expression qui se trouve dans le refrain?

L'arbre va tomber
Les branches salissaient° les murs
Rien ne doit rester
Le monsieur veut garer sa voiture
5 Nous, on l'avait griffé°
Juste pour mettre des flèches et des cœurs
Mais l'arbre va tomber
Le monde regarde ailleurs.°

L'arbre va tomber
10 Ça fera de la place au carrefour
L'homme a décidé
Et l'homme est le plus fort, toujours
C'est pas compliqué
Ça va pas lui prendre longtemps
15 Tout faire dégringoler°
L'arbre avec les oiseaux dedans!

Y'avait pourtant tellement de gens
Qui s'y abritaient°
Et tellement qui s'y abritent encore
20 Toujours sur nous penché°
Quand les averses° tombaient
Une vie d'arbre à coucher dehors.°

L'arbre va tomber
L'homme veut mesurer sa force
25 Et l'homme est décidé
blade/bark La lame° est déjà sur l'écorce.°

Y'avait pourtant tellement de gens
Qui s'y abritaient
Et tellement qui s'y abritent encore
30 Toujours sur nous penché
Quand les averses tombaient
Une vie d'arbre à coucher dehors.

L'arbre va tomber
On se le partage déjà
35 Y'a rien à regretter
C'était juste un morceau de bois
Un bout de forêt
Avancé trop près des maisons
Et pendant qu'on parlait
pour... : réellement 40 L'arbre est tombé pour de bon.°

Y'avait pourtant tellement de gens
Qui s'y abritaient
Toujours sur nous penché
Quand les averses tombaient
45 T'as dû en voir passer
Des cortèges... : Des cortèges de paumés°
processions de pauvres Des orages, des météores
gens Et toutes ces nuits d'hiver
Quand les averses tombaient.

50 Une vie d'arbre à coucher dehors
A perdre... : *(fam.)* A perdre le nord°
lose one's bearings A coucher dehors.

«L'arbre va tomber», paroles et musique de Francis Cabrel, interprétée par Francis Cabrel, Chandelle Productions, 1994.

Le refrain

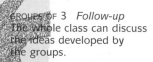

GROUPS OF 3 *Follow-up* A trois, mettez-vous d'accord sur le sens du refrain. Puis comparez vos idées à
The whole class can discuss celles de vos camarades de classe.
the ideas developed by
the groups.

Interprétons

WHOLE CLASS or GROUPS OF 2-3
A. Qu'est-ce que l'arbre dans cette chanson pourrait symboliser? Expliquez.
B. En français, on dit «une vie de chien» si on veut parler d'une vie misérable ou très pénible. Comment Cabrel transforme-t-il cette expression? Comment la vie de cet arbre est-elle difficile?

«L'environnement»

Pour 87% des Français, les déchets° radioactifs sont le premier problème envi-ronnemental, devant la destruction des forêts (86%) et la pollution de l'eau (85%).[1]

waste   SILENT READING

Et chez nous?

Pour vos camarades de classe et vous, quels sont les plus grands problèmes de l'environnement? Choisissez le problème qui vous semble le plus grave, puis circulez dans la classe pour trouver deux autres étudiants qui sont d'accord avec vous. Ensemble, préparez trois ou quatre phrases pour expliquer pourquoi vous avez choisi ce problème.

Follow-up Poll the groups to see which problems have been selected most fre-quently. Select one group per problem to present their ideas and ask others for additional contributions.

Voici quelques possibilités:

les déchets radioactifs	les pesticides
la destruction des forêts	le trou dans la couche d'ozone
la destruction de la forêt amazonienne	l'effet de serre *(greenhouse)*/
la pollution de l'eau	le réchauffement de la planète
la pollution de l'air	la dégradation de la flore et de la faune
les déchets *(trash, garbage)*	*(decline of plant and animal species)*
le bruit	… (Ajoutez vos propres idées.)

Des solutions?

A trois ou à quatre, mettez-vous d'accord sur quelques changements néces-saires dans le comportement des hommes pour protéger la nature. Comparez vos idées à celles des autres groupes de la classe. Lesquelles trouvez-vous les plus importantes? les plus faciles? les plus difficiles?

Follow-up List suggestions on the board and ask students to select those they consider most possible and those that are more difficult.

---

[1] Gérard Mermet, *Francoscopie 1995* (Paris: Larousse, 1994), p. 255.

Traditions

rale

intrigue conventionnel

partout

la mémoire collective

ex B p 104
A p 104 (ensemble)

For culture notes,
warm-ups, lesson plans,
homework assignments,
see pp. IM 54–IM 60.

A. Les personnages

le héros (l'héroïne)	hero (heroine)
la fée, la bonne fée	fairy, fairy godmother
le roi (la reine)	king (queen)
le prince (la princesse)	prince (princess)
la marâtre	wicked stepmother
le chevalier	knight
le sorcier (la sorcière)	wizard (witch)
le magicien (la magicienne)	magician
le nain (la naine)	dwarf
le géant	giant
le lutin	elf
le diable	devil
l'ogre *m.*	ogre
la dame	lady
la demoiselle	young lady
le dragon	dragon
le spectre, le fantôme, le revenant	ghost
le loup-garou (les loups-garous)	werewolf (werewolves)
le vampire	vampire
le monstre	monster
la licorne	unicorn

B. Les contes

le conte de fées   fairy tale
le conte à   tall tale
   dormir debout
il était une fois   once upon a time
le mal, le bien   evil, good
faire la cour (à)   to court, to woo
faire semblant (de)   to pretend
enchanter   to enchant
hanter   to haunt
ensorceler, jeter   to cast a
   un sort (à)   spell (on)
faire peur (à)   to frighten
craindre   to fear, be afraid of
le charme, le   magic spell
   sortilège
rompre le charme   to break the spell
la malédiction   curse
la magie (noire)   magic (black magic)
maudire   to curse (something
             or someone)
rêver (de, à)   to dream (about, of)
songer (à)   to dream (about),
             to reflect (on),
             to muse
rêvasser   to daydream

le rêve   dream
le cauchemar   nightmare
le merveilleux   the supernatural
bâtir des châteaux   to build castles
   en Espagne   in the air
imaginer,   to imagine, to imagine
   s'imaginer   oneself (doing or being…)

Sempé, *Tout se complique* (Paris: Denoël, 1962).

Que fait ce couple? A quoi rêve-t-il? A quoi rêvez-vous?

Préparation grammaticale

Avant de commencer ce chapitre, révisez la formation du subjonctif, pp. 194–197.

Un conte

Avant de lire

Demandez à votre voisin(e): Crois-tu que le père ait plus d'autorité sur ses enfants que la mère? Est-il «le maître» de la maison? Est-ce que ses enfants (et sa femme) doivent lui obéir? Pourquoi ou pourquoi pas? Dites si vous êtes d'accord avec sa réponse.

Lecture

Autrefois, bien avant l'invention de la radio, du cinéma, de la télévision, quand les hommes n'écrivaient pas encore, on se racontait des histoires. Les contes, les fables et les légendes amusaient ceux qui les écoutaient, pouvaient servir à expliquer l'origine du monde, des animaux, de l'homme, par exemple, et enseignaient souvent une morale.

Le récit suivant, «Les enfants», est un conte de Madagascar qui explique l'origine de l'autorité paternelle sur les enfants.

L'homme et la femme eurent donc des enfants. Or°, un jour, les enfants furent malades et les parents firent le même rêve: «Il faut que l'un de nous deux donne son sang aux enfants, ou ils périront°.»

La mère eut peur de ne pas pouvoir supporter° la douleur et refusa.

5 L'homme au contraire dit: «Laisse-moi donner mon sang, à condition que, dans l'avenir, je sois le maître des enfants, et que parmi° mes descendants les hommes restent également les maîtres.»

La femme consentit et les enfants furent guéris° par le sang de leur père. Voilà pourquoi l'homme a plus d'autorité sur les enfants que la femme.

cependant

mourront

endurer, tolérer

among

furent... : retrouvèrent leur santé

Charles Renel, ed., *Contes de Madagascar* (Paris: Leroux, 1930), p. 55.

Comprenez-vous?

Indiquez si la phrase est vraie (V) ou fausse (F). Si elle est fausse, corrigez-la.

1. _____ Les enfants risquent de mourir.
2. _____ Il faut que l'un des parents meure pour sauver les enfants.
3. _____ La mère ne veut pas souffrir.
4. _____ Les enfants obéissent à leur père parce qu'il est le plus fort.

WHOLE CLASS **Réponses**
1. V   2. F (Il faut que l'un des parents donne son sang.)   3. V   4. F (Les enfants lui obéissent parce qu'il a donné son sang pour eux.)

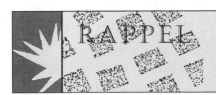

RAPPEL

The *subjunctive* is a verb form which appears in a subordinate clause when the verb in the main clause expresses *emotion, opinion, desire,* or *will*. The subjunctive suggests *subjectivity* or *possibility* rather than fact. For more details, see pp. 194–201.

GROUPS OF 2-3   Each group can be assigned three sentences to complete. *Follow-up* Groups present their sentences and others suggest alternative endings.

Préparation grammaticale

Avant de continuer, révisez l'usage du subjonctif, pp. 197–201.

GROUPS OF 3 *Variant* Assign as homework.

Réactions

Quelles sont les réactions des personnages du conte? Complétez les phrases en utilisant un verbe qui convient au subjonctif.

1. Les parents regrettent que…
2. Ils ont peur que…
3. Pour guérir les enfants, il faut que…
4. La mère préfère que…
5. Le père veut que…

Et que pensez-vous?

6. Il est bon que…
7. Je suis surpris(e) que…
8. J'aimerais mieux que…

Un conte moderne

Formez un groupe de trois et créez votre propre conte pour expliquer pourquoi la mère a plus d'autorité que le père. Suivez ce plan: (1) la situation, (2) le problème, (3) ce que fait le père, (4) ce que fait la mère, (5) le résultat.

Une fable

Entrons en matière

WHOLE CLASS

Vous connaissez certainement quelques fables. Quelles en sont les caractéristiques? Qui sont les «personnages» de la fable? Quels adjectifs associez-vous avec ces «personnages»? A qui s'adressent les fables? Quel est le but *(purpose)* de la fable?

Avant de lire

WHOLE CLASS Ask students to compare the normal size relationship of these animals to that of the illustration.

Une image ou une illustration peut vous donner une idée du sujet, du thème, des personnages, et même de l'intrigue d'un texte. Avant de lire la fable, regardez bien l'illustration. Qu'est-ce que vous y voyez? Comparez ces deux animaux.

La Grenouille qui se veut faire aussi grosse que le Bœuf

1621 • Jean de La Fontaine • 1695

ILLUSTRATIONS R.& C. SABATIER   ITVF

Lecture

Les fables françaises les plus connues sont celles de Jean de La Fontaine (1621-1695). Bien qu'il imite les fables de l'Antiquité (d'Esope par exemple), il les adapte aussi pour plaire à ses contemporains. Très appréciées de Louis XIV, de l'aristocratie et de la bourgeoisie du dix-septième siècle, ses fables ne s'adressent pas seulement aux enfants, bien que les enfants aiment les lire encore aujourd'hui.

«La grenouille qui veut se faire aussi grosse que le bœuf»

Une grenouille vit° un bœuf
Qui lui sembla de belle taille°.
Elle, qui n'était pas grosse en tout comme un œuf,
Envieuse, s'étend°, et s'enfle°, et se travaille,
Pour égaler l'animal en grosseur
Disant: «Regardez bien, ma sœur;
Est-ce assez? dites-moi; n'y suis-je point encore?
Nenni°. —M'y voici donc? —Point du tout. —M'y voilà?
—Vous n'en approchez point.» La chétive pécore°
S'enfla si bien qu'elle creva°.
Le monde est plein de gens qui ne sont pas plus sages:
Tout bourgeois veut bâtir comme les grands seigneurs,
Tout petit prince a des ambassadeurs,
Tout marquis veut avoir des pages.

Jean de La Fontaine, *Fables*.

Play the tape while students read.

(passé simple) a vu
dimension

expands / inflates itself

non
chétive... : petit animal faible / *burst, died*

Comprenez-vous?

1. Pourquoi la grenouille admire-t-elle le bœuf?
2. Quel adjectif montre sa réaction face au bœuf?
3. Qu'est-ce qu'elle fait pour «égaler» le bœuf?
4. Est-ce facile ou difficile, selon La Fontaine? Comment le savez-vous?
5. Qu'est-ce qui arrive à la grenouille?
6. Avec vos propres mots, résumez la morale ou la leçon de cette fable en une ou deux phrases.

WHOLE CLASS OR PAIRS
Réponses *1. Elle admire le bœuf parce qu'il est si grand. 2. envieuse 3. Elle s'étend et s'enfle. 4. C'est difficile parce qu'elle n'y arrive pas. Elle fait un gros effort. (You may wish to point out all the "s" sounds when the frog tries to inflate itself.) 5. Elle meurt parce qu'elle crève. 6. On doit être content avec ce qu'on a, de sa place dans la vie, de sa position dans la société. Quand on essaie d'être ce que l'on n'est pas, on risque d'en souffrir.*

RAPPEL   Verbs or expressions which indicate *certainty* are followed by the *indicative* rather than the subjunctive. For more details, see pages 200–201.

GROUPS OF 2   *Follow-up*
Select pairs to present their sentences.

Préparation grammaticale

Avant de continuer, révisez les conjonctions suivies du subjonctif et les prépositions suivies de l'infinitif, pp. 198–199.

FOLLOW-UP   Groups present the reasons for their choice.

WHOLE CLASS

Give students a few minutes to read the directions and prepare answers individually to the first part. Select students to give their sentences. Final section can be done in groups of three in class, or assigned as written homework.

A discuter

Avec un(e) partenaire, commentez cette fable et sa morale, en choisissant quatre ou cinq des expressions suggérées.

•*Modèle*   Il est évident *que la grenouille est plus petite que le bœuf.*

Il est clair…	Il est curieux…
Il est douteux…	Je ne crois pas…
Il n'est pas vrai…	Je suis surpris(e)…
Il est possible…	Il est probable…
Il est important…	Je regrette…

Applications

A. Transformations

Si vous pouviez vous transformer en l'un des personnages de la liste A du vocabulaire du début du chapitre, lequel choisiriez-vous? Faites votre choix, puis circulez dans la classe pour trouver d'autres étudiants qui ont choisi le même personnage. Ensemble, discutez les raisons de votre choix pour pouvoir les présenter à la classe.

B. Associations

Quels mots de la liste B du vocabulaire du début du chapitre associez-vous aux personnages de la liste A? Choisissez quatre mots et expliquez vos associations à la classe.

•*Modèle*   le bien: *le héros, la princesse*

C. La reine et le marchand de potions magiques

Il était une fois une reine veuve, mère de trois enfants, un fils de 17 ans et deux filles de 15 et 20 ans. Elle s'entendait bien avec sa famille, son peuple l'aimait, mais pendant les longues soirées d'hiver, elle s'ennuyait et se sentait seule. Un soir (c'était le mois de janvier, il y avait une tempête de neige), quelqu'un a frappé à la porte de son palais. Puisque ses demoiselles d'honneur [*ladies in waiting*] s'étaient déjà couchées, elle a ouvert la porte elle-même. Devant elle se trouvait un jeune homme d'une vingtaine d'années qui voulait lui vendre des potions magiques. Elle l'a prié d'entrer, ils se sont parlé toute la nuit, et le lendemain matin, la reine s'est dit «Je suis amoureuse de lui et je vais l'épouser». Comment ont réagi ses demoiselles d'honneur et ses enfants? Imaginez leurs réactions lorsque la reine leur a appris sa décision.

• *Modèle*   LA REINE: Je peux me marier avec lui.
        LES DEMOISELLES: Il n'est pas évident que *vous puissiez vous marier*
                                  avec lui.

        LA REINE: C'est le plus beau garçon du monde.
LES DEMOISELLES: Nous doutons que…
        LA REINE: Il m'aime à la folie.
LES DEMOISELLES: Il est possible que…
        LA REINE: Nous voulons nous marier immédiatement.
LES DEMOISELLES: Il est ridicule de…
        LA REINE: Il ne connaît pas mes enfants.
LES DEMOISELLES: Mais il faut que…
        LA REINE: Nous leur en parlerons demain.
LES DEMOISELLES: Nous espérons que…

L'histoire continue. Le couple se retrouve avec les enfants de la reine. Comment réagissent les enfants? Complétez leurs phrases.

    LA FILLE DE QUINZE ANS: Je veux…
             LE FILS: J'insiste…
    LA FILLE DE VINGT ANS: Il est probable…
       TOUS LES ENFANTS: Il est évident…

Maintenant, travaillez à trois pour trouvez une fin à cette histoire. Quel groupe a la fin la plus amusante? la plus réaliste? la plus romantique? la plus tragique?

D. Leur point de vue

GROUPS OF 2-3 *Follow-up* Select students to give their answers.

Vous connaissez certainement le conte du Petit Chaperon rouge qui apporte un gâteau à sa grand-mère et se fait manger par le loup. (Dans la version américaine, il y a un bûcheron [*woodcutter*] qui la sauve à la fin. Dans la version française, elle meurt.) En choisissant un élément de chaque colonne, exprimez le point de vue des personnages de ce conte face aux événements. Faites les changements nécessaires selon le personnage qui parle. N'hésitez pas à ajouter des expressions.

• *Modèle*   LE PETIT CHAPERON ROUGE: *Je regrette que ma grand-mère soit*
                                     malade.
              LE LOUP: *Je suis content qu'elle soit malade.*

Personnages	Réactions	Episodes
LA MÈRE	être content	La grand-mère est malade.
LE PETIT CHAPERON ROUGE	avoir peur	La mère envoie sa fille chez elle.
LA GRAND-MÈRE	regretter	Le Petit Chaperon rouge rend visite à sa
LE LOUP	vouloir	grand-mère.
LE BÛCHERON	être vrai	Elle parle au loup.
	douter	Le loup a faim.
	être dommage	Il va vite chez la grand-mère.
	croire	Il la dévore.
	il faut	Il met ses vêtements.
	??	Le Petit Chaperon rouge ne comprend pas.
		Elle s'approche du lit.
		Le bûcheron peut la sauver.

E. Quelles complications!

Voici des extraits de l'histoire d'une belle princesse et d'un beau chevalier qui s'aiment. Lisez-les, puis, avec un(e) partenaire, finissez les phrases pour créer un conte (amusant/tragique/heureux… comme vous voulez).

1. Une jeune et jolie princesse aime un beau chevalier quoique…
2. Son père, le roi, leur permet de se marier à condition que…
3. Le triste chevalier part pour…
4. Il voyage pendant un an avant de…
5. Il demande à un nain de l'aider afin de…
6. Mais le nain refuse, jusqu'à ce que…
7. Heureusement, le chevalier réussit, sans…
8. (*Inventez la fin vous-même.*)

F. Réactions/expériences personnelles

Travaillez en groupes de trois et posez-vous les questions suivantes sur les contes de fées, le merveilleux, les films d'épouvante, etc. **A** pose la première question; **B** et **C** répondent; puis **B** pose la deuxième question aux deux autres, etc.

1. Quel est le pire cauchemar que vous puissiez imaginer?
2. Quel est le plus beau rêve que vous puissiez faire?
3. Croyez-vous au merveilleux? Expliquez votre opinion.
4. Croyez-vous à la magie noire? Où est-ce qu'on y croit?
5. Quel est votre conte de fées favori? Pourquoi?
6. Connaissez-vous des contes à dormir debout? Lesquels?
7. Aimez-vous les films d'épouvante? Pourquoi ou pourquoi pas?

«La fleur, le miroir et le cheval»

Entrons en matière

Quelles qualités doit posséder la personne avec qui vous aimeriez passer le reste de votre vie?

WHOLE CLASS

Avant de lire

Vous allez lire un conte. Qu'attendez-vous de ce genre? Quelles en sont les caractéristiques? Après avoir lu le conte qui suit, comparez ses traits avec ceux que vous aviez indiqués avant de l'avoir lu.

WHOLE CLASS Some of the ideas can be written on the board.

Lecture

L'histoire que vous allez lire a ses origines en Corse, une grande île située à moins de 200 km au sud-est de Nice, dans la Méditerranée. Cette «île de beauté», où est né Napoléon, est française depuis 1768 mais elle s'est toujours sentie différente du continent. La moitié de ses habitants continuent à parler corse (parallèlement au français), une langue qui ressemble beaucoup à l'italien. C'est pourtant en français qu'un ancien berger° de quatre-vingt-dix ans a raconté ce conte qu'il avait appris au cours d'une veillée° quand il avait vingt ans.

shepherd
réunion le soir

Première partie

Une volta era... une fois il y avait[1] trois jeunes gens. Ils fréquentaient tous les trois la même jeune fille dans l'espoir de l'avoir en mariage. Depuis longtemps ils lui faisaient la cour de la sorte; alors, le plus jeune des trois garçons a dit:

SILENT READING This text is quite simple, so students can be pushed to read quickly.

5 —Mes camarades, il faut le dire! Nous ne pouvons pas continuer cette vie. Il faut qu'elle nous dise celui qu'elle veut, de nous trois.

Alors, les voilà qui vont trouver la jeune fille, et lui demandent lequel d'entre eux elle souhaiterait avoir pour mari.

Elle a répondu:

10 —Partez tous les trois pendant un an; au bout de l'an, vous reviendrez me voir: celui qui m'apportera le plus joli cadeau sera mon mari.

Un beau matin, ils sont donc partis tous les trois. Le soir, ils arrivent devant une maison, où ils restent pour coucher, la nuit. Le lendemain, de bonne heure, ils se sont quittés, après s'être dit:

15 —Au bout de l'an, nous nous retrouverons ici. Le premier arrivé attendra les autres.

Et puis, là-dessus, ils sont partis, chacun suivant son chemin.

Le premier est arrivé dans un endroit où on ne voyait que des fleurs. Il voit une femme qui proposait° une boîte bien fermée, à vendre. C'était une

offrait

20 boîte contenant des fleurs. Il lui demande:

—Madame, combien cette boîte?

—Mille francs.

Alors le jeune homme lui dit:

—Mais pourquoi est-ce si cher?

25 Elle lui répond:

---

[1] *Une volta era...* **une fois il y avait** (corse): il était une fois

—Vous ouvrirez la boîte. Il y a dedans une fleur: si vous vous trouvez en face d'un mort, en lui frottant° la fleur sur le visage, vous verrez qu'il vivra, et il ne mourra plus.

30   Le jeune homme a donné mille francs à la femme, et il a emporté la boîte avec lui. Puis il a repris le chemin de la maison où ils devaient se retrouver tous les trois.

Quant au° second des jeunes gens, il est arrivé dans un pays où il voit un homme tenant par la bride° un beau cheval. Tout de suite, il lui demande:

—Combien en voulez-vous?

35   —Trois mille francs.

— C'est cher!

—Mais c'est un cheval qui fait en une heure le chemin qu'on fait en un an!

Alors, le jeune homme lui achète le cheval, et l'emmène avec lui jusqu'au lieu fixé pour le rendez-vous.

40   Le troisième, lui, arrive dans un endroit où il y avait des miroirs à vendre. Il demande à un monsieur, qui en avait un dans une boîte:

—Bonjour, Monsieur! Vous vendez des miroirs?

—Oui.

—Combien celui-là?

45   —Quatre mille francs!

C'était joliment cher!

—Pourquoi le faites-vous ce prix-là?

—Parce que, dans ce miroir, vous voyez la personne que vous demandez à voir, au moment où vous le désirez.

50   Le jeune homme achète le miroir, et s'en retourne à la maison, où il devait retrouver les deux autres. Et là, dans la maison où ils s'étaient quittés tous les trois, ils se retrouvent tous les trois, avec chacun un cadeau pour la jeune fille qu'ils aimaient.

Mais ils n'étaient pas encore arrivés au village de leur fiancée! Ah, il leur
55 faudrait bien un an pour y aller!

Comprenez-vous?

1. Pourquoi les trois jeunes gens ne sont-ils pas contents?
2. Comment la jeune fille va-t-elle décider qui épouser?
3. Qu'est-ce que le premier jeune homme achète? Et le deuxième? Et le troisième?
4. Pourquoi les objets achetés sont-ils si chers?
5. Quand les trois hommes se retrouvent, sont-ils près ou loin de leur bien-aimée? Comment le savez-vous?

Le temps passe

Dans la partie du conte que vous venez de lire, trois jeunes gens font un voyage pour chercher le cadeau parfait. La durée de ce voyage est incertaine.

1. Combien de temps leur faut-il pour aller de chez eux à la maison d'où ils partent chercher des cadeaux?
2. Pendant combien de temps sont-ils en voyage?

3. Quand ils se retrouvent, après avoir acheté les cadeaux, combien de temps faut-il pour retourner au village de leur fiancée?

4. Comment peut-on expliquer le fait qu'il leur faut si peu de temps pour quitter leur fiancée et tant de temps pour retourner chez elle?

Deuxième partie

SILENT READING This ending can be read quickly.

Enfin, ils font de nouveau° route ensemble. Le troisième, qui avait le miroir, le regardait sans cesse, pour y voir les traits de la jeune fille. Un beau jour, en le regardant, il se met à pleurer. Les deux autres lui demandent ce qu'il a, mais il ne voulait pas le dire.

5 —Mais pourquoi pleures-tu?

—Notre fiancée est morte! dit-il.

Alors, le premier, qui avait la boîte avec la fleur, dit aux autres:

—Si seulement nous pouvions y arriver avant son enterrement!

Son camarade voyait la jeune fille dans son miroir, mais lui pouvait la

10 faire revivre avec sa fleur.

—Oh! dit celui qui avait le miroir, comment ferions-nous? Il y a un an à marcher avant d'arriver chez elle!

—On peut y arriver quand même, dit le second, qui avait le cheval.

—Comment? dirent les autres.

15 Lui, il avait un cheval qui faisait en une heure le chemin qu'on fait en un an!

Alors, comme le cheval était prêt à partir, tous les trois montent dessus, et les voilà en route. Il y avait un an à marcher, mais au bout d'une heure les voilà arrivés!

Tous les trois, ils montent dans la maison de leur fiancée. Les parents et

20 toute la famille de la jeune fille étaient réunis là, en train de pleurer.

Alors, le premier, qui avait la fleur, leur a dit:

—Retirez-vous tous, et laissez-moi seul avec la jeune fille.

Tous se retirent de la chambre où elle reposait.

Lui prend la fleur, dans sa boîte, et la passe sur la figure de sa fiancée.

25 Et voilà qu'elle vit!

Alors, les gens rentrent dans la chambre, et la voient debout!

Maintenant, quant à savoir lequel des trois jeunes gens sera son mari, cherchez donc! L'un avait la fleur, qui l'a fait vivre, mais l'autre avait le cheval, qui les a fait arriver auprès° d'elle, et le troisième, le miroir, où il l'avait vue!

Geneviève Massignon, ed., *Contes corses* (Gap: Edition Ophrys, 1963), pp. 139–140.

Comprenez-vous?

1. Pourquoi le jeune homme au miroir se met-il à pleurer?
2. Qu'est-ce qu'ils font pour arriver vite chez «leur fiancée»?
3. Combien de temps dure leur voyage?
4. Que fait le jeune homme avec la fleur?
5. Quel est le résultat de cette action?
6. Quel est le dilemme à la fin du conte? Comparez-le à la situation du début.

---

3. Il faut un an pour retourner chez leur fiancée.
4. There is no answer in the text. Ask students to speculate about this discrepancy (perhaps due to the age of the narrator, or to the oral nature of the story).

encore une fois

Comprenez-vous?
Réponses *1. Il pleure parce qu'il voit que sa fiancée est morte quand il regarde dans le miroir. 2. Ils montent tous sur le cheval magique. 3. Leur voyage dure une heure.*

près

4. Il passe la fleur sur la figure de la jeune fille. (Il lui touche le visage avec la fleur.) 5. Elle vit. (Elle est réanimée.) 6. C'est à trois qu'ils ont sauvé la vie de la jeune fille: c'est grâce au miroir qu'ils ont su qu'elle était morte, grâce au cheval qu'ils ont pu rentrer à temps et grâce à la fleur qu'ils l'ont réanimée. Aucun des trois n'a l'avantage, alors la situation est la même qu'au début.

Votre solution?

Avec qui la jeune fille doit-elle se marier à la fin? Donnez votre opinion et justifiez-la en trois ou quatre phrases.

Questions de style

1. La répétition. Cette histoire, racontée par un vieux berger, fait partie de la tradition orale. La répétition est un trait typique de la littérature orale. Soulignez les répétitions que vous avez remarquées en lisant. Selon vous, pourquoi y a-t-il des répétitions dans un texte oral?

2. Le merveilleux. Vous avez certainement remarqué que ce qui se passe dans ce conte ne correspond pas à la réalité. Soulignez les éléments du merveilleux que vous avez remarqués. Pourquoi veut-on s'échapper de la réalité?

Activités d'expansion

A. Les conseils de la famille

Mettez-vous par cinq et jouez le rôle de la jeune fille et de sa famille à la fin du conte: la mère, le père, le frère, la sœur, la grand-mère, etc. Les membres de la famille lui expliquent ce qu'elle doit faire maintenant; la jeune fille répond aux conseils. Attention à l'usage de l'infinitif, du subjonctif, de l'indicatif.

> **Pour exprimer votre opinion:**
> Je crois… Je ne crois pas…
> Il faut… Il est nécessaire…
> Il vaut mieux… Il est préférable…
> Je refuse… Je veux… Je souhaite…

B. Le courrier du cœur

1. La lettre. Mettez-vous à la place d'un des trois jeunes gens. Ecrivez une lettre au courrier du cœur (**Chère Françoise**) dans laquelle vous expliquez votre dilemme: ce que vous avez fait et ce qui est arrivé. Demandez des conseils.

2. La réponse. Mettez-vous à la place de «Françoise» et répondez à la lettre.

C. Mon conte favori

Voici les noms français de quelques contes célèbres: Blanche-Neige, Cendrillon, le Petit Chaperon rouge, la Belle au bois dormant, Barbe-Bleue, le Chat botté, la Belle et la Bête. Les reconnaissez-vous? Racontez brièvement un de ces contes (ou un autre conte bien connu de votre choix) à deux camarades qui vont deviner auquel vous faites allusion. Puis celui qui a deviné commence un autre conte, etc.

D. Une tradition qui a disparu?

Depuis l'invention de la radio et de la télévision, on ne raconte guère plus d'histoires. Voyez-vous une différence entre l'enfant qui écoute son père ou sa mère lui raconter (ou lire) une histoire et un enfant qui écoute sa cassette favorite avant de se coucher? Qu'est-ce qu'on a perdu ou gagné?

This activity can be prepared at home and then presented in class for a debate or discussion. *Variant* Ask students if they were read to as children and if they read/plan to read to their children.

Rites de passage

For culture notes,
warm-ups, lesson plans,
homework assignments,
see pp. IM 60–IM 63.

B. Les gens

l'écolier(-ière)	elementary school pupil
l'élève,	high school
le (la) lycéen(ne)	student
l'étudiant(e)	university student
l'instituteur(-trice),	elementary school
le maître,	teacher
la maîtresse	
la grosse tête,	very smart
le crack	student
le bosseur,	hard-working
la bosseuse *(fam.)*	student
le (la) nul(le),	poor student
le cancre *(fam.)*,	
le minable *(fam.)*	
l'illettré(e)	illiterate

A. Les lieux

l'école maternelle *f.*	nursery school
l'école primaire *f.*	elementary school
le collège	middle school
le lycée	high school
l'université *f.*	college, university
la salle de classe	classroom
la faculté, la fac *(fam.)*	school within university
la fac de médecine	the medical school
l'amphithéâtre,	lecture hall
l'amphi *(fam.) m.*	

C. Les choses

l'enseignement *m.*	education
les matières (obligatoires) *f.*	(required) courses
le cursus	curriculum
le dossier	student record
la rentrée	return to school in fall
les droits d'inscription	registration fees
la note	grade[1]
la moyenne	grade average
l'U.V. (l'unité de valeur) *f.*	course credit
le relevé de notes	report card (in high school)
la rédaction	composition
la dissertation, la dissert *(fam.)*	essay
la thèse	thesis
le (les) cours magistral(-aux)	lecture course(s)
les travaux dirigés *m.*	discussion section, lab
l'interrogation, l'interro *f. (fam.)*, le contrôle	test, quiz
le partiel	midterm exam
l'examen *m.,* l'examen blanc	exam, practice test
l'antisèche *f. (fam.)*, la pompe *(fam.)*, la feuille de pompe	cheat sheet

[1] In France schoolwork is graded on the scale of 0–20. The following system of grading is used in high school.

18–20 «excellent»	12–14 «assez bien»
16–18 «très bien»	10–12 (passable)
14–16 «bien»	0–9 (insuffisant)

The same system is used at the university level. It is rare that grades of 18–20 are awarded; some say 19 is reserved for the professor, and 20 for God.

D. Les activités

s'inscrire	to register
suivre un cours	to take a class
redoubler une année	to repeat a year
reprendre un cours	to retake a course
assister à (un cours, une conférence, un concert, etc.)	to attend (a class, a lecture, a concert, etc.)
sécher un cours *(fam.)*	to skip a class
passer un examen	to take a test
réussir (à) un examen	to pass a test
échouer à un examen, rater	to fail a test
bosser *(fam.)*	to study hard
bachoter, faire du bachotage *(fam.)*	to cram
tricher, pomper *(fam.)*	to cheat
se spécialiser en	to major in
obtenir un diplôme	to receive a diploma

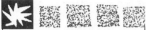

Préparation grammaticale

Avant de commencer ce chapitre, révisez les pronoms démonstratifs, p. 202.

Agrippine

Entrons en matière Whole class

A votre avis, est-ce qu'il y a beaucoup d'étudiants qui trichent aux examens? Est-ce que vous pouvez imaginer une situation dans laquelle un(e) étudiant(e) admettrait à son (sa) prof qu'il (elle) avait copié sur un(e) autre étudiant(e)? Quelle serait la réaction du (de la) prof?

SILENT READING
You may want to remind students of the grading scale in France (see footnote, p. 113) and also point out the difference in the way the French write the number *1*.

Claire Bretécher, «Agrippine», *Le Nouvel observateur* (numéro 1593), 18–24 mars 1995, p. 38

Comprenez-vous?

1. Décrivez le premier dessin. Qui sont les personnages? Où sont-ils?
2. Comment évoluent les émotions de la fille (Agrippine) de la première à la troisième vignette?
3. Pourquoi Agrippine pense-t-elle que la prof a noté son travail de façon injuste?
4. En quoi consiste l'humour dans cette bande dessinée?

A discuter   WHOLE CLASS

Décrivez la prof. Comment est-elle? Que porte-t-elle? Est-ce que son apparence vous surprend? Pourquoi? Que pensez-vous de sa réaction aux paroles d'Agrippine? Est-ce que cette réaction ajoute au comique de la situation?

WHOLE CLASS or PAIRS
Réponses   *1. Ce sont des élèves (ou des étudiants). Ils sont dans une salle de classe. 2. Elle est choquée, puis fâchée.   3. Son camarade de classe, Macdo, a reçu 15 et elle n'a reçu que 1/2, mais elle a copié toute sa réponse. 4. Agrippine et Macdo ont choisi deux questions différentes, mais Agrippine a copié sa réponse. Le fait qu'Agrippine admet qu'elle a pompé et qu'elle ose se plaindre malgré tout, ainsi que la réaction de la prof qui étudie le problème malgré l'admission d'Agrippine, joue également un rôle dans le comique de la situation.*

«La vie d'étudiant: bonheur ou malheur?»

Entrons en matière

A votre avis, les jeunes Américains sont-ils plutôt contents ou mécontents de leur vie à l'université? S'ils ne sont pas contents, de quoi se plaignent-ils? Que font les étudiants qui sont mécontents de leur université?

Have each student write down three things he or she is not happy about at school (or three things he or she thinks students commonly complain about), and one thing that can be done to voice a complaint. Then have students contribute their ideas to a class list written on the board.

Université de Paris I (La Sorbonne)   Université de Paris VII (Jussieu)

Lecture

Première partie

En France il n'y a pas de sélection à l'entrée des facs; chaque lycéen qui réussit à l'examen national (le baccalauréat) a le droit de poursuivre ses études supérieures à l'université. Actuellement l'objectif du gouvernement français est de voir s'inscrire pour la session de l'an 2000 de cet examen au moins 80% de la classe d'âge[2]. L'impact de cette explosion de bacheliers sur l'enseignement supérieur est loin d'être positif, mais la vie d'étudiant n'est pas sans avantages.

Sureffectifs°, crédits insuffisants, locaux° surchargés, manque de personnel... Le ras-le-bol° est général chez les quelque 2 millions d'étudiants. [...] Surtout, l'Université a ouvert ses portes à un nouveau public, qui en était jusque-là exclu. Il n'y avait que 100 000 jeunes dans l'enseignement supérieur 5 en 1945. Ils sont désormais 2,2 millions, dont 1,6 million dans les universités proprement dites! Responsable de cette vertigineuse° croissance: la politique en forme de slogan des «80% d'une génération au niveau du bac», qui a pris le relais des précédents efforts de démocratisation, combinée au dogme de la non-sélection à l'entrée des facs. Résultat: en 1995, un jeune sur deux fait 10 des études supérieures. [...] Malgré les efforts pour améliorer l'accueil et l'encadrement°, les étudiants déambulent dans des halls noirs de monde, prennent des notes sur leurs genoux dans les escaliers d'amphis bondés°, attendent des heures pour une inscription administrative ou une place en bibliothèque. Dans telle fac, à la rentrée, on fait cours sous des chapiteaux 15 de toile°, ailleurs, comme à Rouen ou à Metz, dans des salles de cinéma. Prévue pour 10 000 étudiants, l'université Toulouse-Le Mirail, qui commence à bouger, en accueille 28 000! D'où les explosions de colère pour obtenir des moyens° supplémentaires, souvent encouragées par les enseignants eux-mêmes. [...]

Comprenez-vous?

1. Pourquoi l'auteur parle-t-il d'une «vertigineuse croissance» dans l'enseignement supérieur?
2. Comment cette croissance affecte-t-elle les études? Mentionnez au moins deux problèmes.
3. Quelles sont deux solutions trouvées par des universités au problème de locaux surchargés?

Deuxième partie

Beaucoup [d'étudiants] s'accrochent° sans autre projet que de retarder l'arrivée sur le marché du travail. «Je sais bien que ça ne mène à rien, mais je continue parce que je n'ai rien de mieux à faire»: tel est leur leitmotiv. [...]

---

[2] **classe d'âge**   *of that particular age group (high school seniors)*

Margin notes

This can be done as silent reading or assigned as homework to be followed by completion of comprehension questions.

trop d'étudiants / lieux, bâtiments
exaspération

breathtaking

support structure
pleins

chapiteaux... : tents

ressources financières

WHOLE CLASS **Réponses**
1. Le nombre de jeunes dans l'enseignement supérieur était de 100 000 en 1945 et de 2,2 millions en 1995. 2. Il n'y a pas assez de places assises dans les amphis ni dans les bibliothèques, et il faut attendre des heures pour s'inscrire. 3. On fait cours sous des chapiteaux de toile ou dans des salles de cinéma.

persévèrent

Seule une minorité accède au nirvana du troisième cycle[3], de l'agrégation[4], de
5 la thèse. Encore ne sont-ils pas tirés d'affaire: un doctorant sur deux est au
chômage. Alors, on recule le moment d'entrer dans la vie active. On se réin-
scrit en deuxième ou troisième cycle pour ne pas quitter le cocon
universitaire. «On parle toujours du malheur étudiant, de la galère°, mais il y a
aussi un bonheur étudiant», nuance François Dubet. Etudier, c'est en effet

(fam.) situation désagréable

10 toucher automatiquement une aide au logement d'environ 1 000 francs par
mois (l'ALS°), avoir son couvert au restau U° (prix d'un repas: 12,50 francs),
bénéficier éventuellement d'une chambre en cité U[5], de réductions sur les
transports, le cinéma, etc. Et puis il y a la convivialité des villes étudiantes,
ces quartiers colonisés par les jeunes, où se concentrent fast-foods, bodegas°

Allocation de Logement
    Social / **restau U:**
    restaurant universitaire

(Spanish) bars

15 et cafés rock, vendeurs de sandwichs turcs, bouquinistes, magasins de photo-
copie, friperies[6] [...] Mieux vaut encore vivoter[7] dans cette ambiance
mi-sympa, mi-glauque° que de hanter l'ANPE°[...]

sinistre / Agence Nationale
    pour l'Emploi

Adapté de: François Dubet, «Campus—la fièvre», *Le Point* (numéro 1208), 11 novembre 1995,
pp. 50-58.

Comprenez-vous?

1. Comment sait-on que tous les étudiants n'envisagent pas l'avenir avec
   optimisme?
2. Pourquoi les étudiants ne veulent-ils pas quitter le «cocon» universitaire?
3. Quels avantages financiers mentionnés dans l'article sont différents de
   ceux qu'on trouve aux Etats-Unis?

WHOLE CLASS **Réponses**
*1. Beaucoup d'étudiants
préfèrent prolonger leurs
études que d'entrer dans la
vie active où ils risquent fort
de se trouver au chômage.
2. Il y a des avantages
financiers et une certaine
convivialité des quartiers
étudiants. 3. L'aide au
logement et les repas à
prix réduit.*

A discuter

Est-ce que vous préférez le système américain, où les élèves terminent leurs
études secondaires avec le diplôme de leur propre lycée, ou le système français,
où les élèves doivent tous réussir au baccalauréat avant de pouvoir poursuivre
leurs études? Pourquoi?

WHOLE CLASS Or, organize
a class debate around this
question.

---

[3] **troisième cycle**   *graduate school (equivalent of M.A.)*
[4] **agrégation**   *highest competitive exam for teachers*
[5] **cité U**   ensemble d'immeubles qui servent de résidence aux étudiants
[6] **friperies**   magasins de vêtements d'occasion
[7] **vivoter** *(fam.)*   vivre difficilement faute de moyens

Applications

A. A quel âge?

A quel âge fréquente-t-on les établissements suivants? Si vous ne savez pas la réponse, référez-vous à la liste A du vocabulaire au début du chapitre.

1. le lycée
2. l'école primaire
3. l'université
4. le collège
5. l'école maternelle

B. Que font-ils?

Mettez-vous avec un(e) camarade de classe et ensemble, décrivez *en détail et par écrit* les individus suivants.

• *Modèle*   un cancre: «*Un cancre ne travaille ni beaucoup ni bien à l'école. C'est une personne paresseuse qui ne fait pas toujours ses devoirs, ne fait pas attention en classe, ne s'intéresse pas à ses études,…*»

1. une nulle

2. un bosseur

3. un illettré

4. un crack

C. Les associations

Quels mots de vocabulaire de la liste D au début du chapitre associez-vous aux idées suivantes?

1. ce qu'on doit faire avant de pouvoir suivre un cours
2. ce que font beaucoup d'étudiants la veille d'un examen
3. ce qu'on fait quand on est trop fatigué ou malade
4. ce qu'on est obligé de faire en France quand on a une moyenne de moins de 10 dans un cours

5. ce qu'on peut faire quand on a assez d'unités de valeur
6. ce qui se passe si on ne réussit pas à un examen
7. ce que fait un(e) étudiant(e) qui veut bien réussir ses études

5. obtenir un diplôme 6. échouer à l'examen; rater l'examen 7. bosser

RAPPEL

One way to avoid repetition in French is to use *demonstrative pronouns* (**celui/ceux, celle/celles**). These are often combined with *relative pronouns* (**qui, que, dont**) to help define or explain. For more details, see p. 202.

D. Qui est-ce?

Vous voyez ci-dessous deux listes: une liste de personnes, et une liste de définitions / d'explications. Créez des phrases logiques en associant chaque personne avec la définition / l'explication qui convient. Référez-vous à la liste B du vocabulaire au début du chapitre, si nécessaire. Employez un pronom démonstratif + le pronom relatif **qui** pour relier les deux parties.

•*Modèle* un cancre + ne jamais étudier
Un cancre est **celui qui** n'étudie jamais.

Personnes	Définitions/explications
les instituteurs	recevoir souvent les meilleures notes
les grosses têtes	travailler dur
une bosseuse	ne pas bien travailler
un minable	enseigner aux enfants

E. On s'aide...

Vous êtes en train de réviser la grammaire et le vocabulaire du Chapitre 8 avec un(e) ami(e). Les notes que vous étudiez ne sont que des fragments, et avec votre ami(e) vous essayez de former des phrases complètes et en bon français. L'un(e) de vous complète la phrase; l'autre la met à la voix active. Pour trouver le mot qui convient, référez-vous à la liste C du vocabulaire au début du chapitre.

•*Modèle* ...doit être écrite pour obtenir un doctorat.
A: **Une thèse** doit être écrite pour obtenir un doctorat.
B: **On doit écrire** une thèse pour obtenir un doctorat.

1. ...doivent être prises par tous les étudiants.
2. ...est présenté par les étudiants qui demandent des bourses (*scholarships*).
3. ...sont souvent payés par les parents.
4. ...sont distribuées à la fin du cours.
5. ...est (sont) reçue(s) par l'étudiant qui fait bien tout le travail d'un cours.
6. ...sont souvent demandées par les profs d'anglais.
7. ...peut être passé par l'étudiant qui prépare un examen important.
8. ...est utilisée de temps en temps par les mauvais étudiants.
9. ...sont préférés de tous les étudiants qui n'aiment pas parler devant les autres.
10. ...n'est plus reçu par les parents dont l'enfant a fini ses études au lycée.

Students work individually to create their sentences, then volunteers write one sentence each on the board. Ask the other students to offer suggestions for corrections, and to compare with their own sentences. **Réponses** *1. Les instituteurs sont ceux qui enseignent aux enfants. 2. Les grosses têtes sont celles qui reçoivent souvent les meilleures notes. 3. Une bosseuse est celle qui travaille dur. 4. Un minable est celui qui ne travaille pas bien.*

Préparation grammaticale

Avant de continuer, révisez la voix passive, pp. 203–204.

Students work in pairs to complete each sentence in both the active and passive voices, or assign even numbers to half the class and odd numbers to the other half. As a follow-up activity, have students read, or write on the board, the various completed sentences. **Réponses** *1. Les matières obligatoires... /Tous les étudiants doivent prendre les matières obligatoires. 2. Le dossier... /Les étudiants qui demandent des bourses présentent le (leur) dossier. 3. Les droits d'inscription... /Les parents paient souvent les droits d'inscription. 4. Les notes... /On distribue les notes à la fin du cours. 5. L'U.V. (Les U.V.)... /L'étudiant qui fait bien tout le travail d'un cours*

reçoit l'U.V. *6. Des dissertations ... /Les profs d'anglais demandent souvent des dissertations. 7. Un examen blanc... /L'étudiant qui prépare un examen important peut passer un examen blanc. 8. La pompe... /Les mauvais étudiants utilisent de temps en temps la pompe. 9. Les cours magistraux... /Tous les étudiants qui n'aiment pas parler devant les autres préfèrent les cours magistraux. 10. Le relevé de notes... /Les parents dont l'enfant a fini ses études au lycée ne reçoivent plus le relevé de notes.*

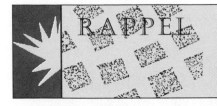

Tout can be used as a pronoun, an adjective, or an adverb. As a singular pronoun, **tout** is always invariable (i.e., the form remains the same; it does not take a feminine or a plural ending.). As an adverb, **tout** is invariable except when followed by a feminine adjective or an aspirated **h**. For more details, see pp. 204–205.

F. Tout pour l'étudiant

Talents est un magazine qui se décrit comme «le premier journal d'actualité au cœur du monde étudiant». Voici quelques précisions sur le contenu de cette publication. Dans le paragraphe ci-dessous, remplissez les blancs avec les formes de **tout** qui conviennent.

Talents sort _____(1)_____ les quinze jours et coûte 39 francs. Ce journal présente _____(2)_____ ce qu'il faut savoir sur l'actualité du monde, des études, et de l'emploi. Quelques-uns des articles qui se trouvent dans *Talents* numéro 8 (sept.-oct. 1995) ont comme titre: «S'informer à la fac: Elle a réponse à _____(3)_____... ou presque»; «Des jobs pour _____(4)_____ les goûts», et «Perfectionner son anglais pendant _____(5)_____ l'année.» Parmi les conseils offerts par des profs et des étudiants, on trouve:

«Il faut apprendre à planifier son travail en fonction des différentes matières, sachant qu'on ne pourra pas _____(6)_____ faire.»

«Le milieu étudiant reste extrêmement sociable et accueillant; la solitude est donc avant _____(7)_____ un état d'esprit.»

«Il faut être curieux, lire _____(8)_____ ce qui vous tombe sous la main.»

En somme, *Talents* offre aux étudiants _____(9)_____ sortes de renseignements et de conseils.

In French, **plaire** means *to please*. Unlike its English equivalent, however, **plaire** cannot take a direct object. It must be used either with the *preposition* **à** + *an object* or with an *indirect object pronoun*. For more details, see p. 205.

G. Ça vous plaît?

Quels aspects de la scolarité plaisent (plaisaient) à vos camarades de classe? Circulez dans la salle de classe afin de pouvoir poser des questions basées sur les sujets indiqués. Posez vos questions à cinq personnes différentes—une question par personne. Puis expliquez à la classe ce qui plaît (plaisait) aux personnes avec qui vous avez parlé.

•*Modèle* (sujet: l'école primaire)

A: *Qu'est-ce qui te plaisait à l'école primaire?*

B: *Ce qui me plaisait, c'était les siestes après le déjeuner.*

(à la classe) A: *Ce qui lui plaisait, c'était...*

1. la rentrée
2. les cours magistraux
3. les séminaires

4. le lycée
5. le cursus de ton université

La place

Entrons en matière

Quand un(e) enfant est plus instruit(e) que ses parents, il en résulte quelquefois des problèmes dans les rapports familiaux. Quelles sont les difficultés
possibles motivées par une telle situation?

WHOLE CLASS Write stu-
dents' suggestions on the
board.

Avant de lire

De qui (quoi) parle-t-on, et de quel point de vue? Les pronoms sujets et la
fréquence de leur emploi peuvent nous donner des idées très précises de la
technique narrative de l'auteur. Comptez les pronoms sujets dans le passage
suivant (Première et Deuxième parties); puis, après avoir analysé le résultat de
vos recherches, expliquez ce que cela vous suggère. Par exemple, est-ce que les
pronoms vous donnent une idée du sujet du passage? De combien de personnages s'agit-il? Qui sont-ils, à votre avis?

PAIR OR SMALL-GROUP WORK
Follow up with a compari-
son of their findings and
conclusions.

Lecture

L'extrait que vous allez lire ci-dessous est tiré du récit *La place* écrit
par Annie Ernaux. Ce récit, publié en 1983, a gagné un prix littéraire
(*prix Renaudot*) en 1984. Ernaux, qui a passé son enfance et sa
jeunesse à Yvetot, en Normandie, est actuellement professeur de
lettres et vit dans la région parisienne. Dans *La place*, Ernaux retrace
la vie et la mort de son père, ouvrier devenu petit commerçant, qui se
trouvait à la fin de sa vie à la fois fier et éloigné de sa fille bourgeoise.

Première partie

Je travaillais mes cours, j'écoutais des disques, je lisais, toujours dans
ma chambre. Je n'en descendais que pour me mettre à table. On mangeait
sans parler. Je ne riais jamais à la maison. Je faisais de «l'ironie». C'est le
temps où tout ce qui me touche de près m'est étranger. J'émigre doucement
5 vers le monde petit-bourgeois, admise dans ces surboums° dont la seule condition d'accès, mais si difficile, consiste à ne pas être *cucul*°. Tout ce que
j'aimais me semble *péquenot*°, Luis Mariano[8], les romans de Marie-Anne
Desmarets[9], Daniel Gray[10], le rouge à lèvres et la poupée° gagnée à la foire qui
étale sa robe de paillettes° sur mon lit. Même les idées de mon milieu me
10 paraissent ridicules, des *préjugés*, par exemple, «la police, il en faut» ou «on
n'est pas un homme tant qu'on n'a pas fait son service°». L'univers pour moi
s'est retourné.

SILENT READING Or assign as
homework to be followed
by completion of the com-
prehension questions.
p. 122.

(fam., vieilli) surprise-parties
(fam.) out-of-style
(fam., péj.) paysan
doll
spangles, sequins

service militaire

---

[8] **Luis Mariano** chanteur de charme *(crooner)*
[9] **Marie-Anne Desmarets** romancière populaire
[10] **Daniel Gray (pseudonyme)** romancier populaire

ce qui ne s'exprime pas

Je lisais la «vraie» littérature, et je recopiais des phrases, des vers, qui, je croyais, exprimaient mon «âme», l'indicible° de ma vie, comme «Le bonheur
15 est un dieu qui marche les mains vides» [...] (Henri de Régnier[11]).

Comprenez-vous?

WHOLE CLASS **Réponses**
1. Elle passait son temps dans sa chambre, à lire, à étudier, et à écouter des disques.   2. Les rapports étaient mauvais; elle ne leur parlait pas; elle avait honte de son milieu.   3. "étranger," "émigre," "ridicules," "retourné," etc.   4. Elle se moque de la culture (musique, romans, foires) et des idées (préjugés).   5. Elle se cherchait (elle cherchait l'expression de son âme).

1. Comment la narratrice passait-elle son temps chez elle à l'époque décrite dans ce passage?
2. Comment étaient les rapports entre la fille et ses parents? Expliquez.
3. Trouvez des mots dans le premier paragraphe qui montrent le sentiment d'éloignement qu'a la narratrice vis-à-vis de sa famille et de son milieu.
4. De quels aspects de son milieu social se moque-t-elle?
5. Qu'est-ce que cette fille cherchait dans la «vraie» littérature qu'elle a commencé à lire à cette époque-là?

Allez plus loin

WHOLE CLASS **Réponse possible** *L'emploi du présent met en relief la tension émotive de cette transformation.*

Le premier paragraphe commence par cinq phrases à l'imparfait, puis l'auteur continue son récit au présent. Quelle signification voyez-vous dans ce changement du temps des verbes?

SILENT READING   Or assign as homework to be followed by completion of the comprehension questions, p. 123.

Deuxième partie

les études de sa fille

faire... : faire semblant

(fam.) directeur ou directrice de l'école, du lycée

Mon père est entré dans la catégorie des *gens simples* ou *modestes* ou *braves gens*. Il n'osait plus me raconter des histoires de son enfance. Je ne lui parlais plus de mes études. Sauf le latin, parce qu'il avait servi la messe, elles° lui étaient incompréhensibles et il refusait de faire mine° de s'y intéresser, à la
5 différence de ma mère. Il se fâchait quand je me plaignais du travail ou critiquais les cours. Le mot «prof» lui déplaisait, ou «dirlo°», même «bouquin». Et toujours la peur ou PEUT-ETRE LE DESIR que je n'y arrive pas.

---

[11] **Henri de Régnier (1864–1936)**   romancier et poète

Il s'énervait de me voir à longueur de journée dans les livres, mettant sur leur compte mon visage fermé et ma mauvaise humeur. La lumière sous
10 la porte de ma chambre le soir lui faisait dire que je m'usais la santé. Les études, une souffrance obligée pour obtenir une bonne situation et *ne pas prendre un ouvrier.* Mais que j'aime me casser la tête lui paraissait suspect. Une absence de vie à la fleur de l'âge. Il avait parfois l'air de penser que j'étais malheureuse.

15   Devant la famille, les clients, de la gêne°, presque de la honte que je ne gagne pas encore ma vie à dix-sept ans, autour de nous toutes les filles de cet âge allaient au bureau, à l'usine ou servaient derrière le comptoir de leurs parents. Il craignait qu'on ne me prenne pour une paresseuse et lui pour un crâneur°. Comme une excuse: «On ne l'a jamais poussée, elle avait ça dans
20 elle.» Il disait que j'apprenais bien, jamais que je travaillais bien. Travailler, c'était seulement travailler de ses mains.

    […]

    Les études n'avaient pas pour lui de rapport avec la vie ordinaire. Il lavait la salade dans une seule eau, aussi restait-il souvent des limaces°. Il a
25 été scandalisé quand, forte des principes de désinfection reçus en troisième°, j'ai proposé qu'on la lave dans plusieurs eaux. Une autre fois, sa stupéfaction a été sans bornes°, de me voir parler anglais avec un auto-stoppeur qu'un client avait pris dans son camion. Que j'aie appris une langue étangère en classe, sans aller dans le pays, le laissait incrédule.

embarrassment

qui se montre prétentieux

slugs
ninth grade

sans… : sans limite

Annie Ernaux, *La place* (Paris: Folio, 1983), pp. 79–82.

Comprenez-vous?

1. Que dit la narratrice dans le premier paragraphe (Deuxième partie) qui montre qu'elle a changé d'attitude envers son père?
2. Pourquoi les études de la fille étaient-elles incompréhensibles au père?
3. Est-ce que la mère comprenait ses études? Quelle expression dans le texte explique la situation de la mère?
4. Quels sentiments opposés éprouve le père envers sa fille studieuse?
5. Comment sa fille était-elle «différente», aux yeux du père?

Allez plus loin

Pourquoi la narratrice parle-t-elle des limaces dans la salade et de l'auto-stoppeur qui parlait anglais? Est-ce que ces anecdotes nous aident à mieux comprendre le caractère du père?

WHOLE CLASS **Réponses**
1. Elle a mis son père dans la catégorie des gens simples. 2. Son père n'avait pas fait d'études au même niveau. 3. La mère ne comprenait pas, mais elle faisait «mine» de s'y intéresser. 4. Il veut qu'elle réussisse, et il a peur qu'elle réussisse. 5. Elle ne gagnait pas sa vie à l'âge de 17 ans, comme toutes les autres filles.

WHOLE CLASS **Réponse possible** *Ces anecdotes montrent que le père ne comprenait pas que les études de sa fille étaient liées à la vie de tous les jours.*

See the Web Activity in the *Cahier.*

Activités d'expansion

A. L'importance des études dans la vie ordinaire

WHOLE CLASS

A votre avis, les études à l'université sont-elles étroitement liées à la vie de tous les jours? Comment? Connaissez-vous des gens qui ne sont pas de votre avis là-dessus? Qui sont-ils? Pouvez-vous comprendre leur point de vue?

Plantu, *Wolfgang, tu feras informatique!* (Paris: Folio, 1988).

B. Le débat: les parents et les études

Divide the class into three teams, and have each student prepare at least three statements to support his or her argument. Give the teams about ten minutes to prepare, then allow about ten minutes for the debate. Or, have students write their statements as part of homework, then proceed with the debate in the following class.

La classe est divisée en trois pour débattre le rôle que les parents doivent jouer dans la scolarité de leurs enfants. Voici les questions:

1. Qui choisit l'université?
2. Qui choisit les cours à suivre?
3. Qui décide de la profession/carrière que suivra l'enfant?

GROUPE A: *Vous pensez que les parents ont le droit de prendre ces décisions pour leur enfant. Expliquez pourquoi.*

GROUPE B: *Vous y êtes opposé. Pourquoi?*

GROUPE C: *Selon vous, la meilleure solution est de prendre les décisions ensemble. Expliquez comment ça peut se faire.*

NOTE: N'oubliez pas qu'en français on **prend** une décision et on **fait** un choix.

C. La France et les Etats-Unis

En France, chaque bachelier (bachelière) a le droit de poursuivre ses études à l'université, et les droits d'inscription sont inférieurs à 1 000 F (moins de $200.00) par an. Evidemment, la situation aux Etats-Unis est bien différente. Quels sont les avantages et les inconvénients des deux systèmes?

Plantu, *Wolfgang, tu feras informatique!* (Paris: Folio, 1988), p. 90.

Chapitre

9

For culture notes,
warm-ups, lesson plans,
homework assignments,
see pp. IM 63–IM 67.

L'avenir

A. L'avenir

le lendemain	the next day
le progrès	progress
suivant(e)	following, next (in a series)
le jour suivant	the next day
prochain(e)	next (in relation to present)
dans ... heures	in ... hours
... jours	... days
... semaines	... weeks
... mois	... months
... ans	... years
en l'an (2025)	in the year (2025)
le siècle	century
le destin, le sort	destiny, fate
avoir l'intention (de)	to intend (to)
compter (+ infinitif)	to plan, to mean (to do)
projeter (de)	to plan (to)
(se) proposer (de)	to plan (to); to offer (to)
prévoir	to foresee; to anticipate
prédire	to predict
dès que, aussitôt que	as soon as
quand, lorsque	when
tant que	as long as

la course à l'armement	arms race
le soldat	soldier
la femme soldat	woman soldier
l'asile *m.*	asylum, refuge
l'homme (la femme) politique	politician
l'Organisation des Nations Unies *f.*	United Nations
l'O.N.U. *f.*	U.N.
l'Organisation du traité de l'Atlantique Nord *f.*	North Atlantic Treaty Organization
l'O.T.A.N. *f.*	NATO
l'Union européenne *f.*	European Union (E.U.)
l'U.E. *f.* OR: la Communauté économique européenne (la C.E.E.)	European community (E.C.) European Economic Community (E.E.C.)

B. La technologie

Mots apparentés: le multimédia, le terminal, le modem, le serveur, le robot, la robotique, surfer, cliquer, se connecter, le document

l'informatique *f.*	computer science
l'informaticien(ne)	computer scientist
l'ordinateur *m.*	computer
le portable	laptop computer
le clavier	keyboard
l'imprimante *f.*	printer
le logiciel	software
la souris	mouse
le lecteur de CD-Rom	CD-ROM drive
le courrier électronique	e-mail _mel_
l'adresse *f.* électronique	e-mail address
les données *f.*	data
le traitement de texte	word-processing
sauvegarder	to save (a document)
le pirate	hacker
le réseau	the network
le cybermonde, le cyberworld, le cyberespace	cyberspace
(se) brancher	to connect, to plug in
(se) débrancher	to disconnect, to unplug

C. Les relations internationales

Mots apparentés: le passeport, la frontière, l'économie *f.*, la bombe atomique, l'armée *f.*, le pacifisme, le (la) pacifiste, le (la) réfugié(e), la politique

la patrie	native country
la paix	peace
la guerre	war
l'arme nucléaire (chimique) *f.*	nuclear (chemical) weapon
les essais nucléaires *m.*	nuclear testing

EUROPEAN UNION

D. La société

le niveau de vie	standard of living
la Sécurité sociale la Sécu *(fam.)*	social security system (in France: health, retirement, and welfare)
les allocations familiales	benefits given to families with children
le fisc	French Internal Revenue Service
le percepteur	tax collector
les impôts *m.*	taxes
...sur le revenu	income taxes
le (la) contribuable	tax payer
la cotisation sociale *f.*	payments to social security
l'assurance maladie *f.*	health insurance
l'assistance sociale *f.*	welfare
l'assistant(e) social(e)	social worker
la retraite	retirement; retirement pension
prendre sa retraite	to retire
rembourser	to reimburse, pay back
manifester	to demonstrate, protest
la manifestation la manif *(fam.)*	demonstration

toucher

Préparation grammaticale

Avant de commencer ce chapitre, révisez la formation du futur et du conditionnel, pp. 206–209.

WHOLE CLASS

Examinez le dessin et décrivez la situation. Qu'est-ce qui s'est passé? Où se trouve le personnage et comment fait-il face au problème?

«L'heure du multimédia»

En novembre 1995, le magazine français *Le Nouvel observateur* a publié un guide du multimédia. Voici un extrait du début de l'article.

WHOLE CLASS Students can suggest definitions.

Avant de lire
Que veut dire le mot «multimédia», selon vous?

Lecture

SILENT READING

Myst... : jeux vidéo

d'autant... : *all the more / vague / Launched*

tous... : *(fam.)* dans tous les sens / **rubrique...** : catch-all / **se côtoient:** sont regroupés

la une: première page d'un journal

Surfer sur le Net, naviguer dans Myst ou Léonard de Vinci°, zapper de forum en forum, dialoguer à moindre coût par courrier électronique. […] Le multimédia est d'autant plus° à la mode que le concept est relativement flou°.

Lancé° il y a une douzaine d'années par des groupes plurimédiatiques
5 désirant développer leur stratégie de l'information tous azimuts°, il évoque aujourd'hui une sorte de rubrique à brac° où se côtoient° indifféremment autoroutes de l'information, fusions des câblo-opérateurs, guerre des empires de la communication, rachat de studios hollywoodiens, éditeurs, informaticiens, électroniciens, compagnies de téléphone et networks. Pas une
10 journée qui ne soit rythmée par des "success stories" où les laboratoires californiens de créations virtuelles et interactives de George Lucas disputent la une° au Windows 95 de Bill Gates.

Pour s'y retrouver, nous avons décidé, nous autres, pauvres néophytes, de retenir la définition suivante: est multimédia tout ce qui combine images, textes et son.

15

François Armanet, Max Armanet et Jean-Jacques Chiquelin, «L'Heure du multimédia,» *Le Nouvel observateur*, 9-15 novembre 1995, p. 111.

Les idées principales

Dans chacun des paragraphes de la lecture, choisissez la phrase qui exprime l'idée la plus importante. Puis utilisez vos propres mots pour exprimer ces idées.

Assign each paragraph to a section of the class. Within that section students can work independently and then the whole section can compare answers.

C'est du français?

Vous avez sans doute remarqué qu'il y a beaucoup de mots apparentés à l'américain, et même des mots tout à fait américains, dans le texte que vous venez de lire. Avec un(e) partenaire, faites une liste de ces mots. Pourquoi utilise-t-on tous ces mots «étrangers»?

PAIRS *Follow-up* Each pair contributes one word until all are presented. Then the class can offer ideas as to why these words are used.

Et vous?

Quel rôle l'ordinateur joue-t-il dans votre vie? Utilisez-vous l'Internet? Si oui, pour quelle(s) raison(s)? Si non, pourquoi pas?

GROUPS OF 2–3 *Follow-up* Students can summarize the uses of the computer and the Internet.

Une identité européenne?

As of 1996, there were 15 members: **la France, l'Allemagne, la Belgique, le Luxembourg, les Pays-Bas, l'Italie, l'Espagne, le Portugal, la Grèce, l'Angleterre, l'Irlande, le Danemark, la Suède, la Finlande, l'Autriche.** Ask students to brainstorm for what they know about the *E.U.* See the Culture Notes on page IM 64 in the Instructor's Manual in the front of this book for more information.

Regardez bien cette carte de l'Europe. Combien de pays sont membres de l'Union européenne? Combien pouvez-vous en nommer? Que savez-vous sur l'U.E.?

WHOLE CLASS

Entrons en matière

L'Europe est-elle aussi importante dans le monde actuel qu'il y a cent ans? Quelles régions du monde seront importantes à l'avenir, selon vous? Expliquez votre réponse.

Lecture

Le programme communautaire ERASMUS offre une bourse aux étudiants qui vont effectuer une partie de leurs études dans un autre Etat membre de l'Union européenne. Voici deux jeunes «Européens» qui vous présentent leurs idées sur l'Europe.

SILENT READING *Variant*
Assign questions to groups
of students before they
read. Or stop after the first
section and ask questions
1, 2. Ask 3, 4, and 5 after
the second section.

Frank, 21 ans, irlandais: «Je dois préserver mon identité.»

Etudiant en civilisation française à la Sorbonne. «J'habite dans une île à la périphérie de l'Europe, pas sur le continent, alors je suis européen, sans doute. Mais je me sens plus anglo-saxon, plus «western», qu'européen.

L'Europe, c'est un vieil endroit qui a été, à une époque, le plus impor-
5   tant du monde. Mais aujourd'hui, d'autres pays comme les Etats-Unis, le Japon, l'ont dépassée et sont plus puissants, surtout du point de vue économique. Donc je crois que le plus important, c'est la dimension économique de l'Europe, surtout pour nous, Irlandais. Et il sera beaucoup plus facile de faire l'Europe avec le retour de la croissance, comme au
10   début des années 1980. D'un point de vue politique, je dois préserver mon identité: je suis irlandais et après européen, pas l'inverse. On arrivera peut-être à une identité commune, mais ce sera un processus très long, si jamais on y arrive.»

Eva, 22 ans, espagnole: «L'Europe, c'est l'avantage de notre génération.»

Elle est en quatrième année de Beaux-Arts à Bruxelles. «L'Europe, c'est quelque chose de concret pour moi: l'ouverture des frontières, la liberté de voyager, de connaître d'autres pays. Si on a le courage de partir, c'est l'avantage de notre génération. Je n'ai jamais pensé que je n'étais pas européenne.
5   Même quand l'Espagne n'appartenait pas à la Communauté, on en faisait partie culturellement. La culture générale, le fond est commun aux

Européens, mais il n'y a pas d'identité commune: je suis d'abord espagnole et ensuite européenne. L'Europe m'apporte à moi la culture des autres pays, et c'est tout. C'est pour ça que l'Europe de demain, je la conçois...mélangée! Des
10 Espagnols iront en Angleterre, des Anglais en Espagne, mais pas seulement pour des vacances, pour y vivre. C'est comme ça qu'on se connaîtra mieux.»

Renaud de Chazournes, «L'Europe, l'aventure du prochain siècle», *Talents*, juin-juillet-août 1994, pp. 29, 35.

Comprenez-vous?

1. Selon Frank, l'Europe est-elle aussi importante dans le monde d'aujourd'hui qu'autrefois? Expliquez ses idées.
2. Pour lui, quel est l'aspect le plus important de l'Union européenne?
3. Face à l'Europe, Eva est-elle plus ou moins optimiste que Frank? Expliquez votre réponse.
4. Pour elle, quels sont les aspects les plus importants de l'U.E.?
5. Frank et Eva croient-ils qu'il y ait une identité européenne? Expliquez votre réponse.

sont européens après. Eva dit qu'il n'y a pas d'identité européenne, mais qu'on partage une certaine culture.

1. L'Europe est moins importante parce que son économie est moins forte qu'autrefois. Elle est moins dynamique et moins puissante que d'autres régions comme l'Asie (le Japon) et les Etats-Unis. 2. Pour lui, l'économie est l'aspect le plus important. Il habite un petit pays qui a besoin de l'Europe. 3. Eva est plus optimiste. Elle pense que les Européens sont unis par leur culture et que beaucoup d'entre eux travailleront dans d'autres pays de l'U.E. 4. Pour Eva, la liberté de voyager et la culture sont les aspects les plus importants de l'U.E. 5. Ni l'un ni l'autre ne croit à une identité européenne. Frank est d'abord irlandais, Eva espagnole; ils disent qu'ils

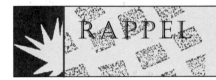

RAPPEL — The conditional form is based on the infinitive and is used to express hypotheses, i.e., what *would* or *could happen* if certain conditions occurred. For more details, see pp. 206–209.

Et vous?

Aimeriez-vous faire des études à l'étranger? Où iriez-vous? Choisissez un pays où vous aimeriez aller, puis circulez dans la classe pour trouver un ou deux étudiants qui ont choisi le même pays que vous. Ensemble, imaginez votre vie à l'étranger: la ville, votre logement, vos amis, vos distractions, etc. Utilisez le conditionnel. Après avoir partagé vos idées, présentez-les à la classe.

•*Modèle*   VOICI LE COMMENCEMENT: *Si nous faisions des études à l'étranger, nous irions …*

Applications

A. Vous êtes le dictionnaire
Définissez un des mots de la liste ci-dessous pour que vos camarades devinent de quel mot il s'agit.

1. l'ordinateur
2. le pirate
3. la souris
4. la paix
5. l'arme nucléaire
6. la patrie
7. le contribuable
8. le fisc
9. l'assurance maladie
10. la retraite

Variant Assign the choice of a country as homework so that students can prepare some information about it. Students who have chosen the same country can combine their information to present to the class. If some students have no partners, they can work with each other to compare their countries.

Préparation grammaticale

Avant de continuer, révisez l'usage du futur et du futur antérieur, pp. 210–211.

GROUPS OF 3–4 *Follow-up* Ask students for the best definition or the one they could not guess.

B. Quel désastre!

Que feraient les personnes suivantes si elles avaient des problèmes technologiques? Trouvez une solution possible. Utilisez le conditionnel dans votre réponse.

• ***Modèle***   MOI (VOTRE PROF): J'ai laissé mon ordinateur portable à la maison et je dois préparer une interro.

Si vous aviez ce problème, vous emprunteriez l'ordinateur d'un collègue.

OU: *Si vous aviez ce problème, vous ne feriez pas passer l'interro.*

1. UN ÉTUDIANT: Son imprimante ne marche plus et il a une dissertation à rendre pour un cours d'histoire dans deux heures.
   S'il avait ce dilemme, il...
2. VOUS: Votre père a emprunté la souris de votre ordinateur et vous voulez préparer un graphique *(graph)*.
   Si mon père avait fait cela, je...
3. VOTRE PETITE SŒUR: Elle essaie de communiquer avec un copain par courrier électronique mais n'arrive pas à envoyer son message.
   Si elle ne réussissait pas à envoyer son message, elle ...
4. VOUS: Vous avez acheté un nouveau logiciel qui ne fonctionne pas.
   Si je ne pouvais pas faire fonctionner le logiciel, je...
5. VOS PARENTS: Ils trouvent que les enfants passent trop de temps à jouer à des jeux vidéo.
   S'ils avaient cette impression, ils...
6. MOI (VOTRE PROF): Je ne sais pas me servir d'un ordinateur.
   Si vous ne saviez pas vous en servir, vous...

RAPPEL

The **future tense** (which has the same stem as the conditional but has different endings) is used to talk about what will happen in the future. When one event is expected to happen before another in the future, the earlier one is expressed in the **future perfect (futur antérieur)**. For more details, see pp. 210–211.

C. Le monde de l'avenir, meilleur ou pire que le monde actuel?

Etes-vous optimiste ou pessimiste en ce qui concerne l'avenir? Commencez les phrases en utilisant les éléments donnés, puis ajoutez des détails pour expliquer votre point de vue. N'oubliez pas les négations si vous êtes pessimiste.

• ***Modèle***   les ordinateurs/changer

OPTIMISTE: *Les ordinateurs changeront tout et le travail sera plus facile.*

PESSIMISTE: *Les ordinateurs ne changeront rien et il y aura plus de chômage.*

1. Nous/se battre
2. Les guerres/finir
3. La paix/s'établir
4. La famille/exister
5. Les hommes et les femmes/s'entendre
6. Nous/aller
7. Le gouvernement/faire
8. Nous/être
9. Les pauvres/avoir

Continuez ...

D. Les ambitieux et les paresseux

Vous êtes très ambitieux (ambitieuse) et dynamique, mais votre ami(e) est plutôt paresseux (paresseuse) et décontracté(e). Imaginez la vie que vous mènerez tous les deux dans dix ans, en utilisant les catégories données.

- •*Modèle*   le logement

   J'habiterai un grand appartement à New York et elle, elle vivra (lui, il vivra) à la campagne.

   1. le logement
   2. les distractions
   3. les amis
   4. la famille
   5. le travail

Assign each topic to a group of students. Students can work individually and answers can be compared with those of the whole class.

E. Une chaîne d'événements

Avec vos camarades, faites des projets pour l'avenir en suivant le modèle. Une première personne complète la phrase donnée. Les quatre personnes suivantes enchaînent en formant des phrases contenant les mêmes conjonctions et les mêmes temps que dans le modèle qui suit. Les cinq étudiants suivants passent alors au cas suivant et répètent le procédé.

- •*Modèle*   Après avoir reçu mon diplôme, je …

   ***Après** avoir reçu mon diplôme, **j'ai l'intention de** trouver un poste. **Dès que j'aurai trouvé** un poste, **je gagnerai** beaucoup d'argent. **Lorsque j'aurai gagné** beaucoup d'argent, **je me marierai. Aussitôt que je me serai marié(e), ma femme (mon mari) et moi achèterons** une belle maison. **Et finalement, nous aurons** beaucoup d'enfants et **nous serons** très heureux.*

   1. Après avoir gagné le gros lot [*grand prize*] à la loterie, je...
   2. Après avoir pris leur retraite, mes parents...
   3. Après avoir fini nos examens à la fin du semestre, mes amis et moi, nous...
   4. Après être allé(e) au Sénégal, mon (ma) prof de français...
   5. Et moi, après...

Do the first two items with the whole class, then groups of 5 can finish the remaining items. Follow-up Select some groups to present their chain of events.

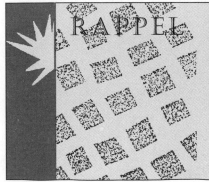

RAPPEL

The tense used to express a condition determines the tense used to express the result.

If there is [PRESENT] *no war, we will spend* [FUTURE] *more money on social problems.*
If there were [IMPERFECT] *no war, we would be able* [PRESENT CONDITIONAL] *to build more schools.*
If there had been [PLUPERFECT] *no war, we would have had* [PAST CONDITIONAL] *more money for the environment.*

For more details, see pp. 211–213.

Préparation grammaticale

Avant de continuer, révisez les phrases avec **si**, pp. 211–212.

F. Tout serait différent

Décrivez les résultats probables ou possibles dans chaque cas suggéré. Comparez vos réponses avec celles de vos camarades de classe.

• *Modèle* S'il n'y avait pas d'ordinateurs, *je me servirais de ma calculatrice et d'une machine à écrire.*

1. S'il n'y avait pas d'armées dans le monde...
2. Si j'étais soldat...
3. Si la frontière entre les Etats-Unis et le Mexique n'existait plus...
4. Si les Etats-Unis n'avaient pas déclaré la guerre au Japon en 1941...
5. Si tout le monde parlait la même langue...
6. Si le gouvernement payait l'assurance maladie de tous les citoyens...
7. Si une femme avait été élue présidente en 1996...

G. Des conditions nécessaires

Finissez la phrase en indiquant une condition nécessaire.

• *Modèle* Je me battrais si *mon pays était menacé directement.*

1. Nous aurions la paix dans le monde si...
2. Une femme sera présidente des Etats-Unis si...
3. Il n'y aurait plus de réfugiés si...
4. On n'aurait pas construit le tunnel sous la Manche si...
5. La France et l'Allemagne ne seraient pas alliées si...
6. La guerre froide aurait continué si...
7. Nous nous entendrons mieux si...

«Heureux... malgré tout»

Avant de lire

Etes-vous heureux (heureuse) d'être américain(e)? Pourquoi? Regardez les graphiques ci-dessous qui vous donnent des réponses des Français à cette question. Croyez-vous que la plupart des Américains soient heureux? Les raisons des Américains seraient-elles les mêmes que celles des Français?

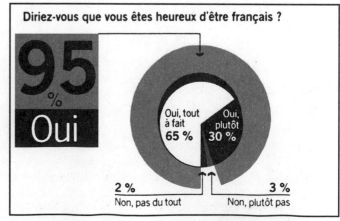

>Les raisons du bonheur		

Voici un certain nombre de raisons qui peuvent faire dire que l'on est heureux d'être français. Pour chacune de ces raisons, dites-moi si pour vous, personnellement, c'est une raison importante ou pas importante (1).

► Les grands principes	Importante	Pas importante
Les valeurs de la France : la liberté, l'égalité, la fraternité	93 %	6 %
Le fonctionnement de la démocratie	87	11
Les institutions françaises	85	12
L'histoire, le passé de la France	80	19
Le rayonnement de la France dans le monde	78	21

(1) Question posée à ceux qui se déclarent heureux d'être français (95 %).

► Le bien-être	Importante	Pas importante
La beauté de la France : ses paysages, son climat, sa diversité	96 %	4 %
La culture française	94	6
L'art de vivre	88	11
La cuisine française	86	14
La littérature française	85	14
Le niveau de vie en France	84	15
Les traditions françaises	82	17
Les rapports amoureux	65	31
Le tempérament des Français	56	41

Gérard Badou, Olivier Duhamel, Marie-Laure de Léotard et Jean-Pierre Séréni, «Heureux malgré tout» *L'Express,* 5 octobre 1995, pp. 38-39.

Lecture

Malgré les bombes, malgré le chômage, malgré les cités grisaille°, malgré les impôts, 95% des Français se disent heureux. Qu'est-ce qui contribue à ce bonheur? Selon un article dans le magazine *l'Express,* la France actuelle a des avantages importants: les femmes dans la vie active, le lycée, le système électoral, la Sécurité sociale et les patrons. Voici des détails sur les femmes et la Sécurité sociale.

gloomy highrises

Entrons en matière   WHOLE CLASS

Selon vous, quelles sont les conditions nécessaires pour que les femmes puissent travailler et en même temps être mères de famille?

Pour mieux comprendre

Lisez le premier paragraphe. Est-ce que les auteurs de l'article trouvent le rôle des femmes dans le monde du travail positif ou négatif? Quels thèmes seront traités dans les paragraphes qui suivent?

Pour mieux comprendre
Point out the questions to students before they begin the first paragraph.
Réponses *Les auteurs trouvent le rôle des femmes positif: ils parlent de la créativité et de l'ingéniosité des femmes. Dans l'article on parlera peut-être de ce que font les femmes, de comment la France a changé à cause du travail des femmes.*

Première partie

SILENT READING At the end of the first paragraph, ask students for their answers to the **Pour mieux comprendre** questions.

Les femmes en flèche°

en flèche: *on the rise*

   Rien n'y a fait. Ni la crise, ni le chômage, ni Le Pen[1] n'ont pu inciter les Françaises à rester à la maison. Un quart de siècle après Mai 68, l'effectif° des hommes salariés a augmenté d'un maigre 6%; celui des femmes salariées, de 67%. Un bond° énorme, qui a changé la France et mobilisé la créativité et
5 l'ingéniosité du «deuxième sexe» comme nulle part ailleurs en Europe.

le nombre

leap

---

[1] **Jean-Marie Le Pen** Leader of the *Front national,* an extreme right-wing political party which advocates sending all immigrants home *(La France pour les Français)* and traditional social values.

labor force
à partir de maintenant

collected

femme ... : *housewife*

L'économie y a gagné une main-d'œuvre° qualifiée—les diplômées sont désormais° plus nombreuses que les diplômés dans les jeunes générations— et compétitive. La société civile s'est réorganisée pour permettre cette révolution silencieuse et la collectivité a consenti de lourds sacrifices fiscaux et sociaux.

L'addition des dispositions favorables au travail des femmes est impressionnante et, à vrai dire, exceptionnelle. Le congé de maternité pour les jeunes mères est plus long en France qu'ailleurs, le fisc est plus accommodant avec les familles nombreuses qu'avec les autres [et] les cotisations sociales perçues° sur les aides à domicile sont remboursées, en partie, par l'Etat. L'éducation est gratuite de la maternelle à l'entrée à l'université.

Enfin, il n'y a qu'en France que les enfants sont admis dès l'âge de 2 ans en maternelle et pris en charge toute la journée de 8 h 30 à 18 heures.

La femme au foyer°? Un modèle qui disparaît en France plus qu'ailleurs. Le prix à payer est démographique: la natalité a reculé en vingt-cinq ans, passant de 16 à 14 naissances par an pour 1 000 habitants.

Comprenez-vous?

1. Comment la position des femmes dans la vie active a-t-elle changé depuis 1968?
2. Les femmes sont-elles aussi compétitives que les hommes? Expliquez.
3. Que fait-on en France pour que les femmes puissent travailler?
4. Les Françaises ont-elles plus d'enfants ou moins d'enfants qu'autrefois? Pourquoi cette question de natalité est-elle importante pour la société en général?
5. On parle d'une «révolution silencieuse» dans cet article. Dans quels sens peut-on dire que les changements concernant la situation des femmes dans la société est révolutionnaire? Et pourquoi dit-on que cette révolution est silencieuse?

Comprenez-vous?
Réponses *1. Il y a de plus en plus de femmes qui travaillent. Depuis 1968 leur nombre a augmenté de 67%. 2. Les femmes sont plus compétitives que les hommes parce qu'elles sont souvent plus qualifiées; elles ont plus de diplômes. 3. Les mères ont un congé de maternité qui est plus long en France qu'ailleurs. Les familles nombreuses paient moins d'impôts et on est remboursé pour les cotisations sociales quand on a quelqu'un qui aide avec le travail à la maison. L'éducation est gratuite et il y a beaucoup d'écoles maternelles, même pour les enfants de deux ans. 4. Elles ont moins d'enfants qu'autrefois. C'est important parce que s'il y a moins d'enfants il y aura moins de gens pour travailler dans l'avenir et moins de gens qui contribueront à la Sécurité sociale. 5. Quand les femmes travaillent, elles ne peuvent pas s'occuper des enfants, elles font moins de travail à la maison, elles ont moins de temps pour le ménage, la cuisine, etc., et il faut que leurs maris (ou quelqu'un d'autre) fassent ces tâches. La révolution est silencieuse parce qu'on n'en parle pas beaucoup, parce qu'on trouve la situation normale.* **Variant** Ask students to consider question #1 and to compare this to the U.S. Then ask them to enumerate everything that is done in France to make it possible for women to work and ask them to compare this to what is done for women in the United States.

Allez plus loin   *Please refer to the answers and notes for this activity at the bottom of the facing page.*
Quels sont les «sacrifices fiscaux et sociaux» auxquels l'article fait allusion?

Deuxième partie

Pour mieux comprendre

En 1995, le gouvernement français a voulu réformer la Sécurité sociale, ce qui a provoqué une grève de plusieurs semaines (surtout dans les transports et dans l'enseignement public). Dans les deux premières phrases du premier paragraphe vous trouverez des raisons pour la réforme aussi bien que pour les manifestations contre la réforme. Quelles sont ces raisons?

Point out the question and then ask students to read only the first two sentences in the following selection. **Réponses** *Il faut réformer la Sécu parce qu'elle coûte trop cher mais les Français s'y opposent parce qu'ils sont gâtés par ce système qui leur donne tant de droits et de libertés.*

La Sécu pour tous   Silent reading

Réputé le plus cher du monde, l'assuré social français est, de fait, le plus gâté. Jouissant de droits inconnus dans la plupart des autres pays occidentaux, il est libre de choisir son généraliste° et d'en changer, à l'infini, au gré° de ses humeurs. Libre de consulter directement n'importe quel spé-
5 cialiste et de se faire opérer où bon lui semble: dans le modeste hôpital de sous-préfecture° proche de son domicile, dans un prestigieux CHU° de la capi-tale, ou dans la plus luxueuse clinique° des beaux quartiers. Et son médecin ne résistera pas longtemps à son insistance, lorsqu'il voudra se faire offrir, en guise de convalescence, une petite cure thermale° aux frais de la Sécu.
10 Car la sacro-sainte liberté de prescriptions revendiquée° par les prati-ciens, c'est lui, le patient, qui l'exerce souvent en intervenant dans la rédaction de l'ordonnance. Ici, une boîte de comprimés° contre les digestions difficiles, là un somnifère°: «Merci, docteur, c'est pour mon mari, qui dort mal». Avide de médicaments, le Français en absorbe deux fois plus que le
15 Britannique, quatre fois plus que le Néerlandais. Il est champion du monde des consommations de tranquillisants. Anxieux, sans doute, et saisi de vertige en contemplant les profondeurs insondables° du fameux trou° de la Sécu, qu'il creuse° lui-même avec ardeur.
On lui dit qu'il abuse, que 25% des remboursements de l'assurance-
15 maladie correspondent à des dépenses inutiles. C'est faire obstacle à son bonheur de pouvoir fréquenter à satiété son urologue, son pneumologue, son neurologue...
Bonheur partagé. Une multitude de professionnels sont aux petits soins° pour lui, et aussi aux grands. En France, 2 millions de professionnels tra-
25 vaillent dans les métiers touchant à la santé. En pleine période de chômage, le nombre des emplois en blouse blanche a continué de croître°, de près de 20% en dix ans. Voilà de quoi rassurer l'assuré.

Gérard Badou, Olivier Duhamel, Marie-Laure de Léotard et Jean-Pierre Séréni, «Heureux malgré tout» *L'Express*, 5 octobre 1995, pp. 38-39.

médecin de médecine
    générale
au gré: selon
hôpital... : *local hospital /*
    Centre hospitalier
    universitaire / hôpital privé

cure... : *course of treatment
    at a spa /* demandée

tablets
sleeping pill

immenses / déficit
digs

sont... : *pay special
    attention*

augmenter

Allez plus loin (page 136) **Réponse** *Pour les sacrifices fiscaux, il s'agit de l'argent que l'Etat donne aux familles nombreuses (allocations familiales), des remboursements pour les aides à domicile, les dépenses pour les congés de maternité, payés par l'État et les entre-prises. Quant aux sacrifices sociaux, si les femmes ont moins de temps pour leur famille, la vie de famille ne sera plus la même.* Ask students to elaborate on what women traditionally did, both within the home and in the community, when they did not work outside the home.

Comprenez-vous?

1. Comment les Français abusent-ils de la Sécurité sociale?
2. Qu'est-ce qui explique la popularité des stations thermales en France?
3. Comment la consommation des médicaments contribue-t-elle aux problèmes de la Sécu?
4. Selon l'article, les professions médicales ont-elles intérêt à réformer la Sécu? Pourquoi?
5. En vous basant sur la lecture, comment expliquez-vous le déficit dans la Sécu aujourd'hui?

Résumons   This activity can be used instead of the comprehension questions.

Quels sont les avantages et les inconvénients de la Sécurité sociale française? Pourquoi le gouvernement veut-il la réformer?

Allez plus loin

Quel rapport voyez-vous entre la question de natalité (Première partie) et les problèmes de financement de la Sécurité sociale (Deuxième partie)? Est-ce un problème unique aux Français?

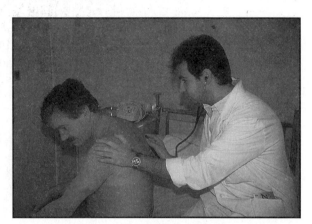

WWW Explore!
See the Web Activity in the *Cahier.*

Activités d'expansion

A. La technologie: merveille ou monstre?

A votre avis, l'ordinateur rend-il la vie meilleure ou plus difficile et pour qui? Qu'est-ce qu'il nous permet de faire aujourd'hui? Quels problèmes a-t-il créés? Prenez position (pour ou contre), puis trouvez deux autres étudiants qui partagent votre point de vue. Ensemble, préparez un argument de quatre ou cinq phrases pour expliquer vos idées. Que pensent la plupart des étudiants de la classe?

B. Les machines et l'école

Selon vous, les ordinateurs et le multimédia remplaceront-ils un jour les professeurs? Qu'est-ce qu'un ordinateur peut faire mieux qu'un professeur? Quel sera le rôle du professeur dans l'avenir?

Groups of 2–3   Or, assign as written homework.

C. L'Europe de demain

Quelle est votre vision de l'Europe de l'an 2025? Les frontières existeront-elles encore? Parlera-t-on une seule langue? Si oui, laquelle? Quels pays feront partie d'une Europe unie? Préparez un paragraphe dans lequel vous présenterez vos idées (oralement ou par écrit). Mettez les verbes au futur.

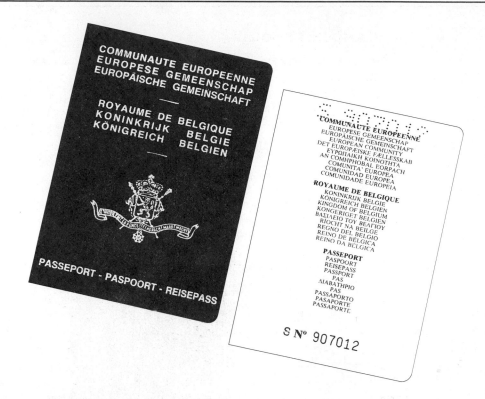

D. Si j'étais le maître du monde

Comment serait le monde (le gouvernement, l'économie, la société, etc.) si les personnes suivantes avaient un pouvoir absolu? Donnez beaucoup de détails dans votre réponse.

Assign one item each to groups of 3–4 to prepare several sentences in the conditional.

1. Un enfant de dix ans dans un camp de réfugiés
2. Une jeune Américaine âgée de 15 ans habitant à Santa Barbara
3. Un homme d'affaires japonais de 50 ans qui vit à Tokyo
4. Une femme membre du Parlement européen âgée de 45 ans qui habite à Strasbourg
5. Un chômeur de 30 ans habitant New York
6. Un professeur de langues de 40 ans qui habite une petite ville universitaire américaine
7. Vous

E. La femme au travail ou la femme au foyer: avantages et inconvénients

Si toutes les femmes travaillaient, quels changements verrait-on dans la vie privée et dans la vie active? Quels seraient les avantages et les inconvénients? et pour qui?

GROUPS OF 2–3 *Variant* Use this as a debate topic, with students preparing their positions at home.

F. La Sécu aux Etats-Unis: un débat

Depuis longtemps on pense établir un système d'assurance aux Etats-Unis qui ressemblerait un peu au système français. Qu'en pensez-vous? Etes-vous pour ou contre? Mettez-vous avec deux ou trois étudiants qui partagent votre opinion et préparez votre argument. Que pense la majorité de la classe?

Use as a debate topic, with students preparing their positions at home.

Les Cajuns

For culture notes, warm-ups, lesson plans, homework assignments, see pp. IM 67–IM 68.

Que font ces personnes? Selon vous, quelle est leur nationalité?
Reconnaissez-vous leurs instruments?
A votre avis, quelle sorte de musique joue ce groupe?

«Disco et fais dodo»

Avant de lire et d'écouter

Dans quelles régions de l'Amérique essaie-t-on de conserver l'héritage français? Quels aspects de cet héritage veut-on garder?

Que veut dire «cajun»?

Le mot «cajun» est une corruption linguistique du terme «Acadien». Vers 1755, les Anglais ont chassé les Français de l'Acadie (la Nouvelle Ecosse et le Nouveau Brunswick au Canada) pour des raisons politiques. Beaucoup d'entre eux se sont réfugiés en Louisiane, où il y avait des Français (qui s'appelaient «créoles») depuis
5 1604. En 1968 la Louisiane s'est déclarée officiellement bilingue et s'est dotée d'un[1] ensemble de lois destinées à promouvoir le français comme langue seconde de tout l'état. Les Cajuns de nos jours font des efforts pour conserver leur héritage français à travers la langue, la cuisine et la musique.

Brainstorm with the whole class. **Réponses possibles** *Au Canada, en Louisiane. On veut garder les traditions, la langue, la cuisine, le folklore, la musique.*

Que veut dire «cajun»?
SILENT READING *Possible questions D'où vient le mot «cajun»? Pourquoi les Cajuns se trouvent-ils en Louisiane? Comment essaie-t-on de conserver l'héritage français en Louisiane? Quelles traditions influencent la musique cajun?*

---
[1]**s'est dotée d'un** a créé un

La musique cajun est un mélange de traditions variées. A la base il y a
10 surtout la France (la Normandie, la Bretagne, le Poitou et la Picardie), le Québec
et le Nouveau-Brunswick (influences anglaises, écossaises et irlandaises). Les
Noirs et les Espagnols des Antilles ont apporté leur propre accent et ont créé la
variation qui s'appelle le zydeco. Les instruments typiques de la musique cajun
sont l'harmonica, le violon, la guitare, l'accordéon, le triangle, les cuillères et
15 quelquefois «le frottoir» (*washboard*).

Voici les paroles d'une chanson cajun, écrite et chantée par Bruce
Daigrepont, un musicien de La Nouvelle-Orléans. Cette chanson
exprime la nostalgie que ressent le chanteur pour son «pays». En
lisant, essayez d'imaginer la musique qui accompagnera les paroles.

je pouvais... :
j'étais impatient

A peu près cinq ans passés, je pouvais pas espérer°
Pour quitter la belle Louisiane;
Quitter ma famille, quitter mon village,
Sortir de la belle Louisiane.
5 J'aimais pas l'accordéon, j'aimais pas le violon.
Je voulais pas parler le français.
A cette heure, je suis ici dans la Californie.
J'ai changé mon idée.
Je dis: «Hé yaie yaie. Je manque la langue Cadjin.
10 C'est juste en anglais parmi les Américains.
J'ai manqué Mardi Gras. Je mange pas du gombo.
Et je va au disco, mais je manque le fais do-do°.
J'avais l'habitude de changer la station
Quand j'entendais les chansons Cadjins.
15 Moi, je voulais entendre la même musique
Pareil comme les Américains.
A cette heure, je m'ennuie de les vieux Cadjins.
C'est souvent je joue leurs disques.
Et moi, je donnerais à peu près deux cents piastres
20 Pour une livre° des écrevisses.
Je dis: «Hé yaie yaie. Je manque la langue Cadjin.
C'est juste en anglais parmi les Américains.
J'ai manqué Mardi Gras. Je mange pas du gombo.
Et je va au disco, mais je manque le fais do-do.
25 *(bis)*

fais... : community dance

a pound

Bruce Daigrepont, *Stir up the Roux*, 1987, Rounder
Record Corporation (1 Camp St., Cambridge, MA 02140).

Comprenez-vous?

1. Depuis combien de temps le chanteur n'habite-t-il plus en Louisiane?
2. Pourquoi a-t-il quitté son «pays»?
3. Qu'est-ce qui lui manque?
4. Quelle sorte de musique aimait-il écouter quand il était encore en Louisiane?
5. Quelle sorte de musique aime-t-il écouter en Californie?
6. Pour quel plat payerait-il $200.00?
7. Dans la chanson, qu'est-ce qui montre qu'il ne se sent pas tout à fait «américain»?

Questions de langue

Vous avez certainement remarqué que le français de cette chanson ne ressemble pas tout à fait au français «standard». Réécrivez les phrases ou propositions suivantes comme si vous étiez professeur de français.

1. A peu près cinq ans passés…
2. Je manque la langue Cadjin.
3. Je mange pas du gombo.
4. Je va au disco…
5. Pour une livre des écrevisses…
6. …dans la Californie

Et la musique?

Selon vous, comment sera la musique de cette chanson? Maintenant, écoutez-la. Comment réagissez-vous à cette musique?

STRUCTURES

Verbs to review   (See the verb charts in Appendix D.)

faire   pouvoir   vouloir   venir   vivre

I. Present indicative

A. Usage

The *present tense* of the indicative is used to:

- tell about what is happening now

  Maintenant, nous **vivons** ensemble et nous nous **entendons** bien.
  Toutes mes amies **ont** leur propre appartement.
  Chaque membre de la famille **prend** son livre et **lit.**

- make generalizations or speak about habitual actions

  Parents, on vous **aime!**
  Je n'**interromps** jamais ma mère.
  Le soir je **reste** chez moi.
  Les parents **sont** hyper-cool.

- indicate what is going to happen in the near future

  Je **compte** proposer à mes parents un peu d'argent.
  Ce soir nous **sortons** au cinéma.
  Demain ils **achètent** un nouveau jeu vidéo.

- indicate what is going to happen in the near future using **aller** + *infinitive*

  Je **vais chercher** un job.
  Le fils **va être** ingénieur.
  Nous **allons rendre** visite à mon père.

- indicate what has just happened using **venir de** + *infinitive*

  Je **viens de finir** mes études.
  Ma mère **vient d'avoir** un enfant.

- indicate that an action which started in the past is continuing into the present using **depuis.**

  Depuis dix ans je **prends** des leçons de piano.
  Ils **sont** mariés **depuis** six mois.
  Nous **vivons** chez nos grands-parents **depuis** le divorce de nos parents.

B. Formation

General observations: While reviewing, pay special attention to the forms **nous, ils,** and the *infinitive* because other tenses use these forms as their base.

The three major groups of regular verbs

1. Verbs with infinitives ending in **-er:**

rester, raconter, discuter, aimer, se disputer, etc.

To conjugate these verbs, drop the **-er** and add **-e, -es, -e, -ons, -ez, -ent.**

je rest**e**	nous rest**ons**
tu rest**es**	vous rest**ez**
il/elle/on rest**e**	ils/elles rest**ent**

A large group of **-er** verbs undergo spelling changes for pronunciation consistency.

a. Verbs whose stem ends in **-g (partager)** add **-eons** in the **nous** form: **part**ag**eons.**

b. Verbs whose stem ends in **-c (commencer)** change the **c** to **ç** in the **nous** form: **commençons.**

Some verbs have two different stems, one for the **je, tu, il** and **ils** forms and another for the **nous** and **vous** forms.

- Verbs like **appeler** and **jeter** double the **l** or the **t** in the stem for all but the **nous** and **vous** forms:

j'appe**ll**e	nous appelons
tu appe**ll**es	vous appelez
il/elle/on appe**ll**e	ils/elles appe**ll**ent

- Verbs like **acheter, peler,** and **congeler** change the **e** to **è** in the stem for all but the **nous** and **vous** forms:

j'ach**è**te	nous achetons
tu ach**è**tes	vous achetez
il/elle/on ach**è**te	ils/elles ach**è**tent

STRUCTURES

- Verbs like **préférer** and **céder** change the **é** to **è** in the stem for all but the **nous** and **vous** forms:

je préf**è**re	nous préférons
tu préf**è**res	vous préférez
il/elle/on préf**è**re	ils/elles préf**è**rent

2. Regular verbs with infinitives ending in **-ir:**

    finir, agir, choisir, etc.

These verbs are conjugated by dropping the **-r** from the infinitive and adding **-s, -s, -t, -ssons, -ssez, -ssent.**

je fini**s**	nous fini**ssons**
tu fini**s**	vous fini**ssez**
il/elle/on fini**t**	ils/elles fini**ssent**

These commonly used **-ir** verbs have some irregularities: **partir, sortir, sentir, dormir.** To get the stem for the singular forms, drop *the last three letters of the infinitive* and add **-s, -s, -t** (the regular ending for **-ir** verbs). For the plural forms, drop the **-ir** from the infinitive and add **-ons, -ez, -ent.** Note that there is no **i** in the stem.

je par**s**	nous part**ons**
tu par**s**	vous part**ez**
il/elle/on par**t**	ils/elles part**ent**

Note that certain **-ir** verbs such as **ouvrir, offrir, couvrir,** and **souffrir** are conjugated like **-er** verbs:

je souffr**e**	nous souffr**ons**
tu souffr**es**	vous souffr**ez**
il/elle/on souffr**e**	ils/elles souffr**ent**

See Appendix D for more examples of irregular verb conjugations.

3. Regular verbs with infinitives ending in **-re:**

> **entendre, répondre, rendre,** etc.

To conjugate, drop the **-re** and add **-s, -s, -, -ons, -ez, -ent.**

j'entend**s**	nous entend**ons**
tu entend**s**	vous entend**ez**
il/elle/on entend	ils/elles entend**ent**

►SELF-CHECK *Cahier, Exercises I A, B, E, pp. 7–10.*

Pronominal verbs

Pronominal or reflexive verbs are conjugated like nonreflexive verbs, but are accompanied by reflexive pronouns **(me, te, se, nous, vous, se),** which refer back to the subject.

> **Je me** fâche facilement.
> **Nous nous** aimons.

There are three categories of pronominal verbs.

1. *Reciprocal verbs* express the idea that the *subject* and the *object* are doing something to each other.

> Nous **nous** parlons.
> *We talk **to each other.***
>
> Ils **s'**embrassent.
> *They kiss **(each other).***

> On **se** dispute mais on **s'**adore.
> *We argue **(with each other)** but we really like **each other**.*

Many verbs which take direct or indirect objects can be turned into reciprocal verbs by adding a reflexive pronoun.

> Je regarde mon frère. ⟶ Nous **nous** regardons.
> Je téléphone à ma mère. ⟶ Nous **nous** téléphonons.

2. *Reflexive verbs* express the idea that the subject is doing something to himself or herself.

> Tu **te** laves.
> *You wash **yourself**.*
>
> Elle **se** peint les ongles.
> *She paints **her** nails.*
>
> Ma mère **se** calme.
> *My mother calms **(herself)** down.*

3. *Idiomatic pronominal verbs* appear with a reflexive pronoun, but the reflexive pronoun may not be translatable into English.

> Elle **se débrouille** bien toute seule.
> *She **gets along** well on her own.*
>
> Je **m'inquiète.**
> *I **worry**.*

> Cela **se termine** par des cris.
> *That **ends** in shouts.*

> Ils ne **s'intéressent** qu'à mes résultats scolaires.
> *They **are** only **interested** in how I do at school.*

► SELF-CHECK *Cahier, Exercises C, D, pp. 8–9.*

chapter 1

II. Infinitives

A. Usage

Infinitives are used in a variety of ways.

- When two verbs follow each other, with no conjunction (like **que**) between them, the first verb is conjugated and the second verb remains an infinitive.

   Je **veux être** indépendant.
   Les parents **laissent** les enfants **se débrouiller** tout seuls.
   Elle **peut inviter** des copains.

NOTE: When the first verb is an auxiliary **(avoir, être),** the second verb is a past participle.

   J'**ai vu** ma grand-mère.
   Elle **est allée** chez ses amis.
   Mes parents **ont fait** de très longues études.

- When pronominal (reflexive) verbs are used as infinitives following a conjugated verb, the reflexive pronoun changes to agree with the subject of the main verb.

   Nous voulons **nous** marier.
   We want to get married.

   Demain, **je** vais **m'**installer dans mon studio.
   Tomorrow, I am going to move into my studio apartment.

   Tu peux **t'**occuper des chats.
   You can take care of the cats.

- A verb appears in its infinitive form following a preposition (except **en**; see Appendix C).

   Leur plaisir, c'est **de se retrouver** ensemble.
   *They really like **being together.***

   On ne prend jamais son assiette **pour finir** son repas devant la télé.
   *You never take your plate **to finish** your meal in front of the TV.*

   Pour être heureux ensemble, il faut s'écouter et se comprendre, **sans oublier de s'amuser.**
   *To be happy together, you must listen to each other and understand each other, **without forgetting to have a good time.***

   Avant de m'asseoir, je chasse le chat de la chaise.
   Before I sit down, I kick the cat off the chair.

- After the preposition **après,** the *past infinitive* must be used. (For formation of the past infinitive, see section B on page 150.)

   Après avoir fini ses études, elle est retournée chez ses parents.
   After having finished her studies, she went back to her parents' (place).

- An infinitive can be the subject of a sentence.

   Avoir des parents intello peut être ennuyeux.
   Having intellectual parents can be boring.

B. Formation

Infinitives can appear in one of two tenses: the present or the past. The past infinitive is formed with the infinitive **avoir** or **être** + the *past participle* of the verb.

PRESENT INFINITIVE	PAST INFINITIVE
économiser	**avoir économisé**
agir	**avoir agi**
sortir	**être sorti(e)(s)**
se marier	**s'être marié(e)(s)**

Après avoir dîné, tout le monde lit.
After eating dinner, everyone reads.

NOTE: The agreement rules which apply to the passé composé also apply to the past infinitive. With **être** verbs, the past participle agrees with the subject of the sentence.

Après **être rentrée** de l'école, **elle** travaille à l'ordinateur.
*After **coming home** from school, **she** works at the computer.*

To negate an infinitive, both the **ne** and the **pas** (or other negative form) are placed *in front of* the infinitive.

Je mets un casque pour **ne pas gêner** la lecture des autres.
*I put on headphones so I **don't bother** others when they read.*

Ne pas avoir de frère me rend triste.
*Not **having** a brother makes me sad.*

► SELF-CHECK   *Cahier, Exercise II, p. 10.*

III. Imperatives

A. Usage

The imperative forms are used to give *commands, orders,* or even *invitations.*

Reste avec moi parce que je ne veux pas être seule.
Choisissez la musique que vous voulez écouter.
Rendons visite à la voisine.

You can soften the command by using **s'il te plaît** (with familiar commands) or **s'il vous plaît** (with formal commands).

Parle-moi de tes copains, s'il te plaît.
Prêtez-moi votre ordinateur, s'il vous plaît.

If you wish to be less direct or abrupt in expressing a command, you can phrase your request as a question.

Tu peux me rendre visite?

STRUCTURES

B. Formation

There are three different imperative forms you can use, depending on whom you are addressing.

1. The second person singular form (based on the **tu** form of the present): for commands given to someone you know well.

> **Réponds!**
> **Finis** tes études!
> **Fais** ta lessive!

a. **-er** verbs (and those verbs conjugated like **-er** verbs) drop the **-s** of the **tu** form:

> **Arrête!**
> Ne me **parle** pas!

NOTE: An exception for ease of pronunciation is **aller + y: Vas-y!**

b. *Pronominal verbs* keep the reflexive pronoun, which changes from **te** to **toi** when it follows the affirmative imperative.

> **Débrouille-toi!**
> **Offre-toi** des vacances!

2. The first person plural form (based on the **nous** form of the present): for commands in which the speaker is including himself or herself.

> **Invitons** nos amis!
> **Choisissons** un studio!

3. The second person plural form (based on the **vous** form of the present): for commands to more than one person or to someone you do not know well.

> **Déménagez!**
> **Débrouillez-vous!**

Three verbs are irregular: their imperative forms are based on the subjunctive.

avoir:	Aie! Ayons! Ayez!	**Ayez** confiance!
être:	Sois! Soyons! Soyez!	**Soyons** indépendants!
savoir:	Sache! Sachons! Sachez!	**Sache** que tu m'énerves!

When the imperative is negative, the **ne** precedes the verb, and the **pas** (or other negative form) follows. If there is a reflexive pronoun it will appear after the **ne,** in front of the verb.

> Ne **vous disputez** pas!
> Ne **vis** plus chez tes parents!
> Ne **cherchons** pas de place pour nous asseoir—je préfère rester debout.

▶ SELF-CHECK *Cahier, Exercise III, p. 11.*

IV. *Faire* causatif

To indicate that the subject is *having something done* (and not doing it himself or herself) use the verb **faire** plus an *infinitive*.

> Quand je rends visite à mes parents, ils me **font tondre** le gazon.
> *When I visit my parents, they **make** me **mow** the lawn.*

> Ma mère **fait repasser** le linge.
> *My mother **has** the clothes **ironed**.*

> Mon père est drôle. Il me **fait rire.**
> *My father is funny. He **makes** me **laugh.***

▶ SELF-CHECK   *Cahier, Exercise IV, p. 12.*

STRUCTURES

STRUCTURES

> **Verbs to review**   (See the verb charts in Appendix D.)
>
> agir   connaître   décrire   voir

I. Descriptive adjectives

Adjectives are used to modify or qualify (describe) nouns or pronouns.

A. Formation

In French, adjectives agree in gender (masculine/feminine) and in number (singular/plural) with the nouns or pronouns they modify. For example:

> Les jeunes écrivent des **lettres intéressantes** au Premier ministre.

General rules for formation of descriptive adjectives

The majority of adjectives follow a standard pattern of formation. These are often called *regular* adjectives.

Masculine singular form + **s** = masculine plural form:

> intéressant   intéressant**s**

Masculine singular form + **e** = feminine singular form:

> intéressant   intéressant**e**

Masculine singular form + **es** = feminine plural form:

> intéressant   intéressant**es**

NOTE: The masculine singular form ending in **-e** = the feminine singular form:

> le **jeune** homme   la **jeune** femme

The masculine singular form ending in **-s** = the masculine plural form:

> l'étudiant **français**   les étudiants **français**

Formation of descriptive adjectives

MASCULINE SINGULAR	FEMININE SINGULAR	MASCULINE PLURAL	FEMININE PLURAL
(*Ends in consonant*)	+ -e	+ -s	+ -es
intéressant	intéressante	intéressants	intéressantes
(*Ends in -e*)	(*No additional ending*)	+ -s	+ -s
jeune	jeune	jeunes	jeunes
(*Ends in -s*)	+ -e	(*No additional ending*)	+ -es
français	française	français	françaises

Variation of feminine forms

Some adjectives in French (often called *irregular* adjectives) follow different patterns for the formation of the feminine singular.

1. The feminine singular forms of most of the adjectives that end in **-er, -teur, -f,** and **-x** follow these patterns:

ENDINGS		EXAMPLES	
Masculine	*Feminine*	*Masculine*	*Feminine*
-er	**-ère**	premi**er**	premi**ère**
-teur	**-trice**	conserva**teur**	conserva**trice**
-f	**-ve**	acti**f**	acti**ve**
-x	**-se**	heureu**x**	heureu**se**

However, some adjectives ending in **-x** do not follow a pattern.

Masculine	*Feminine*
faux	fau**sse**
doux	dou**ce**
roux	rou**sse**
vieux	vie**ille**

Some adjectives that end in **-eur,** such as **chanteur,** form the feminine in the following way.

Masculine	*Feminine*
chant**eur**	chant**euse**
tromp**eur**	tromp**euse**
trich**eur**	trich**euse**
...	

Some adjectives that end in **-eur,** such as **meilleur,** have a regular feminine formation.

Masculine	*Feminine*
meill**eur**	meill**eure**
intéri**eur**	intéri**eure**
min**eur**	min**eure**
...	

2. Some adjectives that end in a *vowel* + **n, l, s,** or **t** form the feminine by doubling the consonant and adding **-e.**

Masculine	Feminine
italie**n**	italie**nne**
parei**l**	parei**lle**
gro**s**	gro**sse**
ne**t**	ne**tte**
...	

Notable exceptions to this pattern are found in the formation of the following adjectives:

Masculine	Feminine	Masculine	Feminine
compl**et**	compl**ète**	f**in**	f**ine**
concr**et**	concr**ète**	subt**il**	subt**ile**
discr**et**	discr**ète**	origin**al**	origin**ale**
inqui**et**	inqui**ète**	fra**is**	fra**îche**
secr**et**	secr**ète**		

3. Some adjectives in French have feminine singular forms that follow no basic pattern. The more frequently used among these adjectives are:

Masculine	Feminine	Masculine	Feminine
bl**anc**	bl**anche**	lo**ng**	lo**ngue**
fr**anc**	fr**anche**	publ**ic**	publ**ique**
favor**i**	favor**ite**	s**ec**	s**èche**
gr**ec**	gr**ecque**		

Note that the plural formation of these irregular feminine adjectives is regular. That is to say, add **-s** to the feminine singular form.

Other variations in adjective formation

1. Most adjectives that end in **-al** in the masculine singular end in **-aux** in the masculine plural.

Singular	Plural
loy**al**	loy**aux**
famili**al**	famili**aux**

A few adjectives that end in **-al** in the masculine singular have the ending **-als** in the masculine plural. The more frequently used among these are:

Singular	Plural
ban**al**	ban**als**
fat**al**	fat**als**
fin**al**	fin**als**
nat**al**	nat**als**
nav**al**	nav**als**

2. Adjectives of color generally agree in number and gender with the nouns they modify.

un pantalon **bleu**   des pantalons **bleus**
une robe **bleue**   des robes **bleues**

However, a few adjectives of color which originated as nouns are invariable. Among the most common are: **bordeaux, kaki, marron, orange.**

Elle porte une robe **bordeaux.**   Aimes-tu mes gants **marron?**
Il achète des chaussettes **kaki.**   Regarde ces serviettes **orange!**

3. There are five adjectives in French that use alternate masculine singular forms before nouns that begin with a vowel or a mute **h.** Their feminine forms are derived from this alternate masculine form.

Masculine singular	Feminine singular	Masculine plural	Feminine plural
beau **(bel)**	belle	beaux	belles
fou **(fol)**	folle	fous	folles
mou **(mol)**	molle	mous	molles
nouveau **(nouvel)**	nouvelle	nouveaux	nouvelles
vieux **(vieil)**	vieille	vieux	vieilles

▶ **SELF-CHECK** *Cahier, Exercise I A, p. 21–22.*

B. Position

Descriptive adjectives generally follow the nouns they modify.

C'est un garçon **heureux.**
Il porte un pantalon **jaune.**

l. *Shorter adjectives*

Certain short, frequently used adjectives precede the nouns they modify. These adjectives generally fit into the following categories:

Age: **jeune, nouveau, vieux**

La **jeune** femme veut perdre du poids.

Beauty: **beau, joli**

Le **beau** garçon est victime de la mode.

Positive/negative qualities: **bon/mauvais, gentil/vilain**

Ce type a **mauvaise** réputation.

Size: **grand, gros, long, petit**

Ce garçon porte une **petite boucle** de nez.

The adjectives **autre** and **même** also precede the nouns they modify.

> Un **autre** problème est le chômage.
> Ces jeunes ne parlent pas le **même** langage.

2. *Multiple adjectives*

When two adjectives modify the same noun, each one occupies its normal position.

> Il s'achète un **nouveau** blouson **noir.**

If both adjectives precede the noun, they are usually separated by **et.**

> C'est un **beau et gentil** garçon.

However, if the adjective closest to the noun commonly accompanies it as a compound noun, then **et** is not necessary.

> C'est une **jolie jeune fille.**

If both adjectives follow the noun, they are always separated by **et.**

> Il porte des vêtements **démodés et sales.**

3. *Position and meaning*

Some adjectives can either precede or follow the noun they modify. Their meaning varies according to their position.

Before the noun:	After the noun:
mon **ancien** professeur *my **former** professor*	des livres **anciens** *old books*
mon **cher** ami *my **dear** friend*	un blouson **cher** *an **expensive** jacket*
la **dernière** fois *the **last** time* (last in a series)	l'année **dernière** *last* (the preceding) *year*
un **grand** homme *a **great** man*	un homme **grand**[1] *a **big** man*
une **pauvre** femme *a **pitiful** woman*	une femme **pauvre** *a **poor** woman*
la **prochaine** fois *the **next** time* (next in a series)	l'année **prochaine** *next* (following) *year*
ma **propre** maison *my **own** house*	ma maison **propre** *my **clean** house*
le **seul** homme *the **only** man*	un homme **seul** *a man **alone***

[1]This construction is rare. Normally one says: **Cet homme est grand.** OR: **Il est grand.**

NOTE: Two frequently used structures to keep in mind when describing people or things in French are:

a. *noun* + **de (d')** + *noun*

> Ils entrent dans le magasin **de** musique.

b. indefinite pronouns **quelqu'un/quelque chose + de (d')** + *adjective* (in the *masculine singular* form)

> C'est **quelqu'un d'excentrique!**
> *She (He)'s **an eccentric one!***

> Il dit **quelque chose d'incompréhensible.**
> *He says **something incomprehensible.***

▶ **SELF-CHECK,** *Cahier, Exercise I B, p. 23.*

II. Adverbs

An adverb is an invariable word that modifies an adjective, a verb, or another adverb.

A. Adverb type

There are several categories of adverbs:

Manner:	**bien, mal, poliment,...**
Quantity:	**beaucoup, peu, trop,...**
Time:	**tôt, hier, souvent,...**
Place:	**ici, là-bas, partout,...**

Some adverbs do not fit into a particular category; e.g., **peut-être, aussi, oui, non,...**

B. Adverb formation

Many adverbs are formed by adding certain endings to adjectives, as described below.

Many adjectives ending in a consonant form their adverb by adding **-ment** to their *feminine* form:

> heureux   **heureuse + ment = heureusement**

Some exceptions are:

bref	**briève + ment = brièvement**
dur	(no change) = **dur**
gentil	**genti + ment = gentiment**

Some adjectives ending in a consonant add -**ément** to their *masculine* form:

confus	+	**ément**	=	**confusément**
précis	+	**ément**	=	**précisément**
profond	+	**ément**	=	**profondément**

Adjectives ending in **-ent** change **-ent** to **-emment:**

> récent   **réc** + **emment** = **récemment**

An exception is:

> lent   **lente** + **ment** = **lentement**

Adjectives ending in **-ant** change **-ant** to **-amment:**

> constant   **const** + **amment** = **constamment**

Most adjectives ending in a vowel form their adverb by adding **-ment** to their *masculine* form:

> vrai + **ment** = **vraiment**

An exception is:

> fou   **folle** + **ment** = **follement**

A few adjectives ending in a silent **-e** change **-e** to **é** before **-ment:**

> énorme   **énormé** + **ment** = **énormément**

Some combinations of words (nouns, adjectives, prepositions, adverbs, etc.) can be used as adverbial expressions.

> avec joie
> sans doute
> petit à petit

▶ **SELF-CHECK** *Cahier, Exercise II A, p. 23.*

C. Adverb position

When an adverb modifies a verb, its position in the sentence is variable. However, here are some important points to remember:

Usually, the adverb immediately follows the verb it modifies. With simple verb tenses, the adverb is *never* placed between the subject and the verb it modifies.

> Les jeunes réagissent **violemment** aux paroles du Premier ministre.

With compound verb tenses, adverbs of manner and quantity (see p. 158) that are less than three syllables long generally *precede* the past participle.

> Elle a **bien** expliqué son mécontentement.

Adverbs of manner and quantity that are three syllables or longer generally *follow* the past participle.

> Elle a parlé **précisément.**
> Il a répondu **gentiment.**

Adverbs of time and place (see p. 158) generally follow the verb they modify (either a simple verb tense or a past participle), but they *can* be placed at the beginning or at the end of the sentence. Placement is determined by the information being emphasized.

> Il est sorti **tôt** du lycée pour retrouver ses copains.
> **Le matin,** il se rase la tête.
> Il y a du chômage **partout.**

NOTE: Three exceptions are the frequently used adverbs of time: **déjà, souvent,** and **toujours.** They precede the past participle.

> Elle s'est **déjà** fait teindre les cheveux.
> J'ai **souvent** rêvé d'avoir les cheveux noirs.
> Mes parents n'ont pas **toujours** aimé mes amis du lycée.

When an adverb modifies an adjective or another adverb, it precedes the word it is modifying.

> Elle apprend **très** vite à parler verlan.
> La réaction de l'étudiante est **assez** juste.

► **SELF-CHECK** *Cahier, Exercises II B, C, D, pp. 24–25.*

III. Comparison of adjectives, adverbs, and nouns

A. The comparative

The comparative is used to compare two people, things, or groups. One of the two will be superior to, equal to, or inferior to the other.

1. Comparison: superiority

Use **plus... que** when comparing *adjectives* or *adverbs*:

> *(adjective)*
> Les vieux sont souvent **plus** conservateurs **que** les jeunes.
>
> *(adverb)*
> La mère s'habille **plus** élégamment **que** la fille.

Use **plus de... que** when comparing *nouns*:

> *(noun)*
> Le père a **plus de** cheveux **que** le fils.

Use **...plus que** when comparing *actions*:

> *(action verb)*
> Les adolescents parlent argot **plus que** les adultes.

2. Comparison: equality

Use **aussi... que** when comparing *adjectives* and *adverbs*:

> *(adjective)*
> Ton tee-shirt est **aussi** sale **que** ton jean.

> *(adverb)*
> Nous parlons argot **aussi** bien **que** vous.

Use **autant de... que** when comparing *nouns*:

> *(noun)*
> Cette fille-ci porte **autant de** boucles d'oreilles **que** celle-là.

Use **...autant que** when comparing *actions*:

> *(action verb)*
> Les jeunes Français parlent argot **autant que** les jeunes Américains.

3. Comparison: inferiority

Use **moins... que** when comparing *adjectives* and *adverbs*:

> *(adjective)*
> Cette boutique est **moins** chic **que** celle-là.

> *(adverb)*
> Je suis **moins** bien la mode **que** toi.

Use **moins de... que** when comparing *nouns*:

> *(noun)*
> Il porte **moins de** vêtements noirs **que** les punks.

Use **...moins... que** when comparing *actions*:

> *(action verb)*
> J'aime les barbes **moins que** les moustaches.

> *(action verb)*
> (*or*: J'aime **moins** les barbes **que** les moustaches.)

NOTE: When using **plus de, autant de,** and **moins de,** remember that these are expressions of quantity and therefore no article is needed before the noun.

4. Frequently used comparative forms

	Adjectives		Adverbs
bon	meilleur(e)	bien	mieux
	aussi bon(ne)		aussi bien
	moins bon(ne)		moins bien
mauvais	plus mauvais(e); pire	mal	plus mal
	aussi mauvais(e)		aussi mal
	moins mauvais(e)		moins mal

B. The superlative

The superlative is used to distinguish one or several people, things, or groups from among a larger quantity. That which is being distinguished is either *superior* or *inferior* to the rest.

1. Regular superlative: superiority (plus)
inferiority (moins)

Use **le/la/les** + **plus** or **le/la/les** + **moins** for the superlative of *adjectives*.

> C'est la fille **la plus dynamique.**
> (...   **la moins paresseuse.**)

> *She's **the most dynamic.***
> (... ***the least lazy.***)

To specify *of* or *in* in the superlative, use **de** + *the appropriate article* (= **du, de la, de l', des**).

> Elle est **la plus sensible des** enfants.
> (... **la moins malicieuse des** enfants.)

> *She's **the most sensitive of the** children,*
> (... ***the least mischievous of the*** *children.*)

If the adjective is placed after the noun it modifies, the article must be repeated at the beginning of the superlative phrase.

> C'est **l'**homme **le** plus intéressant du groupe.
> (... **l'**homme **le** moins grincheux du groupe.)

> *He's the most interesting man in the group.*
> (... *the least grumpy man in the group.*)

Use **le plus/le moins** + *adverb* for the superlative of the *adverb*.

> Il conduit sa moto **le plus vite** de tous.
> (... **le moins prudemment** de tous.)

> *He drives his motorcycle **faster** than everybody.*
> (... ***the least carefully*** *of everybody.*)

Use **le plus de/le moins de** + *noun* for the superlative of the *noun*.

> Ce jeune homme-ci a **le plus d'ennuis.**
> (...   **le moins de confiance** en soi.)

> *This young man has **the most concerns.***
> (... ***the least amount of self-confidence.***)

Use a *verb* + **le plus/le moins** for the superlative of the *verb*.

> Moi, je travaille **le plus.**   Lui, il travaille **le moins.**
> *I work **the most.***   *He works **the least.***

2. Superlative: **bon, mauvais, bien,** and **mal**

Adjectives	*Adverbs*
C'est **une bonne** description du style «punk».	Ils se conduisent **bien.**
*It's **a good** description of the "punk" style.*	*They behave **well**.*
C'est **la meilleure** description du style «punk».	Ils se conduisent **le mieux.**
*It's **the best** description of the "punk" style.*	*They behave **the best**.*
C'est **un mauvais** exemple de la jeunesse.	Ils se conduisent **mal.**
*It's **a bad** example of youth.*	*They behave **poorly**.*
C'est **le plus mauvais** exemple de la jeunesse.	Ils se conduisent **le plus mal.**
OR: C'est **le pire** exemple de la jeunesse.	*They behave **the worst**.*
*It's **the worst** example of youth.*	

Bon, mauvais, bien, and **mal** are *regular* in their *superlative forms* of *inferiority*.

> C'est **la moins bonne** de la classe.
> *She's **the least good** (= the worst) in the class.*

> Il est **le moins mauvais** de la bande.
> *He's **the least bad** (= the best) of the gang.*

> Ce sont mes parents qui me comprennent **le moins bien.**
> *It's my parents who understand me **(the) least well**.*

> J'agis **le moins mal** quand je suis heureux.
> *I act **the least bad** when I'm happy.*

► **SELF-CHECK** *Cahier, Exercises III A, B, C, pp. 26–28.*

IV. Il (Elle) est *vs.* C'est

A rule of thumb to keep in mind when trying to decide whether to use **il (elle) est** or **c'est** is:

- **C'est** is generally followed by a *noun:*

  C'est mon cousin Jean.

- **Il/Elle est** is generally followed by an *adjective:*

  Il est sympathique.
  Elle est vieille.

A. *Il est*

The *invariable* **il** + **être** is used when talking about time.

> **Il est** cinq heures.

The *invariable* **il** + **être** is used with adjectives in the following constructions:

1. il + **être** + *adjective* + **de (d')** + *infinitive*

> **Il est** intéressant **de** noter les différents «looks» sur le campus.
> *It is interesting **to** notice the different styles of dress on campus.*

> **Il est** triste **d'**être victime de la mode.
> *It is sad **to** be a victim of fashion.*

2. il + être + *adjective* + que + *indicative/subjunctive*

Il est évident **que** nous sommes trop préoccupées par la mode.
*It **is** obvious **that** we are too preoccupied with the latest fashion.*

Il est dommage **qu'**elle soit toujours au régime.
*It **is** too bad **that** she's always on a diet.*

B. Il (Elle) est

Il or **elle** + **être** is used with an adjective when referring to a particular person or thing.

Voyez-vous cette jeune femme-là? **Elle est** sympathique.
*See that young woman there? **She's** nice.*

Je n'aime pas le ton de cette lettre. **Il est** hypocrite.
*I don't like the tone of this letter. **It's** hypocritical.*

✳ **Il** or **elle** + **être** is used with adjectives or nouns used as adjectives describing a person's nationality, religion, profession, or political affiliation. (are used as adjective)

Connaissez-vous Michel? **Il est** français.
*Do you know Michel? **He's** French.*

C. C'est

C'est is used instead of **il (elle) est** when the modified noun describes a person's nationality, religion, profession, or political affiliation.

Vous ne connaissez pas Isabelle Adjani? **C'est** une actrice française.
*You don't know Isabelle Adjani? **She's** a French actress.*

C'est is also used to refer to a previously mentioned idea or situation. (neutre)

Ces jeunes ne peuvent pas trouver d'emploi. **C'est** vraiment dommage!
*These young people can't find jobs. **It's** really unfortunate!*

▶ **SELF-CHECK** *Cahier, Exercise IV, p. 28.*

V. Le mot juste: à *vs.* avec

When a noun and adjective combination are used to modify another noun, the preposition **à** often replaces **avec.** This occurs most often when the modifying noun is in the plural.

Je parle de la fille **aux** cheveux verts.
*I am speaking of the girl **with** the green hair.*

S T R U C T U R E S

Verbs to review   (See the verb charts in Appendix D.)

mourir   naître

I. Passé composé

The **passé composé** is a tense used in French to tell *what happened in the past*. It is often referred to as the tense for narration of past time.

The **passé composé** is made up of two parts:

> The present indicative form of the
> auxiliary verb (**avoir** or **être**)   +   the past participle of the main verb

> J'**ai commencé** à marcher dans la vieille ville.
> Je **suis allée** jusqu'à la maison de M. Herschel.

1. The auxiliary

There are seventeen verbs that normally use the auxiliary **être** in their **passé composé** formation. These verbs are: **aller, arriver, entrer, descendre*, devenir, monter*, mourir, naître, partir, passer*, rentrer*, rester, retourner, revenir, sortir*, tomber, venir.** Normally these verbs do not take direct objects (i.e., they are intransitive).

* These five verbs can also be conjugated in the **passé composé** using the auxiliary **avoir**. This enables them to take a direct object (i.e., to be transitive).

> Je **suis sorti** de la maison.   Il **est descendu** du sixième étage.
> *I **went out** of the house.*   *He **went down** from the sixth floor.*
>
>   *(direct object)*   *(direct object)*
> J'**ai sorti** mon **stylo** de mon sac.   Il **a descendu l'escalier en courant.**
> *I **took** my **pen** out of my bag.*   *He **ran down** the staircase.*

Reflexive verbs also use the auxiliary verb **être** in the **passé composé**.

> Ma mère a dit oui, et une nuit, elle **s'est échappée** et elle **s'est cachée.**
> *My mother said yes, and one night **she ran away** and **hid.***

2. The past participle

Regular verbs follow this pattern in the formation of their past participle.

parl**er** ⟶ parl**é**
fin**ir** ⟶ fin**i**
vend**re** ⟶ vend**u**

To review the past participle forms of other verbs, see Appendix D.

Past participle agreement is determined by the auxiliary verb. The past participle of a verb conjugated with the auxiliary **être** agrees in gender and number with the *subject* of that verb.

Une nuit, **ma mère** est parti**e** de chez elle.

The past participle of a verb conjugated with the auxiliary **avoir** agrees with the *preceding direct object.* If the direct object *follows* the verb, the past participle remains invariable (no agreement is made).

Mon père a quitt**é ma mère**.
Mon père **l'**a quitt**ée.** (**la** [**l'**] = *direct object*)

J'ai vu **les Herschel** à Marseille.
Je **les** ai vu**s** à Marseille. (**les** = *direct object*)

NOTE: For more details about object pronouns, see Chapter 4, Structures, pp. 173–174. To review past participle agreement in past infinitive constructions, see Chapter 1, Structures, p. 150.

3. Negation

In a negative sentence, it is the auxiliary verb, not the past participle, which is negated.

Mon père est allé travailler en France, mais il **n'**est **jamais** revenu.

▶ **SELF-CHECK** *Cahier, Exercise I, p. 35.*

II. Imperfect (Imparfait)

The **imperfect** tense is used to describe *conditions* that *were taking place* when another action occurred. It is also used to talk about habitual actions or occurrences. It is referred to as the tense for *describing* the past.

A. Formation

The **imperfect** is formed as follows:

Stem of first person plural
of the present indicative ⎱ + **-ais   -ions**
(the **nous** stem)   **-ais   -iez**
                                  -ait   -aient

Les gens **venaient** me voir. Il y **avait** des gens que je ne **connaissais** pas.

Stem:	je rest**ais**	nous rest**ions**
nous rest~~ons~~	tu rest**ais**	vous rest**iez**
	il/elle/on rest**ait**	ils/elles rest**aient**

Stem:	je finiss**ais**	nous finiss**ions**
nous finiss~~ons~~	tu finiss**ais**	vous finiss**iez**
	il/elle/on finiss**ait**	ils/elles finiss**aient**

Stem:	j'entend**ais**	nous entend**ions**
nous entend~~ons~~	tu entend**ais**	vous entend**iez**
	il/elle/on entend**ait**	ils/elles entend**aient**

B. Exception: *être*

Etre is the exception; the stem used is **ét-.**

> Je lui disais qu'elle n'**était** rien du tout, qu'elle n'**était** pas ma mère, que c'**était**
> Amie qui **était** ma mère.

j'**étais**	nous **étions**
tu **étais**	vous **étiez**
il/elle/on **était**	ils/elles **étaient**

▶ **SELF-CHECK** *Cahier, Exercise II, p. 35.*

III. Passé composé *vs.* imperfect

When you are telling a story in the past, you should have no trouble deciding when to use the **passé composé** and when to use the **imperfect** if you keep in mind the following three questions:

1. What happened? What happened once? What happened next? Then what happened? (Use the **passé composé.**)

2. What were the conditions at the time? (Use the **imperfect.**)

3. Was the action expressed by the verb a habitual action? Did it occur repeatedly? (Use the **imperfect.**)

Study the following passages carefully:

C'**était** le plein hiver, il **pleuvait,** la nuit **tombait** tôt. Quand je **suis partie,** Amie m'**a embrassée.** Je n'**ai** pas **pris** grand-chose, juste deux ou trois livres que j'**aimais,** ma pendulette *(travel clock)*, une brosse à dents, un peu de linge *(underwear)*. Je n'**avais** plus de jouets *(toys)* ni de poupées *(dolls)*. Ça n'**avait** pas d'importance. Je **partais** pour ne jamais revenir. Il **sont restés** sur le seuil *(doorstep)* de la maison, pour me regarder partir.

1. *What actions happened (once; next)?*
   a. je suis partie *(I left)*
   b. Amie m'a embrassée *(Amie kissed me)*
   c. Je n'ai pas pris grand-chose *(I didn't take much)*
   d. Ils sont restés sur le seuil *(They stayed on the doorstep)*

2. *What were the conditions at the time?*
   a. C'était le plein hiver *(It was the middle of the winter)*
   b. il pleuvait *(it was raining)*
   c. la nuit tombait *(night was falling)*
   d. juste deux ou trois livres que j'aimais *(just two or three books that I liked)*
   e. je n'avais plus de jouets *(I no longer had any toys)*
   f. Ça n'avait pas d'importance *(That didn't matter)*
   g. Je partais pour ne jamais revenir *(I was leaving for good)*

A Nightingale, quand le jour **se levait, j'étais** dehors avant tout le monde. Lassie **était** avec moi. Lassie, elle **est arrivée** chez nous un jour, sans qu'on sache d'où *(without anyone knowing from where)*. Au début, elle ne **se laissait** pas approcher, et quand on lui **donnait** à manger, elle **attendait** qu'on se soit éloignés *(everyone to move away)* pour venir jusqu'au plat *(dish)*. Elle **mangeait** avec les oreilles rabattues en arrière, sans cesser de nous observer. Et un jour, sans que je comprenne pourquoi, elle **est restée** quand je me **suis approchée** d'elle. Je l'**ai caressée** doucement, sur la tête, le long du nez. Elle **s'est laissé** faire. Je l'**ai embrassée.**

1. *What actions occurred repeatedly in this story?*
   a. quand le jour se levait *(when the sun came up ([at daybreak])*
   b. j'étais dehors *(I would be outside)*
   c. Lassie était avec moi *(Lassie would be with me)*
   d. elle ne se laissait pas approcher *(she would not let anyone approach her)*
   e. quand on lui donnait à manger *(when someone gave her something to eat)*
   f. elle attendait *(she would wait)*
   g. Elle mangeait *(she would eat)*

2. *What actions happened (once; next)?*
   a. elle est arrivée *(she arrived)*
   b. elle est restée *(she stayed)*
   c. je me suis approchée d'elle *(I approached her)*
   d. Je l'ai caressée *(I patted her)*
   e. Elle s'est laissé faire *(She let herself be touched)*
   f. Je l'ai embrassée *(I hugged her)*

Helpful hints for use of the **passé composé** and **imperfect**

1. When used in a past context, the verb **venir** + **de** is always **imperfect**.

> Elle **venait de** s'installer chez sa mère quand elle est tombée gravement malade.
> *She **had just** moved in with her mother when she got very sick.*

2. Certain verbs usually appear in the **imperfect** when used in a past context. They are: **avoir, être, savoir, connaître, pouvoir,** and **vouloir.** These verbs change meaning when they are used in the **passé composé.**

avoir
> Quand le bateau est arrivé à Marseille, il y **avait** beaucoup de monde sur le quai.
> *When the boat arrived at Marseille, there **were** a lot of people on the dock.*
>   (= conditions upon arrival)

> Quand Saba a vu tous les gens sur le quai, elle **a eu** peur.
> *When Saba saw all the people on the dock, she **became** afraid.*
>   (= what happened when she saw the people)

être
> La mère de Saba **était** très jeune quand elle a laissé son enfant chez les Herschel.
> *Saba's mother **was** very young when she left her child at the Herschels'.*
>   (= conditions upon leaving)

> Saba **a été** malade quand elle a appris la vérité.
> *Saba **got** sick when she learned the truth.*
>   (= what happened when she learned the truth)

savoir
> La mère ne **savait** pas parler français.
> *The mother **did** not **know** how to speak French.* (= general condition)

> Saba **a su** plus tard que son père était mort en France.
> *Saba **discovered** later that her father had died in France.* (= what happened)

connaître
> Saba ne **connaissait** personne à sa nouvelle école.
> *Saba **did** not **know** anyone (**knew** no one) at her new school.* (= general condition)

> La mère de Saba **a connu** M. Herschel à Mehdia.
> *Saba's mother **met** Mr. Herschel in Mehdia.* (= what happened)

pouvoir
> Saba ne **pouvait** pas oublier son enfance heureuse à Nightingale.
> *Saba **could** not **(was** not **able to)** forget her happy childhood at Nightingale.*
>   (= general condition)

> Les Herschel n'**ont** pas **pu** garder leur fille adoptive.
> *The Herschels **were** not **able to** keep (**did** not **succeed in** keeping) their adopted daughter.* (= what happened)

vouloir
> Saba ne **voulait** pas partir avec sa mère.
> *Saba **did** not **want** to leave with her mother.* (= general condition)

> Saba **a voulu** s'échapper de sa nouvelle vie chez sa mère.
> *Saba **tried (decided)** to escape from her new life with her mother.* (= what happened)

3. Certain words and expressions can help you decide whether to use the **passé composé** or the **imperfect.**

For the **passé composé** they pinpoint a definite time of occurrence: **hier, une fois, tout à coup,** etc.

For the **imperfect** they suggest repeated occurrences: **souvent, tous les jours, toutes les semaines, chaque année, en général,** etc.

IV. Pluperfect (plus-que-parfait)

The **pluperfect** tense is used in French as the past perfect is used in English. When one action precedes another in the past, the verb describing the first action will be in the **pluperfect;** the tense of the second verb will be the **passé composé** or the **imperfect.**

A. Formation

The **pluperfect** is made up of two parts: the **imperfect** of the auxiliary verb (**être** or **avoir**) + the past participle of the main verb.

> Ma mère m'a dit un jour qu'elle **avait reçu** une lettre en français.
> *My mother told me one day that she **had received** a letter in French.*

> Je n'ai plus jamais parlé de Lassie. Elle **était sortie** de ma vie, pour toujours.
> *I no longer ever spoke of Lassie. She **had gone out** of my life for good.*

1. The auxiliary

The use of auxiliary verbs follows the same rules in the **pluperfect** as in the **passé composé:**

- The same seventeen verbs use the auxiliary verb **être** in the formation of the **pluperfect** (see p. 165).

- Reflexive verbs use the auxiliary verb **être** in the **pluperfect.**

- All other verbs use **avoir** as the auxiliary verb in the **pluperfect.**

- In a negative sentence, the auxiliary verb, not the past participle, is negated.

2. The past participle

- The past participle of a verb conjugated with the auxiliary **être** agrees in gender and number with the subject of that verb.

- The past participle of a verb conjugated with **avoir** agrees in gender and number with the preceding direct object, if there is one.

B. Usage

Study the following passage carefully:

> Je me rappelle le mariage de Jamila. Ma mère m'**avait préparée,** elle m'**avait habillée** et **coiffée,** pour aller au mariage de sa cousine Jamila... Ma mère m'**avait fait** des tresses, en mêlant de la laine aux cheveux, et elle m'**avait mis** du rouge sur les joues... Ensuite elle m'**a emmenée,** nous **avons marché** sur la route jusqu'à Mehdia, et nous **avons pris** le car pour Kenitra. J'**étais** dans une grande ville que je ne **connaissais** pas, avec des avenues plantées d'arbres, des grands immeubles (*buildings*), et toutes ces petites maisons blanches et pauvres chacune avec sa cour intérieure. Il y **avait** des chèvres, des poulets. Partout il y **avait** des enfants,...

1. *What actions in this story preceded other past actions?*
   a. Ma mère m'avait préparée *(My mother had prepared me)*
   b. m'avait habillée et coiffée *(had dressed me and fixed my hair)*
   c. m'avait fait des tresses *(had made me braids)*
   d. m'avait mis du rouge sur les joues *(had put rouge on my cheeks)*

2. *What actions happened (once; next)?*
   a. elle m'a emmenée *(she took me)*
   b. nous avons marché *(we walked)*
   c. nous avons pris *(we took)*

3. *What were the conditions surrounding this trip?*
   a. J'étais dans une grande ville *(I was in a large city)*
   b. que je ne connaissais pas *(that I didn't know [was not familiar with])*
   c. Il y avait des chèvres *(There were goats)*
   d. il y avait des enfants *(there were children)*

▶ **SELF-CHECK** *Cahier, Exercises III, IV A, B, pp. 36-37; VI, pp. 38–39.*

V. Past infinitives

A past infinitive (**avoir** or **être** plus the past participle) must be used after the preposition **après.** See p. 166 for formation of past participles.

> **Après avoir quitté** sa famille, la mère de Saba a travaillé.
> ***After leaving*** her family, Saba's mother worked.

> **Après être arrivée** chez les Herschel, Saba a trouvé une meilleure vie.
> ***After she arrived*** at the Herschels', Saba found a better life.

NOTE: The agreement rules of the past participle also apply to the past infinitive. Remember that for **avoir** verbs, the past participle agrees with the preceding direct object, and for **être** verbs, the past participle agrees with the subject. The preposition **après** can also be followed by a noun:

> **Après la naissance de Saba**, sa mère est allée chez les Herschel.

▶ **SELF-CHECK** *Cahier, Exercises V A, B, pp. 37-38.*

VI. Le mot juste

A. *manquer (à)*

Manquer (à) *(to miss)* follows the same pattern as English if you want to say *miss the bus*, for example.

> J'ai manqué le bus.
> *I missed the bus*

However, if you want to say that you *miss someone or something*, i.e., that you are sad because a person or thing is not with you, the structure of the sentence in French is different from that in English.

> Les Herschel **manquent à Saba.**   Mes parents **me manquent.**
> *Saba misses the Herschels.*   *I miss my parents.*

B. *rendre*

To express the idea that *something or someone **makes** you feel a certain way*, the verb **rendre** is used (not the verb **faire**).

> Cette nouvelle **me rend** triste.   Son retour **a rendu** ses parents heureux.
> *This news **makes me** sad.*   *His return **made** his parents happy.*

C. *partir, sortir, quitter*

These three verbs have generally the same meaning *(to leave)* but are used differently.

Both **sortir** *(to leave, to go out)* and **partir** *(to leave)* are conjugated with **être;** when used with an object, the preposition **de** follows the verb.

> Nous **sommes sortis.**   Elle **est partie.**
> *We **went out.***   *She **left.***
>
> Elle **sort de** sa chambre.   Ils **sont partis du** Maroc.
> *She **leaves (goes out of)** her room.*   *They **left** Morocco.*

Quitter *(to leave)* is conjugated with **avoir**. This verb **must always** be followed by a direct object, i.e., what or whom is being left *must* be stated.

> Elle **a quitté sa famille.**
> *She **left her family.***
>
> Mes ancêtres **ont quitté l'Angleterre** il y a deux cents ans.
> *My ancestors **left England** two hundred years ago.*

NOTE: **Quitter** is a false cognate and does not mean *to quit*. Use the verbs **cesser (de)** or **arrêter (de)** to say that you have stopped or quit doing something: **J'ai arrêté de fumer.** *(I quit smoking.)*

STRUCTURES

Verbs to review   (See the verb charts in Appendix D.)

s'asseoir   conduire   essayer   mettre

I. Object pronouns, *y, en*

A. Direct and indirect object pronouns

A direct object receives the direct action of the verb in a sentence without an intervening preposition.

> Je vois **l'éléphant.**

Direct object nouns can be replaced by direct object pronouns.

> Je **le** vois.

The direct object pronouns in French are:

	Singular	Plural
1st person	me (m')	nous
2nd person	te (t')	vous
3rd person	le/la (l')	les

The indirect object, which also is acted upon by the verb, is preceded by the preposition **à.**

> Il offre un cognac **à ma sœur.**

When the indirect object is a person, it can be replaced by an indirect object pronoun.

> Il **lui** offre un cognac.

The indirect object pronouns in French are:

	Singular	Plural
1st person	me (m')	nous
2nd person	te (t')	vous
3rd person	lui	leur

There are three main rules that govern the use of the direct and indirect object pronouns in French:

1. The pronoun *precedes the verb* of which it is the object, *unless* the verb is an affirmative imperative.

> Ma sœur suit **les policiers** au poste.
> Ma sœur **les** suit au poste.
>
> Elle explique **aux policiers** ce qui est arrivé.
> Elle **leur** explique ce qui est arrivé.

2. If the verb is an affirmative imperative, the object pronoun *follows* the verb and is connected to it by a hyphen.

> Suivez **les policiers** au poste!
> Suivez-**les** au poste!
>
> Demandez **à ma sœur** pourquoi elle conduit mal.
> Demandez-**lui** pourquoi elle conduit mal.

NOTE: With an affirmative imperative verb, the pronouns **me** and **te** are replaced by **moi** and **toi.**

> Suivez-**moi!**   Permettez-**moi** de vous aider.

3. If the verb is a compound tense (passé composé, past conditional, pluperfect, etc.), the pronoun *precedes* the auxiliary verb. The past participle agrees with the direct object pronoun in gender and in number.

> On a gardé **ma sœur** au poste de police pendant quarante-huit heures.
> On l'a gardé**e** au poste de police pendant quarante-huit heures.

There is *no agreement* with a preceding *indirect* object pronoun.

> Un incident bizarre est arrivé **à ma sœur.**
> Un incident bizarre **lui** est arrivé.

NOTE: Direct object pronouns are used for people and things. The pronoun **le** can also be used to express an idea.

> Elle pense **qu'ils ont tort.**
> Elle **le** pense.

▶ SELF-CHECK *Cahier, Exercises I A, B, p. 49–50.*

B. y

The pronoun **y** can be used to replace the preposition **à** + *a noun* when referring to a thing or an idea, but not a person.

> A-t-elle répondu **à la question des policiers?**
> **Y** a-t-elle répondu? (Elle **y** a répondu? [*fam.*])

The pronoun **y** is also used to replace expressions of location starting with **à** or
other prepositions, *except* **de.**

> Elle va **au café** avec le directeur du cirque.   On remet l'éléphant **dans le camion.**
> Elle **y** va avec le directeur du cirque.   On **y** remet l'éléphant.

As with the object pronouns, the pronoun **y** precedes the verb with which it is
associated.

> Elle est obligée d'aller **au poste de police.**
> Elle est obligée d'**y** aller.

NOTE: **Y** is not used with the verb **aller** in the future or conditional tenses for
reasons of pronounciation.

> Elle a dit qu'elle n'irait pas **en prison.**
> Elle a dit qu'elle n'irait pas.

► SELF-CHECK *Cahier, Exercise I C, p. 50.*

C. en

The pronoun **en** is used in French to express the idea of *some, any*, or *none*. It
can replace:

1. the partitive article + *the noun that follows*.

> Ils posent **des questions** à ma sœur.
> Ils **en** posent à ma sœur.

2. a noun preceded by a number or an expression of quantity, but the *number*
or *expression of quantity* must be repeated.

> Elle voit **deux policiers** derrière sa voiture.
> Elle **en** voit **deux** derrière sa voiture.

3. the preposition **de** in expressions with **avoir** + *the verb or noun clause that
follows* (as in **avoir besoin de, avoir envie de, avoir peur de,** etc.)

> Elle avait envie **de rentrer chez elle.**
> Elle **en** avait envie.

4. the preposition **de** + *a place*.

> Elle sort **de sa voiture.**
> Elle **en** sort.

5. the preposition **de** + *a clause*.

> Elle est contente **de ne plus avoir une voiture rouge.**
> Elle **en** est contente.

NOTE: **En** cannot be used to replace the preposition **de** + *a person*. In this case, use a disjunctive pronoun (see Part III of this **Structures** section, pp. 177–178). However, **en** can be used to replace the preposition **de** + *groups of people*.

> Combien de policiers avez-vous vus? J'**en** ai vu cinq.

► SELF-CHECK *Cahier, Exercise I D, p. 51.*

II. Order of pronouns

A. Regular pattern

The following chart shows the word order used for multiple pronouns that appear with regular affirmative and negative verb constructions and with negative imperative constructions.

(ne +)	me (m') te (t') se nous vous	+	le la les	+	lui leur	+ y +	en +	*verb* (+ pas)

> Ils amènent **ma sœur au poste** de police.
> Ils **l'y** amènent.

> Elle n'a pas bien expliqué **l'incident aux policiers.**
> Elle ne **le leur** a pas bien expliqué.

> Ne demande pas **d'explication à ma sœur!**
> Ne **lui en** demande pas!

B. Affirmative imperative construction

verb	+	le la les	+	moi (m') toi (t') lui nous vous leur	+ y +	en

> Explique **cet incident aux policiers!**
> Explique-**le-leur!**

NOTE: Double object pronouns are less frequently used in spoken than in written French.

▶ SELF-CHECK *Cahier, Exercise II, pp. 51–52.*

III. Disjunctive pronouns

Disjunctive pronouns **(pronoms disjoints)** are another type of personal pronoun used in French; they are sometimes referred to as the "stressed" pronouns. Unlike subject and object pronouns, these pronouns can function independently of a verb.

The *disjunctive pronoun* forms are the following:

Singular	Plural
moi	nous
toi	vous
lui/elle/soi	eux/elles

NOTE: The disjunctive pronoun **soi** is used with the indefinite pronoun **on,** or with impersonal expressions such as **chacun, tout le monde,** etc.

Disjunctive pronouns are used:

1. to stress the subject(s) or object(s) in a sentence. Their position is variable.

> **Moi,** j'adore conduire. J'adore conduire, **moi.**
> **Toi,** on t'écoute. On t'écoute, **toi.**

2. as the object of the preposition **à,** for certain verbs and verbal phrases, when referring to a person or persons. Some of the more common of these verbs and verbal phrases are: **être (à), faire attention (à), penser (à).** Remember that with other verbs the indirect object pronouns are used.

> C'est la voiture de ton père? Oui, elle **est à lui.**
> A qui penses-tu? A mon ami Paul. Je **pense à lui** depuis ce matin.

BUT: Qu'est-ce que tu **dis à Paul?** Je **lui dis** de revenir bientôt.

3. as the object of all prepositions other than **à,** when referring to a person or persons.

> Nous sommes revenus **chez eux** à neuf heures.
> Toi, tu n'as pas d'argent **sur toi?**

4. after **c'est/ce sont.** All of the disjunctive pronouns can be used with **c'est** except **eux/elles.** With **eux/elles,** the plural form **ce sont** must be used.

> **C'est elle** qui conduit le mieux.
> **C'est nous** qui vendons cette voiture.

BUT: **Ce sont eux** qui préfèrent le vélo à l'auto.

5. as a one-word answer to a question.

> —Qui a les clés de la voiture? —**Moi.**

6. in comparative constructions.

> J'ai eu moins d'accidents que **toi.**

7. after **ne... que.**

> L'agent de police ne mentionne que **lui** dans son rapport.

8. as part of a compound subject.

> **Lui et moi,** nous avons des idées différentes au sujet de cet accident.

9. combined with **-même.**

> Tu dois payer l'amende **toi-même.**

▶ SELF-CHECK *Cahier, Exercise III, p. 53.*

IV. Le mot juste: *se moquer de*

This reflexive construction is the equivalent of the English expression *to make fun of*. The person or thing being made fun of is the object of the preposition **de.** Remember that if a noun is not used, the disjunctive pronoun is required.

> Mes amis **se moquent de** ma vieille voiture.
> Personne ne **se moque de** moi.

STRUCTURES

Verbs to review   (See the verb charts in Appendix D.)

découvrir   offrir   ouvrir

I. Interrogatives

A. Question formation

There are many different ways to ask questions, from the casual to the polite.

Informal questions

WHEN?   Use informal questions with friends and family in casual conversation.
HOW?   Raising your voice at the end turns a statement into a question.

C'est le plus grand lac du monde?
Je peux aller au Viêtnam?

Interrogative adverbs such as **où, comment, pourquoi, combien, quand** can be put at the end or at the beginning of a statement to make an information question.

Quand sont-elles parties?   **Pourquoi** veux-tu voyager?
Tu viens d'**où?**

You will frequently hear questions with the interrogative adverb at the beginning and no additional changes. This is not standard usage but it is very frequent among young people in casual conversation.

Combien tu as d'enfants?
Pourquoi vous quittez votre famille?

More formal questions	
WHEN?	Use more formal questions in official or formal spoken French, such as with superiors whom you are trying to impress. They are also mandatory in written French, unless a spoken dialogue is reproduced.
HOW?	The subject (if it is a pronoun) and verb are inverted. That is, they change places and are connected to each other with a hyphen.

Etes-vous le docteur Nault?	*Are you Dr. Nault?*
Me **reconnaissez-vous?**	*Do you recognize me?*
Avez-vous fait du ski?	*Have you skied?*

In short sentences, when the verb is in a *simple* tense (present, future, conditional, imperfect) and there is a *noun subject,* invert the subject and the verb.

Où voyagent ces femmes?   Quand partent vos parents?
Combien coûtent ces billets?

If the sentence is more complex, the *noun subject* keeps its regular position in the sentence and a *pronoun subject* is added after the verb.

Les riches se rappellent-**ils** les visages du passé?

In the **passé composé** and other compound past tenses, the auxiliary verb and the subject are inverted, while the past participle stays in its usual position.

Etes-vous arrivé à l'heure?   Nous **sommes-nous** détendus?
Vos parents **sont-ils** rentrés de leur voyage?   **A-t-il** parlé à la cliente?
S'**est-elle** reposée?

NOTE: The **-t-** is added (as in **A-t-il parlé...**) to avoid two vowels coming together, which would make pronunciation awkward.

With *reflexive verbs* the reflexive pronoun keeps its regular position in front of the verb, while the subject pronoun and verb are inverted.

Te souviens-tu de ta cousine?   **Vous** êtes-vous amusé?

Certain frequently used questions have a formulaic quality and almost always use inversion.

Comment allez-vous?   Quelle heure est-il?
Comment t'appelles-tu?   Quel temps fait-il?

NOTE: When the subject of the question is **je,** inversion is rarely used.

▶ SELF-CHECK *Cahier, Exercise I A, p. 61.*

B. Interrogative adjectives

Since adjectives always agree in *gender* and *number* with the noun they modify, the interrogative adjective has four forms.

	Masculine	*Feminine*
Singular	quel	quelle
Plural	quels	quelles

In French, **quel** is the equivalent of *which* or *what* when referring to a specific item in a group of items. It is used to ask for more information or for clarification.

Quel cousin cherchent-elles?
Which cousin are they looking for?

Quel est **le plus grand lac** du monde?
*Which (or what) is **the biggest lake** in the world?*

Dans **quelle gare** sont-elles arrivées?
*At **which train station** did they arrive?*

Quelles sont **les professions** de son cousin?
*Which (or what) are her cousin's **professions?***

C. Interrogative pronouns

To ask about people, use **qui...**
1. *as the subject:* **Qui voyage?**
   (*or for more emphasis:* **Qui est-ce qui... ?**)
2. *as the direct object:*
   with inversion: **Qui** cherchent-elles?
   with **est-ce que: Qui est-ce que** tu aimes?
3. *as the object of a preposition:*
   with inversion: **Avec qui** voyagez-vous?
   with **est-ce que: A qui est-ce qu'**il parle?

To ask about a thing that is the...
1. *subject, use* **Qu'est-ce qui... ?**
   Qu'est-ce qui vous ennuie?
2. *direct object, use* **que...**
   with inversion: **Que** veux-tu?
   with **est-ce que: Qu'est-ce que** tu fais par ici?
3. *object of a preposition, use* **quoi...**
   with inversion: **A quoi** penses-tu?
   with **est-ce que: De quoi est-ce qu'**elles ont peur?

To make a *distinction* about something *already mentioned* by the speaker, or when you already know what is being discussed, a form of the pronoun **lequel** *(which one/which ones)* is used. The form depends on the gender and number of what you are referring back to.

	Masculine	Feminine
Singular	lequel	laquelle
Plural	lesquels	lesquelles

Elle a beaucoup de **cousins; lequel** aime-t-elle le mieux?
*She has a lot of **cousins; which one** does she like best?*

NOTE: The cousins have been mentioned. You want more information.

Dans **laquelle** de ces **maisons** est-ce qu'il habite?
*In **which** (one) of these **houses** does he live?*

NOTE: The houses are mentioned. You need to know *which one* of them he lives in.

The **le** of **lequel** and the **les** of **lesquels (lesquelles)** combine with the prepositions **à** and **de** to produce **auquel, auxquels (auxquelles), duquel, desquels (desquelles).**

Auxquelles de tes cousines as-tu écrit?
***To which** of your cousins did you write?*

Elle a deux frères; **duquel** est-ce qu'elle parle?
*She has two brothers; **of which (one)** is she speaking?*

There is no change with **à laquelle** or **de laquelle.**

A laquelle de ses sœurs parle-t-il?
***To which** of his sisters is he talking?*

De laquelle de tes tantes te souviens-tu le mieux?
***Which one** of your aunts do you remember most?*

To ask for a definition, use **qu'est-ce que c'est que** or **qu'est-ce que.**

Qu'est-ce que c'est que le Canada?   **Qu'est-ce qu'**une calotte?
What is Canada?   *What is a skullcap?*

▶ SELF-CHECK *Cahier, Exercises I B, C, D, pp. 62–63.*

STRUCTURES

D. Additional uses of *quoi*

The interrogative pronoun **quoi** can be used by itself to express surprise.

> **Quoi?** Tu as traversé tout le Canada à vélo?
> *What? You crossed all of Canada on a bike?*

It can also be used to indicate that you have not heard or understood something.

> **Quoi?** Je n'ai pas compris.
> *What? I didn't understand.*

However, the adverb **comment** is much more polite in both situations.

> **Comment?** Pourrais-tu répéter?

To ask someone what is new or what is happening, the following fixed expressions are frequently used.

> **Quoi** de neuf?   **Quoi** de nouveau?

II. Passé simple

A. Usage

The **passé simple** is a past tense used only in writing, usually in literary texts and less frequently in journalism. It indicates that an action has been completed in the past and has no relation to the present.

> Le bonhomme **répondit** sans hésiter.
> A ce moment, une clochette **tinta** de l'autre côté du mur.

This tense can be considered the literary equivalent of the **passé composé,** although this latter tense suggests a connection to the present, which the **passé simple** does not. For stylistic effects, an author may use the **passé simple** and the **passé composé** in the same passage. The verbs in the **passé composé** suggest liveliness, action, and a possible relationship to the present. Those in the **passé simple** suggest actions or states which are more static, more remote, and more "finished." The imperfect is used in both spoken and written French to indicate a state of being, a condition, how things were in the past, and is found in both literary and non-literary styles.

B. Formation

For reading, it is helpful to *recognize* the forms of the **passé simple.**

Regular verbs which end in **-er** drop the **-er** from the infinitive and add the endings: **-ai, -as, -a, -âmes, –âtes, -èrent.**

je demand**ai**	nous demand**âmes**
tu demand**as**	vous demand**âtes**
il demand**a**	ils demand**èrent**

Regular verbs which end in **-ir** or **-re** drop the **-ir** or **-re** from the infinitive and add the endings: **-is, -is, -it, -îmes, -îtes, -irent.**

je répond**is**	nous répond**îmes**
tu répond**is**	vous répond**îtes**
il répond**it**	ils répond**irent**

The **passé simple** forms of some frequently used irregular verbs are:

avoir	
j'eus	nous eûmes
tu eus	vous eûtes
il eut	ils eurent

être	
je fus	nous fûmes
tu fus	vous fûtes
il fut	ils furent

faire	
je fis	nous fîmes
tu fis	vous fîtes
il fit	ils firent

The **passé simple** of many irregular verbs is built on their past participle. Those with a past participle ending in **-is** (prendre/**pris**; mettre/**mis**) have an **-i-** in their **passé simple** stem: je pr**i**s, nous pr**î**mes, tu m**i**s, vous m**î**tes. Those whose past participle ends in **-u** (croire/**cru**; avoir/**eu**) have a **-u-** in their **passé simple** stem: tu cr**u**s, vous cr**û**tes; il e**u**t, ils e**u**rent.

Infinitive	Past participle	Passé simple
apercevoir:	aperçu	nous aperçûmes
remettre:	remis	il remit
paraître:	paru	elles parurent

NOTE: For other **passé simple** forms, consult Appendix D. This is a tense you should recognize but you will not need to write it yourself.

▶ SELF-CHECK *Cahier, Exercises II A, B, pp. 64–65.*

S T R U C T U R E S

III. Passé antérieur

The literary equivalent of the **plus-que-parfait** is the **passé antérieur,** used to refer to an action in the past which precedes another action in the past.

> Quand sa cliente **eut pris** son petit paquet et qu'elle **eut payé,** le docteur Nault **se tourna** vers nous.
> *When the client **had taken** the package and **had paid,** Doctor Nault **turned** to us.*

The formation of this compound past tense follows the same principle as all compound tenses in French. The auxiliary **avoir** or **être** is used in the corresponding simple tense (in this case in the **passé simple**) with the past participle.

> Lorsque nous **fûmes arrivés,** nous **parlâmes** à sa femme.
> *Once we **(had) arrived,** we **spoke** to his wife.*

> Quand elle **eut payé,** elle **sortit**.
> *When she **had paid,** she **left**.*

IV. Le mot juste: *depuis, pendant, pour*

In English, the preposition *for* can always be used to introduce a period of time. In French, however, there are three different prepositions that express *for + a period of time*. The context dictates which preposition to use.

> *I have been traveling **for** four weeks.* **(depuis)**
> *She was in Canada **for** four weeks.* **(pendant)**
> *They will go to Montreal **for** four weeks.* **(pour)**

Depuis expresses the idea that an event began in the past and is still continuing in the *present*. The stress is often on the *beginning* of a period of time.

> Je voyage **depuis** quatre semaines.

This means that I started traveling four weeks ago and am *still* traveling.

> Elle fait du ski **depuis** dix ans.

This means she started skiing ten years ago and still goes skiing today. Since the action is still continuing, the *present* tense is required in French.

(See Chapter 1, Structures, p. 145.)

If the verb is negative, the **passé composé** must be used to state that an action has *not* been going on for some time or since a certain period of time has elapsed.

> Je **n'ai pas voyagé depuis** deux ans.
> *I **haven't traveled for** two years.*

> Elle s'est cassé la jambe il y a trois ans. Elle **n'a pas fait de ski depuis** trois ans.
> *She broke her leg three years ago. She **has not skied for** three years.*

Pendant stresses the *duration* of an action, the period of time during which something happened or was going on. **Pendant** is usually used with a past tense verb, but can also be used with the present or the future, depending on the time frame.

> Elle était au Canada **pendant** quatre semaines.
> *She was in Canada **for** four weeks.*

> **Pendant** un voyage, j'écris des cartes postales.
> ***During** a trip, I write postcards.*

> Nous serons à la montagne **pendant** une semaine.
> *We will be in the mountains **for** a week.*

Pour is found most often with the verbs **aller, partir,** and **venir** and indicates an *intention*. The present or future tenses are usually used with this preposition, although the past may also be used.

> Elles iront à Montréal **pour** quatre semaines.
> *They will go to Montreal **for** four weeks.*

In other words, they plan to spend four weeks in Montreal.

> Ils étaient partis **pour** quinze jours, mais sont rentrés après une semaine parce que son père est tombé malade.
> *They had left **for** two weeks but came back after a week because her father got sick.*

In other words, they intended to be gone for two weeks, but their plans changed.

> Mes parents viendront me rendre visite **pour** le week-end.
> *My parents will come visit me **for** the weekend.*

> Quand j'ai le temps, j'y vais **pour** le week-end.
> *When I have the time, I go there **for** the weekend.*

▶ SELF-CHECK *Cahier, Exercise III, p. 65.*

S T R U C T U R E S

STRUCTURES

> **Verbs to review**   (See the verb charts in Appendix D.)
>
> préférer   emmener

I. Negative expressions

A. *Ne... pas*

To make a negative statement, question, or command in French, **ne... pas** is used.

> J'aime beaucoup ce film français.
> Je **n'**aime **pas** beaucoup ce film français.

Here are some points to remember about negation using **ne... pas:**

With verbs in simple tenses, **ne** precedes the verb; **pas** follows it. In a compound tense, **ne** precedes the auxiliary; **pas** follows it.

> Je **n'**aime **pas** ce film.   Elle **n'**a **pas** vu le film.

When using inversion, **ne** precedes the inverted verb and subject (or the auxiliary verb); **pas** follows it.

> **N'**êtes-vous **pas** allé voir ce film?

In commands, **ne** precedes the verb; **pas** follows it.

> **N'**allez **pas** voir ce film.

When negating an infinitive, **ne pas** is placed between the main verb and the infinitive.

> Il préfère **ne pas** aller voir ce film.

NOTE: Following a negated verb, an indefinite article **(un/une/des)** is replaced by **de.**

> Ma famille a **un** poste de télévision.
> Ma famille **n'**a **pas de** poste de télévision.

> Il y a **des** cinémas dans ce petit village.
> Il **n'**y a **pas de** cinémas dans ce petit village.

B. Other negative expressions

ne... aucun(e)	*not any*	ne... personne	*no one*
ne... jamais	*never*	ne... plus	*no longer*
ne... ni... ni	*neither... nor*	ne... que	*only*
ne... pas du tout	*not at all*	ne... rien	*nothing*
ne... pas encore	*not yet*		

Ne... que, which means *only,* is technically not a negative expression, but it functions in the same way. Note, however, that **que** always directly precedes the word it modifies.

> Il **n'**y a **que** 28% des Français qui préfèrent les films américains.
> ***Only*** *28% of the French prefer American movies.*

1. *ne... aucun(e)*

Ne... aucun(e) is used as a negative adjective and as a negative pronoun. As a pronoun, it can function as the subject or the object of the verb. It is only used in the singular and must agree with the noun it modifies or replaces.

Negative adjective:
> Cet acteur **n'**a **aucun** talent.
> *This actor does**n't** have **any** talent.*

Negative pronoun as subject:
> J'ai regardé la liste des cassettes vidéo à louer, et **aucune ne** m'intéresse.
> *I looked at the list of available videos, and **none** of them interests me.*

Negative pronoun as object of the verb:
> Il énumérait la liste de ses films préférés, mais moi, je **ne** connaissais **aucun**.
> *He made a list of his favorite movies, but I did**n't** know **any** of them.*

2. *ne... jamais*

Ne... jamais negates the adverbs **souvent** (*often*), **quelquefois** (*sometimes*), **parfois** (*occasionally*), **toujours** (*always*), and **de temps en temps** (*from time to time*). It is used in the same way as **ne... pas.**

> Elle **ne** regarde **jamais** les informations.

The second part of this construction **(jamais)** can be used alone to answer a question.

> —Regardez-vous **de temps en temps** des films de science-fiction? —**Jamais!**

3. *ne... ni... ni*

Used to oppose two people, things, or ideas, **ne** precedes the verb, as usual, but **ni** and **ni** directly precede the words they modify. Partitive and indefinite articles are dropped in this construction, but definite articles remain.

Ni Gilles **ni** Marie-Anne **n'**a aimé ce film policier.
Elle **n'**a **ni** chaîne stéréo **ni** poste de télévision dans son nouvel appartement.

BUT: Je **n'**aime **ni la** télévision **ni le** cinéma.

4. *ne... pas du tout*

Adding **du tout** to the negative construction **ne... pas** reinforces the negation. As with the negative construction **ne... jamais,** the second part of this construction can be used alone as a negative answer to a question.

Je **n'**ai **pas du tout** envie de regarder ce jeu télévisé.
*I have **no** desire **whatsoever** to watch this game show.*

—Aimez-vous les films doublés? —**Pas du tout**!
—*Do you like dubbed movies?* —**Not at all!**

5. *ne... personne; ne... rien*

Ne... personne and **ne... rien** function in similar ways as negative constructions. As the subject of the sentence, both parts of the negative expression precede the verb, as shown in the following examples. The verb is always singular.

Personne n'a aimé ce téléfilm.
Rien n'est crédible dans ce film.

When used as a direct object, **ne** precedes the verb and **personne** or **rien** follows it.

Je **ne** vois **personne** que je connais au cinéma ce soir.
Je **ne** trouve **rien** à la télé ce soir.

When **personne** or **rien** is used as the direct object of a compound verb, the position differs. **Personne** follows the past participle, and **rien** precedes it (unless modified by an adjective), as follows:

Elle **n'**a vu **personne.**
Elle **n'**a **rien** vu.

NOTE: When **personne** or **rien** is modified by an adjective, the adjective is always masculine, and it must be preceded by **de (d').**

Elle **n'**a vu **rien d'**intéressant.

As the object of a preposition, **personne** or **rien** follows the preposition.

Elle **n'**est allée au cinéma avec **personne.**
On **ne** parle de **rien** d'intéressant dans ce documentaire.

Both **personne** and **rien** can be used alone as negative answers.

—Qui avez-vous vu? —**Personne.**
—Qu'est-ce qu'il y a à la télé? —**Rien.**

CHAPTER 6

C. *Si*

The affirmative response to a negative question or statement is **si,** not **oui.**

> —N'aimez-vous pas ce film? —**Si!**
> (—Aimez-vous ce film? —Oui!)

► **SELF-CHECK** *Cahier, Exercise I, pp. 70-71.*

II. Relative pronouns

Relative pronouns allow you to qualify or expand on one clause by attaching another clause to it. There are several different relative pronouns in French; the one you use depends on the function it will have in the qualifying, or subordinate, clause.

A. Forms

Role in clause	Replacing a person	Replacing a thing	Replacing an idea
1. *Subject*	qui	qui	ce qui
2. *Object*	que	que	ce que
3. *Object of* prep. *à*	à qui	auquel à laquelle auxquels auxquelles	(ce) à quoi
4. *Object of* prep. **de**	dont/de qui	dont	ce dont
5. *Object of* other prep.	qui	lequel laquelle lesquels lesquelles	(ce) + *preposition* + quoi

NOTE: When the antecedent of the relative pronoun is a place or a time, **où** is generally used instead of a preposition + (a form of) **lequel**.

> Je suis dans la salle **où** ils passent «Entretien avec un vampire».
> *I am in the theater where they are showing "Interview with a Vampire."*

B. Usage

1. *As a subject*
Qui replaces the subject of the relative (subordinate) clause if the subject is a person or thing.

> Je ne connais pas le nom de la personne **qui** joue le rôle principal du film.
> *I don't know the name of the person **who** plays the lead role in the movie.*

Nous avons vu un film hier soir **qui** était très violent.
*We saw a movie last night **that** was very violent.*

Ce qui replaces the subject of the relative clause if the subject is an idea or something unspecified.

Je ne comprends pas **ce qui** se passe dans ce film.
*I don't understand **what** is happening in this movie.*

2. *As a direct object*
Que replaces the object of the relative clause if the object is a person or thing.

Elle parle à l'actrice **que** nous avons vue ce matin.
*She is talking to the actress **(that)** we saw this morning.*

Elle joue un rôle secondaire dans le film **que** nous allons voir demain soir.
*She plays a minor role in the movie **(that)** we are going to see tomorrow evening.*

Ce que replaces the object of the relative clause if the object is an idea or something unspecified.

Dites-moi **ce que** vous trouvez dégoûtant dans les films contemporains.
*Tell me **what (it is)** you find disgusting in contemporary movies.*

3. *As the object of the preposition **à***
Qui replaces the object of the preposition **à** in the relative clause if the object is a person.

Je ne sais plus **à qui** j'ai prêté cette vidéo.
*I no longer know **to whom** I lent this video.*

Auquel (à laquelle/auxquels/auxquelles) replaces the preposition **à** + its object in the relative clause if the object is a thing.

La version du film **à laquelle** je pense est sous-titrée.
*The version of the movie I'm thinking **of** is subtitled. (OR: ...of which I'm thinking...)*

(Ce) à quoi replaces the object of the preposition **à** if the object is an idea or something unspecified. Note that the use of **ce** in this expression is optional.

Il y a peu de gens qui comprennent **(ce) à quoi** on se réfère dans cette scène satirique.
*There are few people who understand **what** is being referred to in this satirical scene.*

4. *As the object of the preposition **de***
Dont and **de qui** can both be used to replace the preposition **de** and its object when the object is a person. **Dont** is the preferred form.

La vedette **dont** ils parlent est Gérard Depardieu.
*The star they are talking **about** is Gérard Depardieu.*

Dont also replaces the preposition **de** and its object when the object is a thing.

Le film **dont** tu parles est un grand classique.
*The movie you are talking **about** is a classic.*

Ce dont replaces the preposition **de** and its object when the object is an idea or something unspecified.

> Je ne vois pas **ce dont** on a peur dans ce film d'épouvante.
> *I don't see **what** people are afraid of in this horror movie.*

5. *As the object of other prepositions*
Qui replaces the object of all other prepositions, if the object is a person.

> Caroline est l'amie **avec qui** je vais au cinéma ce soir.
> *Caroline is the friend I'm going to the movies **with** tonight.* (OR: *...the friend **with whom** I...*)

Lequel (laquelle/lesquels/lesquelles) replaces the object of all other prepositions, if the object is a thing.

> Il faut faire bien attention aux sous-titres, **sans lesquels** vous ne comprendrez rien!
> *You have to pay close attention to the subtitles, **without which** you will understand nothing!*

NOTE: **Lequel** can be used as a *relative pronoun,* as seen above, and as an *interrogative pronoun* (see Chapter 5, Structures, p. 182.)

As a relative pronoun:

> C'est la raison pour **laquelle** elle n'aime pas ce film.
> *It's the reason **(that)** she doesn't like this movie.*

As an interrogative pronoun:

> On a un choix de films ce soir. **Lequel** préférez-vous?
> *There is a choice of movies tonight. **Which one** do you prefer?*

(Ce)... quoi replaces the object of all other prepositions if the object is an idea or something unspecified.

> **Ce contre quoi** je proteste, c'est la censure.
> ***What** I'm protesting is censorship.*

 6. **Où** is used to express location or time. It is the equivalent of **à** or **dans + lequel.**

> Maïmouna n'a jamais oublié le jour **où** son beau-frère a amené toute la famille au cinéma.
> *Maïmouna never forgot the day **(when)** her brother-in-law took the whole family to the movies.*

NOTE: **Où** expresses origin when preceded by the preposition **de (d').**

> **D'où** vient cette actrice qui parle avec un accent?
> ***Where** does this actress who speaks with an accent come **from**?*

► **SELF-CHECK** *Cahier, Exercises II A, B, pp. 71-72.*

STRUCTURES

III. Le mot juste: *il s'agit de*

The expression **il s'agit de** in French can be very useful when talking about the content of a work (a book, a play, a movie, etc.) or when talking about an event. It is an impersonal expression, which means that the subject is always **il** (*it*). The meaning of this expression varies somewhat according to context, as you will see in the examples below.

Dans le film «Le retour de Martin Guerre,» **il s'agit d'**un homme qui prétend être Martin Guerre.
*The film "Le retour de Martin Guerre" **is about** a man who claims to be Martin Guerre.*

De quoi s'agit-il dans cette nouvelle émission?
***What is** this new TV program **about**?*

Chapter

7

I. What is the subjunctive?

The **subjunctive** suggests a way of looking at things rather than describing a moment in time.

> Ses parents veulent qu'elle **soit** heureuse.
> *Her parents want her **to be** happy.*

Being happy is not a fact in this sentence but a *subjective* condition which may or may not happen.

> Ils ont peur que leur fils **meure.**
> *They are afraid their son **will die.***

It is not certain that their son will die. What we know is their feeling about it.

The subjunctive is rare in English, although something similar is expressed in sentences like:

> *I wish she **were** a princess.*

Unlike English, the **subjunctive** occurs fairly frequently in French. When a *main* verb expresses a feeling or an emotion (*happiness, fear, surprise,* etc.) or a desire (*I want, I demand,* etc.) and the verb which follows it has its own subject, this *dependent* verb is in the subjunctive mode.

> Ils veulent qu'elle **choisisse** un mari.
> *They want her **to choose** a husband.*

In this example, she has not chosen a husband, nor do we know whether she will do so, or is doing so; what we know is that they *want* her to do it.

> J'insiste pour que ma femme m'**obéisse.**
> *I insist that my wife **obey** me.*

We do not know whether or not she will; we know the speaker insists on it.

> Je doute qu'une grenouille **puisse** être aussi grosse qu'un bœuf.
> *I doubt that a frog **can (could)** be as big as an ox.*

Since the main verb **(doute)** expresses doubt, the dependent or subordinate verb **(puisse)**, which has its own subject, is in the subjunctive.

II. Formation of the subjunctive

Two tenses of the **subjunctive** are commonly used in modern French: the *present* (to express present *or* future) and the *past*. The imperfect and the pluperfect subjunctive are usually found only in literary texts.

A. Present subjunctive

The present tense of the **subjunctive** for most verbs is formed by taking the third person plural form of the present indicative **(ils/elles choisissent)**, dropping the **-ent** and adding the following endings:

-e	-ions
-es	-iez
-e	-ent

Il est important qu'il **choisisse** le meilleur cadeau.

1. Regular verbs

- Regular **-er** verbs

rêver	que je rêve	que nous rêvions
ils rêvent	que tu rêves	que vous rêviez
	qu'il/qu'elle rêve	qu'ils/qu'elles rêvent

- Regular **-ir** verbs

choisir	que je choisisse	que nous choisissions
ils choisissent	que tu choisisses	que vous choisissiez
	qu'il/qu'elle choisisse	qu'ils/qu'elles choisissent

- Regular **-re** verbs

rendre	que je rende	que nous rendions
ils rendent	que tu rendes	que vous rendiez
	qu'il/qu'elle rende	qu'ils/qu'elles rendent

NOTE: The subjunctive is often shown in verb charts preceded by the conjunction **que** to emphasize that these verb forms are used only in *dependent clauses*.

CHAPTER 7

2. Verbs with double stems

There are many verbs which have double stems in the subjunctive: one stem is based on the third person plural (ils **vienn**ent: **vienn-**) and is used for **je, tu, il, ils;** the other is based on the first person plural (nous **ven**ons: **ven-**) and is used for **nous** and **vous.**

venir	que je **vienn**e	que nous **ven**ions
	que tu **vienn**es	que vous **ven**iez
	qu'il/qu'elle **vienn**e	qu'ils/qu'elles **vienn**ent

Some of the most common verbs which follow this pattern are: **voir, devoir, boire, mourir, croire,** and **recevoir.**

> Il faut que **je boive** la potion magique.
> *I must **drink** the magic potion.*

> Il est important qu'**elle reçoive** la fleur.
> *It is important that **she get** the flower*

> Il veut que **nous buvions** la potion magique.
> *He wants **us to drink** the magic potion.*

> Je doute que **vous receviez** ce miroir.
> *I doubt that **you will receive** this mirror.*

Other verbs have two stems in the subjunctive which are not based on the present indicative, but they follow the same pattern (one stem for **je, tu, il, ils;** another stem for **nous, vous**).

aller: **aill-/all-**

> Il faut que **j'aille** chez ma fiancée.
> *I have to **go** to my fiancée's house.*

> Il est important que **nous** y **allions** ensemble.
> *It is important for **us to go** there together.*

vouloir: **veuill-/voul-**

> Bien qu'elle **veuille** se marier, elle renvoie les trois jeunes hommes.
> *Although she **wants** to marry, she sends away the three young men.*

> Elle est étonnée que nous **voulions** tous faire ce qu'elle demande.
> *She is surprised that we all **want** to do what she asks.*

3. Irregular verbs

Some irregular verbs have only one stem in the subjunctive.

savoir: **sach-**   pouvoir: **puiss-**   faire: **fass-**

The present subjunctive forms of **avoir** and **être** are irregular.

avoir		être	
que j'**aie**	que nous **ayons**	que je **sois**	que nous **soyons**
que tu **aies**	que vous **ayez**	que tu **sois**	que vous **soyez**
qu'il **ait**	qu'ils **aient**	qu'il **soit**	qu'ils **soient**

▶ SELF-CHECK *Cahier, Exercises I A, B, pp. 80-81.*

B. Past subjunctive

The **past tense of the subjunctive** is a compound past tense (like the **passé composé**) and is composed of the present subjunctive of **avoir** or **être** and the past participle of the main verb.

> Elle est contente qu'ils **soient arrivés** avant son enterrement.
> *She is happy that they **arrived** before her burial.*

> Ses parents sont étonnés que le jeune homme **ait acheté** une fleur.
> *Her parents are surprised that the young man **bought** a flower.*

The **past subjunctive** is used when the action or state in the subjunctive clause has taken place before the action or state of the main (indicative) verb. For example, in the second sentence above, the parents *are* surprised, because at some time in the past the young man *bought* a flower.

> Je suis désolé que vous n'**ayez** pas **trouvé** le sorcier.
> *I am really sorry that you **did** not **find** the magician.*

The speaker is sorry *now* that you did not find the magician *in the past*.

III. Usage of the subjunctive

In modern French, the subjunctive is almost always used in a *dependent* or *subordinate clause* introduced by the conjunction **que**.

NOTE: Not all clauses following **que** will require the subjunctive. In the following sentence, for example, **que** is a *relative pronoun* that refers back to the noun **garçon.**

> Le garçon **que** la jeune fille aime lui a apporté une fleur.
> *The boy **whom** the girl loves brought her a flower.*

A. The subjunctive is used...

1. following expressions of *volition* (will, intention, desire, wish) or *sentiment* (emotion, judgment, appreciation).

> Il **faut qu'**elle nous **dise** qui elle aime.   Ils **ont peur qu'**elle **soit morte.**
> *She **has to tell** us whom she loves.*   *They **are afraid that** she **has died**.*

> Je **préfère que** tu ne **lises** pas d'histoires de vampires.
> *I **prefer that** you not **read** vampire stories.*

Some verbs in this category are: **vouloir, désirer, ordonner, défendre, permettre, demander, insister, préférer, aimer mieux, regretter,** and **admirer.**

EXCEPTION: The subjunctive is *not* used after the verb **espérer,** which is often followed by the future.

> Il **espère qu'**elle le **prendra** pour mari.
> He **hopes that** she **will take** him as her husband.

> Nous **espérons** que vous vous **marierez** bientôt.
> We **hope** that you **will get married** soon.

Some expressions of volition and emotion which are followed by the subjunctive are: **avoir peur que, être heureux que** (also: **être content(e)/triste/désolé(e)/étonné(e)/surpris(e) que,** etc.), **il est bon que** (also: **il est utile/nécessaire/dommage/temps que,** etc.), **il vaut mieux que, il faut que.**

2. following verbs and expressions which indicate *doubt* or *possibility* (**il est possible que, il se peut que, il est peu probable que).**

> Il **se peut que** nous **trouvions** une fleur merveilleuse.
> It **is possible that** we **will find** a magic flower.

> **Je doute que** la princesse m'**épouse.**
> I **doubt that** the princess **will marry** me.

> Il **est peu probable que** la grenouille **réussisse.**
> It **is unlikely that** the frog **will succeed.**

EXCEPTION: The expression **il est probable** suggests greater certainty and is therefore not followed by the subjunctive:

> Il **est probable que** la grenouille **ne peut pas** se faire aussi grosse que le bœuf.
> It **is likely that** the frog **cannot** make itself as big as the ox.

> Il **est probable** que le bœuf ne **fait** pas attention à la grenouille.
> It **is likely** that the ox **pays** no attention to the frog.

3. with certain conjunctions. Some of the most common are:

bien que, quoique *although*	**jusqu'à ce que** *until*
pour que, afin que *in order to*	**sans que** *without*
avant que *before*	**à condition que** *provided that, on the condition that*

> **Bien qu'**il **ait** peur, il donne son sang pour ses enfants.
> **Although** he **is** afraid, he gives blood for his children.

> La grenouille s'enfle **jusqu'à ce qu'**elle **éclate.**
> The frog inflates itself **until** it **explodes.**

> Les enfants guériront **à condition que** leurs parents **veuillent** donner leur sang.
> The children will get well **on the condition that** their parents **are willing** to give their blood.

STRUCTURES

Le chevalier part **sans que** la princesse le **voie.**
*The knight leaves **without** the princess **seeing** him.*

Avant que nous **arrivions,** le loup dévorera le Petit Chaperon rouge.
***Before** we **arrive,** the wolf will eat up Little Red Ridinghood.*

NOTE: Traditional grammar books state that **après que** does not require the subjunctive. However, many native speakers of French now use the subjunctive following **après que.**

Some of these conjunctions have *equivalent prepositions* which are used when the subject of both parts of the sentence is the same. They are often followed by an infinitive.

Conjunctions (+ Subjunctive)	*Prepositions (+ Infinitive)*
pour que	**pour**
sans que	**sans**
afin que	**afin de**
avant que	**avant de**
à condition que	**à condition de**

Afin d'arriver vite, ils montent tous sur le même cheval.
***In order to** arrive quickly, they all get on the same horse.*

Avant de partir, ils embrassent leur fiancée.
***Before** leaving, they kiss their fiancée.*

Sans attendre, il entre dans sa chambre.
***Without** waiting, he goes into her bedroom.*

A condition de trouver le plus beau cadeau, il pourra se marier avec la belle jeune fille.
***On the condition** that he find the most beautiful gift, he will be able to marry the beautiful girl.*

NOTE: The preposition **jusqu'à** is followed by a noun.

Jusqu'à leur retour, on la croyait morte.
***Until** their return, they thought she was dead.*

Bien que and **quoique** have no preposition equivalents, which means that they are always followed by the subjunctive even when the subjects of both main and dependent clauses are the same.

Bien qu'elle aime le garçon à la fleur, elle ne l'épouse pas.
***Although** she loves the boy with the flower, she does not marry him.*

Quoiqu'elle **soit** belle, elle reste très modeste.
***Although** she **is** beautiful, she remains very humble.*

4. with superlative statements, since these are judgments and not fact.

C'est **le plus beau cadeau** qu'elle **ait reçu.**
*It's **the most beautiful gift** she **has received**.*

Use of the subjunctive is not mandatory in this case.

B. The subjunctive is not used...

1. with expressions which indicate *certainty* (**il est clair que, il est évident que, il est vrai que,** etc.) unless they are in the negative.

> **Il est vrai que** la mère **fait** beaucoup pour ses enfants.
> *It is true that the mother does a lot for her children.*

> **Il n'est pas clair que** le père **ait** plus d'autorité.
> *It is not clear that the father has more authority.*

2. with the verbs **croire** and **penser** when they are *affirmative.*

> Le bœuf **croit que** la grenouille **est** trop petite.
> *The ox thinks that the frog is too small.*

> Nous **pensons que** la fille **doit** épouser quelqu'un d'autre.
> *We think the girl should marry someone else.*

NOTE: These verbs may be followed by the subjunctive if they are *negative* or *interrogative* when you want to stress doubt or uncertainty.

> Il **ne pense pas qu'**elle **puisse** se faire aussi grosse que lui.
> *He doesn't think that she can make herself as big as he.*

C. Infinitive *vs.* subjunctive

If the subject of the main clause and the subordinate clause is the same, the infinitive should be used instead of the subjunctive.

> **Il** veut **acheter** un beau cadeau pour sa fiancée.
> *He wants to buy a beautiful gift for his fiancée.*

> *vs.*

> **Elle** veut qu'**il** lui **achète** un beau cadeau.
> *She wants him to buy her a beautiful gift.*

> **Je** préfère **lire** des romans historiques.
> *I prefer to read historical novels.*

> *vs.*

> **Je** préfère que **tu lises** des contes de fées.
> *I prefer that you read fairy tales.*

> **Elle** est contente de **revoir** sa famille.
> *She is happy to see her family again.*

> *vs.*

> **Les parents** sont contents que **leur fille vive** de nouveau.
> *The parents are happy that their daughter is alive again.*

NOTE: With expressions such as **être** + *adjective* (Elle **est contente...,** etc.), the preposition **de** is used before the infinitive.

▶ SELF-CHECK *Cahier, Exercises II A, B, C, p. 81-83.*

Summary: subjunctive *vs.* indicative/infinitive

- If a sentence has two different subjects: one in the main clause, another in the dependent clause...

1. use the *indicative* in the *dependent* clause when the main verb expresses:

certainty	**Il est certain que**
probability	**Il est probable que**
thinking	**Je crois que; Je pense que**
declaring	**Je dis que; J'annonce que**
hoping	**J'espère que**

2. use the *subjunctive* in the *dependent* clause when the main verb expresses:

doubt	**Je doute que**
possibility	**Il se peut que**
emotion	**Je regrette que**
fear	**Elle craint que**
will	**Je veux que**
command	**Elle exige que**

- If a sentence has one subject for two verbs, use an *infinitive* after the main verb:

Il **veut se marier.**
He **wants to get married**.

La grenouille **espère être** aussi grosse que le bœuf.
The frog **hopes to be** as big as the ox.

Il **est** important d'**aider** ses enfants.
It **is** important **to help** one's children.

STRUCTURES

Chapter

8

> **Verbs to review**   (See the verb charts in Appendix D.)
>
> **devoir**   **se rappeler**   **se souvenir de**

I. Demonstrative pronouns

By this point in your study of French you are very adept at using *demonstrative adjectives* **(ce, cet, cette, ces)** to modify nouns. In order to avoid unnecessary repetition, these adjectives and the nouns they modify can be replaced by demonstrative pronouns. The *demonstrative pronouns* in French are:

	Masculine	*Feminine*
Singular	**celui**	**celle**
Plural	**ceux**	**celles**

Demonstrative pronouns can be used in three ways:

1. followed by **-ci** or **-là** to make a distinction between two people or things.

> Regardez ces deux rédactions. **Celle-ci** est bien meilleure que **celle-là**.
> *Look at these two papers. **This one** is a lot better than **that one**.*

2. followed by **de**.

> J'aime mieux mes cours de chimie que **ceux de** littérature.
> *I prefer my chemistry courses to my literature courses.*

3. followed by a *relative pronoun* **(qui, que, dont)**.

> Le cancre, c'est **celui qui** n'étudie jamais.
> *The dunce is **the one who** never studies.*

> Parmi toutes mes amies, **celle que** nous avons vue à la bibliothèque est une vraie bosseuse.
> *Among all my friends, **the one (girl)** we saw at the library is a real workhorse.*

> Un vrai cancre, c'est **celui dont** les profs se plaignent toujours.
> *A truly bad student is **the one** the teachers always complain **about**.*

▶ SELF-CHECK *Cahier, Exercise I, pp. 90–91.*

II. Passive voice

A sentence is said to be in the active voice if the subject of the sentence is doing the action.

> **Les élèves doivent réussir** au baccalauréat avant de pouvoir poursuivre leurs études à l'université.
> *(High school)* ***students must pass*** *the baccalaureat exam before they can continue their studies at the university level.*

If, however, the subject of the sentence is acted upon by the object, the sentence is said to be in the *passive voice*. In the following sentence, for example, Napoleon is technically the object of the preposition *by,* but he is the one who created the «bac».

> **Le bac a été créé** par Napoléon I en 1808.
> ***The bac was created*** *by Napoleon I in 1808.*

A. Formation

The passive voice is a combination of a conjugated form of the verb **être,** together with the past participle of the main verb (the verb of action). The tense of **être** varies according to the context.

> Les notes **sont marquées** dans le relevé de notes.
> *Grades **are recorded** on the report card.*

> Les droits d'inscription **ont été payés** par mes parents.
> *The registration fees **were paid** by my parents.*

In a passive construction, the past participle functions as an adjective and therefore must agree in gender *(m./f.)* and in number *(sing./pl.)* with the subject being acted upon.

> Elle **a été inscrite** dans ce cours par une copine.
> *She **was registered** for this course by a friend.*

The object (or agent) is generally introduced by the preposition **par,** as in the example above. However, if the verb indicates an emotion or a state, rather than a clear action, it is linked to the object by the preposition **de.**

> Ce professeur est respecté **de** tous ses étudiants.
> *This professor is respected **by** all his students.*

B. Usage

The passive voice is used much less frequently in French than in English. It is, therefore, very important to learn how the French avoid using passive constructions. There are three ways to do this:

1. If there is a specified agent in the sentence, simply reverse the word order to make the agent/object become the subject (and the subject become the object).

Passive voice: Le cocon universitaire **est apprécié** des étudiants.
> *The cocoon-like environment of the university **is appreciated** by the students.*

Active voice: Les étudiants **apprécient** le cocon universitaire.
> *The students **appreciate** the cocoon-like environment of the university.*

2. If there is no stated agent, use the pronoun **on,** and reverse the word order so as to turn the original subject into the object of the active verb.

Passive voice: Cette université **a été construite** pour accueillir 10 000 étudiants.
*This university **was built** to accommodate 10,000 students.*

Active voice: On **a construit** cette université pour accueillir 10 000 étudiants.
(English translation same as above.)

3. Sometimes verbs can be used reflexively, thereby turning the agent/object into the agent/subject of the sentence. This construction is used when referring to habitual actions, to things that are common or well-known occurrences, or in set expressions (such as **Ça ne se fait pas! Ça ne se dit pas!**, etc.)

Passive voice: Le bac moderne **est composé** d'épreuves écrites et d'épreuves orales.
*The modern baccalaureat exam **is made up** of written and oral parts.*

Active voice: Le bac moderne **se compose** d'épreuves écrites et d'épreuves orales.
(English translation same as above.)

► SELF-CHECK *Cahier, Exercises II A, B, pp. 91–92.*

III. *Tout*

The word **tout** can function as an adjective, a pronoun, or an adverb in French, and therefore has many different meanings.

A. The adjective *tout*

As an adjective, **tout** has four forms:

	Masculine	Feminine
Singular	**tout**	**toute**
Plural	**tous**	**toutes**

The adjective **tout** means *the entire, the whole, all, every.*

Toute la classe arrive à l'heure.
*The **whole** class arrives on time.*

Le prof nous donne des devoirs **tous** les jours.
*The professor gives us homework **every** day.*

B. The pronoun *tout*

The pronoun **tout** has only three forms; when used in the singular (meaning *everything*), it is invariable. Both plural forms have the same meaning: *everyone.*

Singular	**tout**	
	Masculine	*Feminine*
Plural	**tous**	**toutes**

Tout est ennuyeux dans ce cours. **Tous** ont réussi à l'examen.
Everything *is boring in this course.* ***Everyone*** *passed the test.*

NOTE: When used as a pronoun, the final **s** in **tous** is pronounced.

C. The adverb *tout*

Used as an adverb, **tout** means *completely, extremely.*

Ils sont **tout** préoccupés par cet examen.
*They are **completely** preoccupied by this exam.*

NOTE: The adverb **tout** is invariable (i.e., no feminine or plural ending) unless it precedes a feminine adjective that begins with a consonant or an aspirated **h.**

Elle était **toute honteuse** d'avoir eu une mauvaise note.
*She was **extremely ashamed** of having received a bad grade.*

▶ SELF-CHECK *Cahier, Exercise III, p. 93.*

IV. Le mot juste: *plaire à*

In English, we say that *something pleases us*; the French say that *something is pleasing to them.* Therefore, the verb *to please* **(plaire)** requires the use of the preposition **à,** or an indirect object pronoun.

Est-ce que votre relevé de notes **a plu** Est-ce que ses notes **lui plaisent?**
à vos parents? *Do his grades **please** him?*
*Did your report card **please** your*
parents?

NOTE: The verb **plaire** is often used to mean *to be happy with*. The French sentences in the examples given above could mean:

*Are your parents **happy with** your* *Is he **happy with** his grades?*
report card?

CHAPTER 8

STRUCTURES

I. The future tense and conditional forms

The use of the future and the conditional in French is very similar to English. The future tense allows you to talk about what *will happen* at some future time:

> Les ordinateurs ne **remplaceront** jamais les professeurs.
> Computers **will** never **replace** teachers.

The conditional expresses what *could, might,* or *would happen* if a certain condition existed:

> Si j'étais française, la Sécurité sociale **rembourserait** mes médicaments.
> *If I were French, Social Security would **reimburse** me for my medications.*

II. Formation of the future and conditional

A. Simple future and present conditional

The simple future and the present conditional are formed by adding the following endings to the stem of the verb.

	Future				Conditional			
je	**-ai**	nous	**-ons**	je	**-ais**	nous	**-ions**
tu	**-as**	vous	**-ez**	tu	**-ais**	vous	**-iez**
il/elle/on	**-a**	ils/elles	**-ont**	il/elle/on	**-ait**	ils/elles	**-aient**

Notice that the endings for the future and the conditional are different. The same stem, however, is used for both. This stem is the *infinitive* or a *modified form of the infinitive.*

STRUCTURES

• For verbs whose infinitive ends in **-er:** the infinitive is used as the stem in most cases.

> Nous **éliminerons** la guerre. *(future)*
> We **will eliminate** war.

> Les gouvernements **interdiraient** les armes nucléaires. *(conditional)*
> Governments **would forbid** nuclear weapons.

EXCEPTIONS:
aller: stem **ir-**

> Tu **iras** à Bruxelles. *(future)*   J'**irais** à Rome. *(conditional)*
> You **will go** to Brussels.   I **would go** to Rome.

envoyer: stem **enverr-**

> Vous m'**enverrez** votre passeport. *(future)*
> You **will send** me your passport.

> Nous **enverrions** l'ambassadeur. *(conditional)*
> We **would send** the ambassador.

rejeter: stem **rejetter-**

> Qui **rejettera** une monnaie unique? *(future)*
> Who **will reject** a single currency?

> Le président **rejetterait** ce projet. *(conditional)*
> The president **would reject** this project.

• Verbs whose infinitive ends in **-ir:** the *infinitive* is used as the stem in most cases.

> Ils **finiront** leur discussion ce soir. *(future)*
> They **will finish** their discussion tonight.

> Ils **partiraient** de New York. *(conditional)*
> They **would leave** from New York.

EXCEPTIONS:
venir/tenir: stem **viendr-/tiendr-**

> Je **viendrai** demain. *(future)*   A ta place, je ne **viendrais** pas. *(conditional)*
> I **will come** tomorrow.   If I were you, I **would not come.**

courir/mourir: stem **courr-/mourr-**

> L'enfant **courra** le risque de tomber malade. *(future)*
> The child **will run** the risk of becoming ill.

> Si la guerre continuait, trop de gens **mourraient.** *(conditional)*
> If the war continued, too many people **would die.**

• Verbs whose infinitive ends in **-re:** the future and conditional stems are formed by dropping the **-e** from the infinitive.

> Chaque pays **craindra** les armes nucléaires. *(future)*
> Each country **will be afraid** of nuclear weapons.

> L'O.N.U. **prendrait** l'initiative. *(conditional)*
> The United Nations **would take** the initiative.

EXCEPTIONS:
être: stem **ser-**

> L'Europe **sera** unie. *(future)*
> *Europe **will be** united.*

> Les Européens **seraient** forts. *(conditional)*
> *The Europeans **would be** strong.*

faire: stem **fer-**

> Nous **ferons** ce que nous pouvons pour la paix. *(future)*
> *We **will do** what we can for peace.*

> Nous **ferions** ce que vous voulez si possible. *(conditional)*
> *We **would do** what you want if possible.*

•Verbs whose infinitives end in **-oir** change in a variety of ways. Some of the most common of these verbs and their stems are:

avoir: **aur-**	devoir: **devr-**	savoir: **saur-**	voir: **verr-**
pouvoir: **pourr-**	falloir: **faudr-**	vouloir: **voudr-**	valoir: **vaudr-**

▶ SELF-CHECK *Cahier, Exercises I A, B, p. 101.*

B. Future perfect and past conditional

1. Future perfect

The future perfect (e.g., *will have had, shall have had*) is a compound tense, like the passé composé and the pluperfect, and it follows the same pattern. It is composed of the *future tense of the auxiliary* (**avoir** or **être**) and the past participle.

> Quand j'**aurai terminé** mes études, je travaillerai aux Nations-Unies.
> *When I **(will) have finished** my studies, I will work at the United Nations.*

> Aussitôt qu'elle **sera partie,** nous finirons son projet.
> *As soon as she **has left,** we will finish her project.*

> Dès que j'**aurai payé** mes impôts, il faudra que j'économise pour l'année prochaine.
> *As soon as **I've paid** my taxes, I'll have to start saving for next year.*

For more examples of usage, see p. 211.

▶ SELF-CHECK *Cahier, Exercise II A, p. 102.*

2. Past conditional

The past conditional (e.g., *would have done*) is a compound form following the same pattern as the passé composé, pluperfect, and future perfect. It is composed of the *present conditional tense of the auxiliary* (**avoir** or **être**) and the past participle.

> Nous n'**aurions** pas **acheté** cet ordinateur s'il avait été plus cher.
> *We **would** not **have bought** this computer if it had been more expensive.*

> Il y **aurait eu** des soldats américains à Berlin en 1961.
> *There **would have been** American soldiers in Berlin in 1961.*

S T R U C T U R E S

Le président a déclaré qu'il **serait allé** à Moscou.
*The president stated that he **would have gone** to Moscow.*

For more examples of usage, see p. 212.

► SELF-CHECK *Cahier, Exercise II B, p. 102.*

III. Usage of the conditional and future

A. Conditional

The conditional can be used to express *politeness* by softening or attenuating a request, a command, or a suggestion. The verbs **vouloir, pouvoir, savoir,** and **devoir** are often used in the conditional in this context.

Je **voudrais** vous parler.   Vous **devriez** y penser.
*I **would like** to speak with you.*   *You **should** think about it.*

The conditional is also used in a conjecture or hypothesis in the future or present to express a possibility, something which *might* or *could* happen. Often it is accompanied by a subordinate clause (either before or after) in which a condition is stated.

A leur place, je **contrôlerais** les passeports.
*If I were them, I **would check** passports.*

Davantage de jeunes Européens **feraient** leurs études dans les pays de l'Union
    européenne si c'était moins cher.
*More young Europeans **would study** in countries of the European Union if it
    were less expensive.*

Si le Mur de Berlin n'était pas tombé, l'Allemagne **serait** encore **divisée.**
*If the Berlin Wall had not fallen, Germany **would** still **bc dividcd.***

► SELF-CHECK *Cahier, Exercise III A, p. 102.*

When you are reporting what someone else has said about a *future event,* and the statement was made in the *past,* the conditional replaces the future.

DIRECT SPEECH: Le ministre a dit: «Nous **signerons** l'accord après les
                négotiations.»
                *The minister said: "We **will sign** the agreement after the
                negotiations."*

INDIRECT SPEECH: Le ministre a dit que nous **signerions** l'accord après les
                 négotiations.
                 *The minister said we **would sign** the agreement after the
                 negotiations.*

DIRECT SPEECH: Le professeur a déclaré: «Le pirate **sera** puni.»
                *The professor declared: "The computer hacker **will be** punished."*

INDIRECT SPEECH: Le professeur a déclaré que le pirate **serait** puni.
                 *The professor declared that the computer hacker **would be**
                 punished.*

NOTE: You may need to change the subject in the quoted sentence when you use indirect speech.

Il a dit: «**Je** ne serai pas soldat.»
*He said: "**I** will not be a soldier."*

Il a dit qu'**il** ne serait pas soldat.
*He said that **he** would not be a soldier.*

► SELF-CHECK *Cahier, Exercise III B, p. 103.*

B. Simple future

The future tense is used to speak about events that are *expected to happen* in the future, in the same way that the future tense is used in English.

Quel **sera** le pays le plus puissant?
*Which country **will be** the most powerful?*

Nous **arriverons** à une identité commune.
*We **will reach** a common identity.*

Les Français ne **pourront** plus choisir leur médecin.
*The French **will** no longer **be able** to choose their doctor.*

Unlike English, French requires the future tense after certain conjunctions when you are talking about the future. These conjunctions are: **quand, lorsque, dès que, aussitôt que,** and **tant que.**

Tant que nous **aurons** des guerres, il y **aura** des réfugiés.
*As long as there **is** war, there **will be** refugees.*

Dès qu'ils **signeront** l'accord, les frontières **s'ouvriront.**
*As soon as they **sign** the agreement, the borders **will open.***

Quand il y **aura** la paix, le gouvernement **dépensera** moins pour l'armement.
*When there **is** peace, the government **will spend** less for weapons.*

In French, as in English, the verb *to go* plus an infinitive is more often used to talk about **what is going** to happen (see Chapter 1, p. 145) than the simple future, which tells you what *will* happen.

Les Européens **vont travailler** ensemble.
*Europeans **are going to work** together.*

Using **aller** plus an infinitive suggests that the future event is more likely to happen or will happen sooner. The simple future suggests a more distant time in the future and somewhat more uncertainty about the events.

Un jour, on **aura** une monnaie unique.
*Some day we **will have** a single currency.*

In spoken French the **aller** + *infinitive* construction is used much more frequently than the simple future.

C. Future perfect (Futur antérieur)

The future perfect is used to talk about events in the future which will have happened *prior to* or *before* another event in the future. It often occurs together with the conjunctions **quand, lorsque, dès que,** or **aussitôt que,** since these refer to certain points in time.

> Quand nous **aurons terminé** la guerre, ils signeront le traité.
> *When we **have finished** the war, they will sign the treaty.*
> (The war will be over *before* the treaty signing.)

> Aussitôt que j'**aurai acheté** mon ordinateur portable et mon modem, je t'écrirai par courrier électronique.
> *As soon as I **have bought** my laptop computer and my modem, I will write to you on e-mail.*
> (I will have bought my laptop and my modem before I write on e-mail.)

▶ SELF-CHECK *Cahier, Exercise III C, p. 103–104.*

IV. *Si*-clauses

When you want to express what *will* or *would* happen *if* something else occurs or occurred, your sentence will have two parts:

1. the *condition* expressed by **si** plus a verb in the present, imperfect, or pluperfect.

2. a main clause with a verb in the present, future, present conditional, or past conditional which states the *result*.

The sequence of the two clauses is not important; i.e., you can begin your sentence with **si** to state the condition first, or start with the main clause to state the result first. Within this pattern, the choice of tenses is determined by the time frame and the meaning.

When the condition expressed in the **si**-clause (1) is considered as really existing or likely to be true, the present tense is used and the *result* (2) is expressed in the present or future: (1) **si** + *present* + (2) *present* or *future*

> (1) Si la Pologne **devient** membre de l'U.E., (2) les Polonais **pourront** voyager en Grande-Bretagne sans passeport.
> *If Poland **becomes** a member of the E.U., Poles **will be able** to travel to Great Britain without a passport.*

> (2) Le déficit budgétaire **sera** trop important (1) si on ne **réforme** pas la Sécu.
> *The budget deficit **will be** too large if they do not **reform** Social Security.*

> (1) Si tu n'**as** pas de souris, (2) le traitement de texte **sera** plus difficile.
> *If you **do** not **have** a mouse, word-processing **will be** more difficult.*

When the condition expressed in the **si**-clause is considered unlikely to become true, or is hypothetical or contrary to fact, the pattern is very similar to English:

(1) **si** + *imperfect* + (2) *present conditional*
(1) **si** + *pluperfect* + (2) *past conditional*

si + *imperfect* + *conditional*

(1) Si l'Europe **restait** désunie, (2) elle ne se **transformerait** jamais.
*If Europe **remained** divided, it **would** never **change.***

(2) Les parents **auraient** du mal à travailler (1) s'il n'y **avait** pas tant d'écoles maternelles.
*Parents **would have** trouble working if there **were** not so many pre-schools.*

si + *pluperfect* + *past conditional*

(1) Si de Gaulle ne s'y **était** pas **opposé,** (2) la Grande-Bretagne **serait devenue** membre de la CEE plus tôt.
*If de Gaulle **had** not **been opposed** to it, Great Britain **would have become** a member of the EC sooner.*

(2) Il **aurait étudié** l'informatique en Allemagne (1) s'il **avait eu** une bourse ERASMUS.
*He **would have studied** computer science in Germany if he **had had** an ERASMUS scholarship.*

It is also possible to use the pluperfect followed by the present conditional if you want to say (1) *if this had happened* (i.e., in the past), (2) *they would be happy* (i.e., in the present).

(1) Si la France **avait gagné** la guerre en Indochine, (2) cette dernière **serait** toujours une colonie française.
*If France **had won** the war in Indochina, the latter **would** still **be** a French colony.*

(2) L'Espagne ne **serait** pas membre de l'U.E. (1) si Franco n'**était** pas **mort**.
*Spain **would** not **be** a member of the E.U. if Franco **had** not **died.***

(1) Si on n'**avait** pas **inventé** l'ordinateur, (2) nous nous **servirions** toujours de nos machines à écrire.
*If the computer **had** not **been invented**, we **would** still **be using** our typewriters.*

chapter 9

SI-CLAUSE **(1)**		RESULT CLAUSE **(2)**
A. *Present*	+	*Present or Future*
Si tu **connais** ce traitement de texte,		tu **peux** m'aider.
*If you **know** this word processing program,*		*you **can** help me.*
Si j'**achète** un nouvel ordinateur,		ma mère s'en **servira**.
*If I **buy** a new computer,*		*my mother **will use** it.*
B. *Imperfect*	+	*Present conditional*
Si nous **avions** un nouveau jeu vidéo,		nous nous **amuserions**.
*If we **had** a new computer game,*		*we **would have fun**.*
C. *Pluperfect*	+	*Present conditional*
Si elle **était restée** à Paris,		elle **travaillerait** pour une société multinationale.
*If she **had stayed** in Paris,*		*she **would be working** for an international firm.*
D. *Pluperfect*	+	*Past conditional*
Si vous **aviez étudié** l'informatique,		vous **auriez pu** travailler pour Microsoft.
*If you **had studied** computer science,*		*you **would have been able** to work for Microsoft.*

▶ SELF-CHECK *Cahier, Exercise IV, p. 104.*

Appendices
Lexique
Indices

Appendix A

Articles

There are three types of articles in French: definite, indefinite, and partitive.

	SINGULAR		PLURAL
	Masculine	*Feminine*	*Masculine and Feminine*
Definite article	**le** (**l'**)	**la** (**l'**)	**les**
Indefinite article	**un**	**une**	**des**
Partitive article	**du** (**de l'**)	**de la** (**de l'**)	

Usage

1. Definite article (in English: *the*)

a. Definite articles precede nouns that are used in a very specific sense. In this case, usage is similar to that in English.

> **Le** professeur d'anglais nous interroge.
> *The English teacher asks us questions.*

Here a very specific teacher is being talked about and we know who it is.

> Voici **le** livre de français.
> Here is **the** French book.

This book has either been mentioned before or you are looking at it, so you know which book it is.

b. Definite articles precede nouns taken in a very general sense. In English the definite article is left out in this case.

> **La** pauvreté est un problème mondial.
> *Poverty is a worldwide problem.*

> **Les** mères ne corrigent pas **les** bébés.
> *Mothers don't correct babies.*

In French, definite articles are used with nouns following the verbs **aimer, adorer, préférer, détester**.

> Nous aimons **les** langues.
> *We like languages.*

c. The masculine and plural definite articles combine with the prepositions **à** and **de**:

à + le = au   **à + les = aux**   **de + le = du**   **de + les = des**

2. Indefinite articles (in English: *a, an, some*)

   a. The indefinite article in French precedes nouns used in an indeterminate sense, and its usage is much like English. In the plural it has the idea of *some* or an unspecified number or amount. The *some* is not always expressed in English.

> J'ai **un** cours de français.
> *I have **a** French class.*

> Il a acheté **une** voiture.
> *He bought **a** car.*

> La prof a invité **des** élèves.
> *The teacher invited **(some)** students.*

> Nous regardons **des** films français.
> *We look at **(some)** French films.*

   b. When the verb is negative, **un, une,** and **des** change to **de.**

> J'ai **un** cours de français mais je n'ai pas **de** cours d'allemand.
> *I have **a** French class but I don't have **a** German class.*

> Il n'a pas acheté **de** voiture mais il va acheter **un** vélo.
> *He didn't **buy a** car but he is going to buy **a** bicycle.*

> Mon père ne m'offre pas **de** cadeaux, mais ma mère me prépare **des** repas.
> *My father doesn't give me **any** presents, but my mother makes **(some)**
>   meals for me.*

> Elle lit **des** romans français mais elle ne lit pas **de** romans russes.
> *She reads **(some)** French novels but she doesn't read **(any)** Russian novels.*

 EXCEPTION: When the verb **être** is negative, the article does not change.

> C'est **un** prof de français, ce n'est pas **un** prof d'espagnol.
> *He's **a** French professor, not **a** Spanish professor.*

3. Partitive article

   a. Partitive articles indicate a part of something, an unspecified amount or quantity. They are usually used with nouns referring to things that cannot be counted.

> Les élèves ont **du** travail à faire.
> *The students have **(some)** work to do.*

> Il me faut **de l'**argent pour acheter mes livres.
> *I need **(some)** money to buy my books.*

> Le prof cherche **de la** craie.
> *The teacher is looking for **(some)** chalk.*

b. When the verb is negative, **du, de l',** and **de la** change to **de**.

> Il **ne** trouve **pas de** papier.
> *He doesn't find **any** paper.*

> Je **n'**ai **jamais d'**argent.
> *I never have **any** money.*

> Nous **n'**avons **pas de** chance.
> *We have **no** luck.*

 4. Articles with expressions of quantity

Following the expressions of quantity (**beaucoup, trop, peu, assez, autant, plus, moins, un verre, une tasse, une bouteille,** etc.), **du, de l', de la,** and **des** change to **de**.

> A-t-il **assez d'**argent?
> *Does he have **enough** money?*

> **Beaucoup de** professeurs travaillent l'été.
> ***Many** teachers work in the summer.*

> Nous avons **trop de** devoirs.
> *We have **too much** homework.*

> J'ai **autant de** travail que toi.
> *I have **as much** work as you.*

EXCEPTION: Following the expression **la plupart de** *(most of)*, this change does not happen.

> **La plupart du** travail est facile.
> ***Most of the** work is easy.*

> **La plupart des** professeurs sont sympa.
> ***Most (of the)** teachers are nice.*

> Il a dépensé **la plupart de l'**argent.
> *He spent **most of the** money.*

> J'ai dansé pendant **la plupart de la** fête.
> *I danced during **most of the** party.*

Appendix B

Prepositions

I. Prepositions with geographical names

A. For cities, islands, or groups of islands:

1. use the preposition **à** to express *to* or *in*.
   J'habite **à** Dakar.
   Il est allé **à** Tahiti.

2. use the preposition **de** or **d'** (in front of a vowel sound) to express *from*.
   Elle part **de** Cuba.
   Nous sommes **de** Montpellier.
   Ils viennent **d'**Antibes.

NOTE: Cities which have a definite article as a part of their name (for example, **la Nouvelle-Orléans, le Caire, le Havre**), keep the article.
   Vous allez **à la** Nouvelle-Orléans.
   Mon père rentre **du** Caire.

B. For feminine countries and French provinces (names ending in **-e**); continents (all of which are feminine); feminine states (names ending in **-e**); and masculine singular states and countries beginning with a vowel sound:

1. use the preposition **en** to express *to* or *in*.
   Ma famille voyage **en** Afrique.
   Le professeur va **en** Louisiane.

2. use the preposition **de** or **d'** to express *from*.
   Nous sommes partis **d'**Israël.
   Jeanne est **de** Normandie.

NOTE: **Le Mexique** and **le Zaïre** are masculine, even though they end in **-e.**

C. For masculine countries and states:

1. use the preposition **à** + *definite article* **(au, aux)** to express *to* or *in*.
   Ils sont allés **au** Sénégal.
   Leurs parents habitent **aux** Pays-Bas.

2. use the preposition **de** + *definite article* **(du, des)** to express *from*.
   Mes ancêtres sont **du** Mexique.
   Tu es parti **des** Etats-Unis il y a un mois.

D. When you are not sure of the gender of a state:

1. use **dans l'état de** to express *to* or *in*.
   Ma copine est **dans l'état de** Wyoming.

2. use **de l'état de** to express *from*.
   Ils viennent **de l'état d'**Utah.

Summary

	in/to	*from*
CITIES	**à**	**de**
FEMININE COUNTRIES/STATES	**en**	**de**
MASCULINE COUNTRIES/STATES	**au/aux**	**du/des**

II. Verbs that take prepositions in *one* language only

A. In English, there are many verbs which require a preposition after them, whereas in French, that preposition is included in the meaning of the verb itself.

Here are the most common examples:

attendre	to wait **for**
chercher	to look **for**
demander	to ask **for**
descendre	to go **down;** to get **off**
écouter	to listen **to**
monter (dans)	to go **up;** to get **into**
payer	to pay **for**
regarder	to look **at;** to watch

B. Many French verbs require prepositions where the English equivalent does not.

Here are some examples of these verbs:

assister **à**	to attend
changer **de**	to change (+ object)
commencer **à**	to start
entrer **dans**	to enter
finir **par**	(+ infinitive) to end up
jouer **à**	to play (a sport)
jouer **de**	to play (a musical instrument)
obéir **à**	to obey
rendre service **à**	to help
rendre visite **à**	to visit (someone)
répondre **à**	to answer
téléphoner **à**	to call someone (on the phone)

III. Verbs requiring preposition + *infinitive*

Many verbs in French require a preposition between the verb and a following infinitive. No general rule exists to determine which preposition goes with which verb, so it is a good idea to learn the ones you use most frequently and to check a dictionary in case of doubt.

A. Some verbs require the preposition **à** if they are followed by an infinitive.

aider à	s'habituer à
s'amuser à	hésiter à
apprendre à	s'intéresser à
s'attendre à	inviter à
arriver à	se mettre à
encourager à	réussir à
enseigner à	tenir à

Je n'arrive pas **à comprendre** les mathématiques.

B. Other verbs require the preposition **de** if they are followed by an infinitive.

accepter de	essayer de
s'arrêter de	finir de
cesser de	oublier de
craindre de	regretter de
se dépêcher de	rêver de
empêcher de	venir de

J'ai essayé **d'aller** à Paris.

C. A few verbs allow a choice of **à** or **de** if followed by an infinitive.

commencer à/de
continuer à/de
(se) décider à/de

D. Some verbs require two prepositions, one in front of the *following noun* and the other in front of the *following infinitive*. This forms a double construction:

verb + **à** + *noun* + **de** + *infinitive*

conseiller à… de…	ordonner à… de…
défendre à… de…	permettre à… de…
demander à… de…	promettre à… de…
dire à… de…	refuser à… de…
écrire à… de…	reprocher à… de…
interdire à… de…	suggérer à… de…

La mère défend **à** ses enfants **de** manger du chocolat.
Il refuse **d'**obéir **à** sa mère.

Appendix C

Present Participles

I. What is a Present Participle?

The *present participle* is a verbal form (also called a *gerund*), similar to the *-ing* form in English with no stated subject:

Je mange toujours **en regardant** la télé.
*I always eat **while watching** TV.*

En répondant immédiatement, j'ai évité une amende.
***By answering** immediately, I avoided a fine.*

NOTE: This is *not* the same as the present or the imperfect verb tenses, which can also be translated with an *-ing* verb form:

Elle **chante** toujours.
*She **is** always **singing**.*

Il m'a téléphoné pendant que je **prenais** une douche.
*He called me while I **was taking** a shower.*

II. How is a Present Participle formed?

The present participle form is based on the **nous** form of the present tense. The **-ons** ending is dropped, and **-ant** is added.

Il a gagné une médaille **en courant** plus vite que les autres.
*He won a medal **by running** faster than the others.*

nous *form*	*Present participle*
nous parl~~ons~~ ──►	parl**ant**
nous finiss~~ons~~ ──►	finiss**ant**
nous entend~~ons~~ ──►	entend**ant**

There are three irregular present participles:

être:	**étant**
avoir:	**ayant**
savoir:	**sachant**

III. How is a Present Participle used?

In French, the present participle is not used as often as in English. Two of the most common uses are:

A. As an adjective, which means it agrees with the noun it modifies.

Ces devoirs sont **fatigants**.
C'est une personne **charmante**.

B. As a gerund (like the English present participle), usually preceded by the preposition **en**. In this case, the present participle is invariable. Note the English translations.

Je prends toujours mon dîner **en écoutant** de la musique.
*I always have dinner **while listening** to music.*

En travaillant tout l'été, j'ai gagné assez d'argent pour payer mon voyage.
***By working** all summer, I earned enough money to pay for my trip.*

L'appétit vient **en mangeant**. *(French proverb)*
***Eating** stimulates the appetite.*

Appendix D

Verb Conjugations

If the verb you are looking for is not listed below, look for one with a similar ending. Verbs marked with an asterisk (*) are conjugated with **être**; all others are conjugated with **avoir**.

agir *to act*
Like **agir** are **finir** *(to finish)* and about 300 other verbs. Regular -**ir** and -**er** verbs are the most frequent conjugations.

Present indicative	*Future*
j'agis	j'agirai
tu agis	tu agiras
il/elle agit	il/elle agira
nous agissons	nous agirons
vous agissez	vous agirez
ils/elles agissent	ils/elles agiront

Imperfect	*Conditional*
j'agissais	j'agirais
tu agissais	tu agirais
il/elle agissait	il/elle agirait
nous agissions	nous agirions
vous agissiez	vous agiriez
ils/elles agissaient	ils/elles agiraient

Passé composé	*Present subjunctive*
j'ai agi	que j'agisse
tu as agi	que tu agisses
il/elle a agi	qu'il/elle agisse
nous avons agi	que nous agissions
vous avez agi	que vous agissiez
ils/elles ont agi	qu'ils/elles agissent

Passé simple	*Imperative*
j'agis	agis
tu agis	agissons
il/elle agit	agissez
nous agîmes	
vous agîtes	
ils/elles agirent	

aller* *to go*
Like **aller** is **s'en aller*** *(to go away)*.

Present indicative	*Future*
je vais	j'irai
tu vas	tu iras
il/elle va	il/elle ira
nous allons	nous irons
vous allez	vous irez
ils/elles vont	ils/elles iront

Imperfect	*Conditional*
j'allais	j'irais
tu allais	tu irais
il/elle allait	il/elle irait
nous allions	nous irions
vous alliez	vous iriez
ils/elles allaient	ils/elles iraient

Passé composé	*Present subjunctive*
je suis allé(e)	que j'aille
tu es allé(e)	que tu ailles
il/elle est allé(e)	qu'il/elle aille
nous sommes allé(e)s	que nous allions
vous êtes allé(e)(s)	que vous alliez
ils/elles sont allé(e)s	qu'ils/elles aillent

Passé simple	*Imperative*
j'allai	va
tu allas	allons
il/elle alla	allez
nous allâmes	
vous allâtes	
ils/elles allèrent	

s'asseoir[*] *to sit down*

Present indicative
je m'assieds
tu t'assieds
il/elle s'assied
nous nous
  asseyons
vous vous asseyez
ils/elles s'asseyent

Imperfect
je m'asseyais
tu t'asseyais
il/elle s'asseyait
nous nous asseyions
vous vous asseyiez
ils/elles s'asseyaient

Passé composé
je me suis assis(e)
tu t'es assis(e)
il/elle s'est assis(e)
nous nous sommes
  assis(es)
vous vous êtes
  assis(e)(s)
ils/elles se sont
  assis(es)

Passé simple
je m'assis
tu t'assis
il/elle s'assit
nous nous assîmes
vous vous assîtes
ils/elles s'assirent

Future
je m'assiérai
tu t'assiéras
il/elle s'assiéra
nous nous assiérons
vous vous assiérez
ils/elles s'assiéront

Conditional
je m'assiérais
tu t'assiérais
il/elle s'assiérait
nous nous assiérions
vous vous assiériez
ils/elles s' assiéraient

Present subjunctive
que je m'asseye
que tu t'asseyes
qu'il/elle s'asseye
que nous nous
  asseyions
que vous vous
  asseyiez
qu'ils/elles
  s'asseyent

Imperative
assieds-toi
asseyons-nous
asseyez-vous

avoir *to have*

Present indicative
j'ai
tu as
il/elle a
nous avons
vous avez
ils/elles ont

Imperfect
j'avais
tu avais
il/elle avait
nous avions
vous aviez
ils/elles avaient

Passé composé
j'ai eu
tu as eu
il/elle a eu
nous avons eu
vous avez eu
ils/elles ont eu

Passé simple
j'eus
tu eus
il/elle eut
nous eûmes
vous eûtes
ils/elles eurent

Future
j'aurai
tu auras
il/elle aura
nous aurons
vous aurez
ils/elles auront

Conditional
j'aurais
tu aurais
il/elle aurait
nous aurions
vous auriez
ils/elles auraient

Present subjunctive
que j'aie
que tu aies
qu'il/elle ait
que nous ayons
que vous ayez
qu'ils/elles aient

Imperative
aie
ayons
ayez

conduire *to drive*
Like **conduire** are **cuire** *(to cook)*,
construire *(to build, to construct)*,
réduire *(to reduce)*.

Present indicative
je conduis
tu conduis
il/elle conduit
nous conduisons
vous conduisez
ils/elles conduisent

Imperfect
je conduisais
tu conduisais
il/elle conduisait
nous conduisions
vous conduisiez
ils/elles conduisaient

Passé composé
j'ai conduit
tu as conduit
il/elle a conduit
nous avons conduit
vous avez conduit
ils/elles ont conduit

Passé simple
je conduisis
tu conduisis
il/elle conduisit
nous conduisîmes
vous conduisîtes
ils/elles conduisirent

Future
je conduirai
tu conduiras
il/elle conduira
nous conduirons
vous conduirez
ils/elles conduiront

Conditional
je conduirais
tu conduirais
il/elle conduirait
nous conduirions
vous conduiriez
ils/elles conduiraient

Present subjunctive
que je conduise
que tu conduises
qu'il/elle conduise
que nous conduisions
que vous conduisiez
qu'ils/elles conduisent

Imperative
conduis
conduisons
conduisez

connaître   *to know*
Like **connaître** are **disparaître** *(to disappear)*, **paraître** *(to seem)*, **reconnaître** *(to recognize)*.

Present indicative
je connais
tu connais
il/elle connaît
nous connaissons
vous connaissez
ils/elles connaissent

Future
je connaîtrai
tu connaîtras
il/elle connaîtra
nous connaîtrons
vous connaîtrez
ils/elles connaîtront

Imperfect
je connaissais
tu connaissais
il/elle connaissait
nous connaissions
vous connaissiez
ils/elles
   connaissaient

Conditional
je connaîtrais
tu connaîtrais
il/elle connaîtrait
nous connaîtrions
vous connaîtriez
ils/elles
   connaîtraient

Passé composé
j'ai connu
tu as connu
il/elle a connu
nous avons connu
vous avez connu
ils/elles ont connu

Present subjunctive
que je connaisse
que tu connaisses
qu'il/elle connaisse
que nous
   connaissions
que vous
   connaissiez
qu'ils/elles
   connaissent

Passé simple
je connus
tu connus
il/elle connut
nous connûmes
vous connûtes
ils/elles connurent

Imperative
connais
connaissons
connaissez

croire   *to believe*

Present indicative
je crois
tu crois
il/elle croit
nous croyons
vous croyez
ils/elles croient

Future
je croirai
tu croiras
il/elle croira
nous croirons
vous croirez
ils/elles croiront

Imperfect
je croyais
tu croyais
il/elle croyait
nous croyions
vous croyiez
ils/elles croyaient

Conditional
je croirais
tu croirais
il/elle croirait
nous croirions
vous croiriez
ils/elles croiraient

Passé composé
j'ai cru
tu as cru
il/elle a cru
nous avons cru
vous avez cru
ils/elles ont cru

Present subjective
que je croie
que tu croies
qu'il/elle croie
que nous croyions
que vous croyiez
qu'ils/elles croient

Passé simple
je crus
tu crus
il/elle crut
nous crûmes
vous crûtes
ils/elles crurent

Imperative
crois
croyons
croyez

courir   *to run*
Like **courir** is **parcourir** *(to go over, skim)*.

Present indicative
je cours
tu cours
il/elle court
nous courons
vous courez
ils/elles courent

Passé composé
j'ai couru
tu as couru
il/elle a couru
nous avons couru
vous avez couru
ils/elles ont couru

Imperfect
je courais
tu courais
il/elle courait
nous courions
vous couriez
ils/elles couraient

Passé simple
je courus
tu courus
il/elle courut
nous courûmes
vous courûtes
ils/elles coururent

courir (continued)

Future
je courrai
tu courras
il/elle courra
nous courrons
vous courrez
ils/elles courront

Present subjunctive
que je coure
que tu coures
qu'il/elle coure
que nous courions
que vous couriez
qu'ils/elles courent

Conditional
je courrais
tu courrais
il/elle courrait
nous courrions
vous courriez
ils/elles courraient

Imperative
cours
courons
courez

décrire to describe
Like **décrire** are **écrire** (to write),
s'inscrire* (to register, to enroll).

Present indicative
je décris
tu décris
il/elle décrit
nous décrivons
vous décrivez
ils/elles décrivent

Passé simple
je décrivis
tu décrivis
il/elle décrivit
nous décrivîmes
vous décrivîtes
ils/elles décrivirent

Imperfect
je décrivais
tu décrivais
il/elle décrivait
nous décrivions
vous décriviez
ils/elles décrivaient

Future
je décrirai
tu décriras
il/elle décrira
nous décrirons
vous décrirez
ils/elles décriront

Passé composé
j'ai décrit
tu as décrit
il/elle a décrit
nous avons décrit
vous avez décrit
ils/elles ont décrit

Conditional
je décrirais
tu décrirais
il/elle décrirait
nous décririons
vous décririez
ils/elles décriraient

Present subjunctive
que je décrive
que tu décrives
qu'il/elle décrive
que nous décrivions
que vous décriviez
qu'ils/elles décrivent

imperative
décris
décrivons
décrivez

devoir to owe; to have to

Present indicative
je dois
tu dois
il/elle doit
nous devons
vous devez
ils/elles doivent

Future
je devrai
tu devras
il/elle devra
nous devrons
vous devrez
ils/elles devront

Imperfect
je devais
tu devais
il/elle devait
nous devions
vous deviez
ils/elles devaient

Conditional
je devrais
tu devrais
il/elle devrait
nous devrions
vous devriez
ils/elles devraient

Passé composé
j'ai dû
tu as dû
il/elle a dû
nous avons dû
vous avez dû
ils/elles ont dû

Present subjunctive
que je doive
que tu doives
qu'il/elle doive
que nous devions
que vous deviez
qu'ils/elles doivent

Passé simple
je dus
tu dus
il/elle dut
nous dûmes
vous dûtes
ils/elles durent

Imperative
dois
devons
devez

dire *to say*
Like **dire** are **contredire** *(to contradict)*,
prédire *(to predict)*, **maudire** *(to curse)*.

Present indicative
je dis
tu dis
il/elle dit
nous disons
vous dites
ils/elles disent

Future
je dirai
tu diras
il/elle dira
nous dirons
vous direz
ils/elles diront

Imperfect
je disais
tu disais
il/elle disait
nous disions
vous disiez
ils/elles disaient

Conditional
je dirais
tu dirais
il/elle dirait
nous dirions
vous diriez
ils/elles diraient

Passé composé
j'ai dit
tu as dit
il/elle a dit
nous avons dit
vous avez dit
ils/elles ont dit

Present subjunctive
que je dise
que tu dises
qu'il/elle dise
que nous disions
que vous disiez
qu'ils/elles disent

Passé simple
je dis   nous dîmes
tu dis   vous dîtes
il/elle dit ils/elles dirent

Imperative
dis
disons
dites

dormir *to sleep*
Like **dormir** are **s'endormir*** *(to fall asleep)*,
se rendormir* *(to fall asleep again)*.

Present indicative
je dors
tu dors
il/elle dort
nous dormons
vous dormez
ils/elles dorment

Imperfect
je dormais
tu dormais
il/elle dormait
nous dormions
vous dormiez
ils/elles dormaient

Passé composé
j'ai dormi
tu as dormi
il/elle a dormi
nous avons dormi
vous avez dormi
ils/elles ont dormi

Conditional
je dormirais
tu dormirais
il/elle dormirait
nous dormirions
vous dormiriez
ils/elles dormiraient

Passé simple
je dormis
tu dormis
il/elle dormit
nous dormîmes
vous dormîtes
ils/elles dormirent

Present subjunctive
que je dorme
que tu dormes
qu'il/elle dorme
que nous dormions
que vous dormiez
qu'ils/elles dorment

Future
je dormirai
tu dormiras
il/elle dormira
nous dormirons
vous dormirez
ils/elles dormiront

Imperative
dors
dormons
dormez

essayer *to try*
Like **essayer** is **payer** *(to pay)*.

Present indicative
j'essaie
tu essaies
il/elle essaie
nous essayons
vous essayez
ils/elles essaient

Passé simple
j'essayai
tu essayas
il/elle essaya
nous essayâmes
vous essayâtes
ils/elles essayèrent

Imperfect
j'essayais
tu essayais
il/elle essayait
nous essayions
vous essayiez
ils/elles essayaient

Future
j'essayerai
tu essayeras
il/elle essayera
nous essayerons
vous essayerez
ils/elles essayeront

Passé composé
j'ai essayé
tu as essayé
il/elle a essayé
nous avons essayé
vous avez essayé
ils/elles ont essayé

Conditional
j'essayerais
tu essayerais
il/elle essayerait
nous essayerions
vous essayeriez
il/elles essayeraient

Present subjunctive
que j'essaie
que tu essaies
qu'il/elle essaie
que nous essayions
que vous essayiez
qu'ils/elles essaient

Imperative
essaie
essayons
essayez

être *to be*

Present indicative
je suis
tu es
il/elle est
nous sommes
vous êtes
ils/elles sont

Imperfect
j'étais
tu étais
il/elle était
nous étions
vous étiez
ils/elles étaient

Passé composé
j'ai été
tu as été
il/elle a été
nous avons été
vous avez été
ils/elles ont été

Passé simple
je fus
tu fus
il/elle fut
nous fûmes
vous fûtes
ils/elles furent

Future
je serai
tu seras
il/elle sera
nous serons
vous serez
ils/elles seront

Conditional
je serais
tu serais
il/elle serait
nous serions
vous seriez
ils/elles seraient

Present subjunctive
que je sois
que tu sois
qu'il/elle soit
que nous soyons
que vous soyez
qu'ils/elles soient

Imperative
sois
soyons
soyez

faire *to make, to do*

Present indicative
je fais
tu fais
il/elle fait
nous faisons
vous faites
ils/elles font

Imperfect
je faisais
tu faisais
il/elle faisait
nous faisions
vous faisiez
ils/elles faisaient

Passé composé
j'ai fait
tu as fait
il/elle a fait
nous avons fait
vous avez fait
ils/elles ont fait

Conditional
je ferais
tu ferais
il/elle ferait
nous ferions
vous feriez
ils/elles feraient

Passé simple
je fis
tu fis
il/elle fit
nous fîmes
vous fîtes
ils/elles firent

Future
je ferai
tu feras
il/elle fera
nous ferons
vous ferez
ils/elles feront

Present subjunctive
que je fasse
que tu fasses
qu'il/elle fasse
que nous fassions
que vous fassiez
qu'ils/elles fassent

Imperative
fais
faisons
faitcs

lire *to read*
Like **lire** is **relire** *(to reread)*.

Present indicative
je lis
tu lis
il/elle lit
nous lisons
vous lisez
ils/elles lisent

Imperfect
je lisais
tu lisais
il/elle lisait
nous lisions
vous lisiez
ils/elles lisaient

Passé composé
j'ai lu
tu as lu
il/elle a lu
nous avons lu
vous avez lu
ils/elles ont lu

Present subjunctive
que je lise
que tu lises
qu'il/elle lise
que nous lisions
que vous lisiez
qui'ils/elles lisent

Passé simple
je lus
tu lus
il/elle lut
nous lûmes
vous lûtes
ils/elles lurent

Future
je lirai
tu liras
il/elle lira
nous lirons
vous lirez
ils/elles liront

Conditional
je lirais
tu lirais
il/elle lirait
nous lirions
vous liriez
ils/elles liraient

Imperative
lis
lisons
lisez

mettre   *to put; to put on*
Like **mettre** are **admettre** *(to admit)*,
omettre *(to omit)*, **permettre** *(to allow)*,
promettre *(to promise)*.

mourir[*]   *to die*

Present indicative
je mets
tu mets
il/elle met
nous mettons
vous mettez
ils/elles mettent

Future
je mettrai
tu mettras
il/elle mettra
nous mettrons
vous mettrez
ils/elles mettront

Imperfect
je mettais
tu mettais
il/elle mettait
nous mettions
vous mettiez
ils/elles mettaient

Conditional
je mettrais
tu mettrais
il/elle mettrait
nous mettrions
vous mettriez
ils/elles mettraient

Passé composé
j'ai mis
tu as mis
il/elle a mis
nous avons mis
vous avez mis
ils/elles ont mis

Present subjunctive
que je mette
que tu mettes
qu'il/elle mette
que nous mettions
que vous mettiez
qu'ils/elles mettent

Passé simple
je mis
tu mis
il/elle mit
nous mîmes
vous mîtes
ils/elles mirent

Imperative
mets
mettons
mettez

Present indicative
je meurs
tu meurs
il/elle meurt
nous mourons
vous mourez
ils/elles meurent

Future
je mourrai
tu mourras
il/elle mourra
nous mourrons
vous mourrez
ils/elles mourront

Imperfect
je mourais
tu mourais
il/elle mourait
nous mourions
vous mouriez
ils/elles mouraient

Conditional
je mourrais
tu mourrais
il/elle mourrait
nous mourrions
vous mourriez
ils/elles mourraient

Passé composé
Je suis mort(e)
tu es mort(e)
il/elle est mort(e)
nous sommes mort(e)s
vous êtes mort(e)(s)
ils/elles sont mort(e)s

Present subjunctive
que je meure
que tu meures
qu'il/elle meure
que nous mourions
que vous mouriez
qu'ils/elles meurent

Passé simple
je mourus
tu mourus
il/elle mourut
nous mourûmes
vous mourûtes
ils/elles moururent

Imperative
meurs
mourons
mourez

naître* *to be born*

Present indicative
je nais
tu nais
il/elle naît
nous naissons
vous naissez
ils/elles naissent

Imperfect
je naissais
tu naissais
il/elle naissait
nous naissions
vous naissiez
ils/elles naissaient

Passé composé
je suis né(e)
tu es né(e)
il/elle est né(e)
nous sommes né(e)s
vous êtes né(e)(s)
ils/elles sont né(e)s

Conditional
je naîtrais
tu naîtrais
il/elle naîtrait
nous naîtrions
vous naîtriez
ils/elles naîtraient

Passé simple
je naquis
tu naquis
il/elle naquit
nous naquîmes
vous naquîtes
ils/elles naquirent

Present subjunctive
que je naisse
que tu naisses
qu'il/elle naisse
que nous naissions
que vous naissiez
qu'ils/elles naissent

Future
je naîtrai
tu naîtras
il/elle naîtra
nous naîtrons
vous naîtrez
ils/elles naîtront

Imperative
nais
naissons
naissez

ouvrir   *to open*
Like **ouvrir** are **couvrir** *(to cover)*,
découvrir *(to discover)*, **offrir** *(to offer, to give)*,
souffrir *(to suffer)*.

Present indicative
j'ouvre
tu ouvres
il/elle ouvre
nous ouvrons
vous ouvrez
ils/elles ouvrent

Passé composé
j'ai ouvert
tu as ouvert
il/elle a ouvert
nous avons ouvert
vous avez ouvert
ils/elles ont ouvert

Imperfect
j'ouvrais
tu ouvrais
il/elle ouvrait
nous ouvrions
vous ouvriez
ils/elles ouvraient

Passé simple
j'ouvris
tu ouvris
il/elle ouvrit
nous ouvrîmes
vous ouvrîtes
ils/elles ouvrirent

Future
j'ouvrirai
tu ouvriras
il/elle ouvrira
nous ouvrirons
vous ouvrirez
ils/elles ouvriront

Present subjunctive
que j'ouvre
que tu ouvres
qu'il/elle ouvre
que nous ouvrions
que vous ouvriez
qu'ils/elles ouvrent

Conditional
j'ouvrirais
tu ouvrirais
il/elle ouvrirait
nous ouvririons
vous ouvririez
ils/elles ouvriraient

Imperative
ouvre
ouvrons
ouvrez

partir* *to leave*
Like **partir** are **mentir** *(to lie)*, **sentir** *(to feel,
to smell)*, **sortir*** *(to go out)*.

Present indicative
je pars
tu pars
il/elle part
nous partons
vous partez
ils/elles partent

Future
je partirai
tu partiras
il/elle partira
nous partirons
vous partirez
ils/elles partiront

Imperfect
je partais
tu partais
il/elle partait
nous partions
vous partiez
ils/elles partaient

Conditional
je partirais
tu partirais
il/elle partirait
nous partirions
vous partiriez
ils/elles partiraient

Passé composé
je suis parti(e)
tu es parti(e)
nous sommes
  parti(e)s
vous êtes parti(e)(s)
ils/elles sont parti(e)s

Present subjunctive
que je parte
que tu partes
qu'il/elle parte
que nous partions
que vous partiez
qu'ils/elles partent

Passé simple
je partis
tu partis
il/elle partit
nous partîmes
vous partîtes
ils/elles partirent

Imperative
pars
partons
partez

plaire *to please*
Like **plaire** are **déplaire** *(to displease)*,
se taire* *(to keep silent)*.

Present indicative
je plais
tu plais
il/elle plaît
nous plaisons
vous plaisez
ils/elles plaisent

Future
je plairai
tu plairas
il/elle plaira
nous plairons
vous plairez
ils/elles plairont

Imperfect
je plaisais
tu plaisais
il/elle plaisait
nous plaisions
vous plaisiez
ils/elles plaisaient

Conditional
je plairais
tu plairais
il/elle plairait
nous plairions
vous plairiez
ils/elles plairaient

Passé composé
j'ai plu
tu as plu
il/elle a plu
nous avons plu
vous avez plu
ils/elles ont plu

Present subjunctive
que je plaise
que tu plaises
qu'il/elle plaise
que nous plaisions
que vous plaisiez
qu'ils/elles plaisent

Passé simple
je plus
tu plus
il/elle plut
nous plûmes
vous plûtes
ils/elles plurent

Imperative
plais
plaisions
plaisez

pouvoir *to be able to*

Present indicative
je peux
tu peux
il/elle peut
nous pouvons
vous pouvez
ils/elles peuvent

nous pouvions
vous pouviez
ils/elles pouvaient

Passé composé
j'ai pu
tu as pu
il/elle a pu
nous avons pu
vous avez pu
ils/elles ont pu

Imperfect
je pouvais
tu pouvais
il/elle pouvait

Passé simple
je pus
tu pus
il/elle put
nous pûmes
vous pûtes
ils/elles purent

Conditional
je pourrais
tu pourrais
il/elle pourrait
nous pourrions
vous puirriez
ils/elles pourraient

Future
je pourrai
tu pourras
il/elle pourra
nous pourrons
vous pourrez
ils/elles pourront

Present subjunctive
que je puisse
que tu puisses
qu'il/elle puisse
que nous puissions
que vous puissiez
qu'ils/elles puissent

préférer *to prefer*

Present indicative
je préfère
tu préfères
il/elle préfère
nous préférons
vous préférez
ils/elles préfèrent

Passé simple
je préférai
tu préféras
il/elle préféra
nous préférâmes
vous préférâtes
ils/elles préférèrent

Imperfect
je préférais
tu préférais
il/elle préférait
nous préférions
vous préfériez
ils/elles préféraient

Future
je préférerai
tu préféreras
ils/elle préférera
nous préférerons
vous préférerez
ils/elles préféreront

Passé composé
j'ai préféré
tu as préféré
il/elle a préféré
nous avons préféré
vous avez préféré
ils/elles ont préféré

Conditional
je préférerais
tu préférerais
il/elle préférerait
nous préférerions
vous préféreriez
ils/elles préféreraient

Present subjunctive
que je préfère
que tu préfères
qu'il/elle préfère
que nous préférions
que vous préfériez
qu'ils/elles préfèrent

Imperative
préfère
préférons
préférez

prendre *to take*
Like **prendre** are **apprendre** *(to learn)*,
comprendre *(to understand)*,
surprendre *(to surprise)*.

Present indicative
je prends
tu prends
il/elle prend
nous prenons
vous prenez
ils/elles prennent

Future
je prendrai
tu prendras
il/elle prendra
nous prendrons
vous prendrez
ils/elles prendront

Imperfect
je prenais
tu prenais
il/elle prenait
nous prenions
vous preniez
ils/elles prenaient

Conditional
je prendrais
tu prendrais
il/elle prendrait
nous prendrions
vous prendriez
ils/elles prendraient

Passé composé
j'ai pris
tu as pris
il/elle a pris
nous avons pris
vous avez pris
ils/elles ont pris

Present subjunctive
que je prenne
que tu prennes
qu'il/elle prenne
que nous prenions
que vous preniez
qu'ils/elles prennent

Passé simple
je pris
tu pris
il/elle prit
nous prîmes
vous prîtes
ils/elles prirent

Imperative
prends
prenons
prenez

se rappeler* *to recall*
Like **se rappeler** is **s'appeler*** *(to be called)*.

Present indicative
je me rappelle
tu te rappelles
il/elle se rappelle
nous nous rappelons
vous vous rappelez
ils/elles se rappellent

Future
je me rappellerai
tu te rappelleras
il/elle se rappellera
nous nous rappellerons
vous vous rappellerez
ils/elles se rappelleront

Imperfect
je me rappelais
tu te rappelais
il/elle se rappelait
nous nous
   rappelions
vous vous rappeliez
ils/elles se rappelaient

Conditional
je me rappellerais
tu te rappellerais
il/elle se rappellerait
nous nous
   rappellerions
vous vous rappelleriez
ils/elles se
   rappelleraient

Passé composé
je me suis rappelé(e)
tu t'es rappelé(e)
il/elle s'est rappelé(e)
nous nous sommes
   rappelé(e)s
vous vous êtes
   rappelé(e)(s)
ils/elles se sont
   rappelé(e)(s)

Present subjunctive
que je me rappelle
que tu te rappelles
qu'il/elle se rappelle
que nous nous
   rappelions
que vous vous
   rappeliez
qu'ils/elles se
   rappellent

Passé simple
je me rappelai
tu te rappelas
il/elle se rappela
nous nous rappelâmes
vous vous rappelâtes
ils/elles se rappelèrent

Imperative
rappelle-toi
rappelons-nous
rappelez-vous

rendre   *to give back, to make*
Like **rendre** are **défendre** *(to forbid)*,
descendre* *(to go down, to get off)*,
perdre *(to lose)*, **vendre** *(to sell)*,
tondre *(to mow)*, and most verbs ending in
-re, except for **prendre** and its compounds.

Present indicative
je rends	nous rendons
tu rends	vous rendez
il/elle rend	ils/elles rendent

Imperfect
je rendais
tu rendais
il/elle rendait
nous rendions
vous rendiez
ils/elles rendaient

Passé composé
j'ai rendu
tu as rendu
il/elle a rendu
nous avons rendu
vous avez rendu
ils/elles ont rendu

Passé simple
je rendis
tu rendis
il/elle rendit
nous rendîmes
vous rendîtes
ils/elles rendirent

Future
je rendrai
tu rendras
il/elle rendra
nous rendrons
vous rendrez
ils/elles rendront

Conditional
je rendrais
tu rendrais
il/elle rendrait
nous rendrions
vous rendriez
ils/elles rendraient

Present subjunctive
que je rende
que tu rendes
qu'il/elle rende
que nous rendions
que vous rendiez
qu'ils/elles rendent

Imperative
rends
rendons
rendez

savoir   *to know*

Present indicative
je sais
tu sais
il/elle sait
nous savons
vous savez
ils/elles savent

Imperfect
je savais
tu savais
il/elle savait
nous savions
vous saviez
ils/elles savaient

Passé composé
j'ai su
tu as su
il/elle a su
nous avons su
vous avez su
ils/elles ont su

Conditional
je saurais
tu saurais
il/elle saurait
nous saurions
vous sauriez
ils/elles sauraient

Passé simple
je sus
tu sus
il/elle sut
nous sûmes
vous sûtes
ils/elles surent

Present subjunctive
que je sache
que tu saches
qu'il/elle sache
que nous sachions
que vous sachiez
qu'ils/elles sachent

Future
je saurai
tu sauras
il/elle saura
nous saurons
vous saurez
ils/elles sauront

Imperative
sache
sachons
sachez

suivre   *to follow; to take (a course)*
Like **suivre** is **poursuivre** *(to pursue)*.

Present indicative
je suis
tu suis
il/elle suit
nous suivons
vous suivez
ils/elles suivent

Passé simple
je suivis
tu suivis
il/elle suivit
nous suivîmes
vous suivîtes
ils/elles suivirent

Imperfect
je suivais
tu suivais
il/elle suivait
nous suivions
vous suiviez
ils/elles suivaient

Future
je suivrai
tu suivras
il/elle suivra
nous suivrons
vous suivrez
ils/elles suivront

Passé composé
j'ai suivi
tu as suivi
il/elle a suivi
nous avons suivi
vous avez suivi
ils/elles ont suivi

Conditional
je suivrais
tu suivrais
il/elle suivrait
nous suivrions
vous suivriez
ils/elles suivraient

Present subjunctive
que je suive
que tu suives
qu'il/elle suive
que nous suivions
que vous suiviez
qu'ils/elles suivent

Imperative
suis
suivons
suivez

teindre *to dye*
Like **teindre** are **peindre** *(to paint)*,
atteindre *(to reach)*.

Present indicative	*Future*
je teins	je teindrai
tu teins	tu teindras
il/elle teint	il/elle teindra
nous teignons	nous teindrons
vous teignez	vous teindrez
ils/elles teignent	ils/elles teindront

Imperfect	*Conditional*
je teignais	je teindrais
tu teignais	tu teindrais
il/elle teignait	il/elle teindrait
nous teignions	nous teindrions
vous teigniez	vous teindriez
ils/elles teignaient	ils/elles teindraient

Passé composé	*Present subjunctive*
j'ai teint	que je teigne
tu as teint	que tu teignes
il/elle a teint	qu'il/elle teigne
nous avons teint	que nous teignions
vous avez teint	que vous teigniez
ils/elles ont teint	qu'ils/elles teignent

Passé simple	*Imperative*
je teignis	teins
tu teignis	teignons
il/elle teignit	teignez
nous teignîmes	
vous teignîtes	
ils/elles teignirent	

venir* *to come*
Like **venir** are **devenir*** *(to become)*, **se souvenir (de)*** *(to remember)*, **tenir** *(to hold)*, **revenir*** *(to come back)*.

Present indicative	*Future*
je viens	je viendrai
tu viens	tu viendras
il/elle vient	il/elle viendra
nous venons	nous viendrons
vous venez	vous viendrez
ils/elles viennent	ils/elles viendront

Imperfect	*Conditional*
je venais	je viendrais
tu venais	tu viendrais
il/elle venait	il/elle viendrait
nous venions	nous viendrions
vous veniez	vous viendriez
ils/elles venaient	ils/elles viendraient

Passé composé	*Present subjunctive*
je suis venu(e)	que je vienne
tu es venu(e)	que tu viennes
il/elle est venu(e)	qu'il/elle vienne
nous sommes venu(e)s	que nous venions
vous êtes venu(e)(s)	que vous veniez
ils/elles sont venu(e)s	qu'ils/elles viennent

Passé simple	*Imperative*
je vins	viens
tu vins	venons
il/elle vint	venez
nous vînmes	
vous vîntes	
ils/elles vinrent	

vivre *to live*

Present indicative	**Imperfect**
je vis	je vivais
tu vis	tu vivais
il/elle vit	il/elle vivait
nous vivons	nous vivions
vous vivez	vous viviez
ils/elles vivent	ils/elles vivaient

Passé composé	**Conditional**
j'ai vécu	je vivrais
tu as vécu	tu vivrais
il/elle a vécu	il/elle vivrait
nous avons vécu	nous vivrions
vous avez vécu	vous vivriez
ils/elles ont vécu	ils/elles vivraient

Passé simple	**Present subjunctive**
je vécus	que je vive
tu vécus	que tu vives
il/elle vécut	qu'il/elle vive
nous vécûmes	que nous vivions
vous vécûtes	que vous viviez
ils/elles vécurent	qu'ils/elles vivent

Future	**Imperative**
je vivrai	vis
tu vivras	vivons
il/elle vivra	vivez
nous vivrons	
vous vivrez	
ils/elles vivront	

voir *to see* Like **voir** are **prévoir** *(to foresee)*, **revoir** *(to see again)*.

Present indicative	**Passé simple**
je vois	je vis
tu vois	tu vis
il/elle voit	il/elle vit
nous voyons	nous vîmes
vous voyez	vous vîtes
ils/elles voient	ils/elles virent

Imperfect	**Future**
je voyais	je verrai
tu voyais	tu verras
il/elle voyait	il/elle verra
nous voyions	nous verrons
vous voyiez	vous verrez
ils/elles voyaient	ils/elles verront

Passé composé	**Conditional**
j'ai vu	je verrais
tu as vu	tu verrais
il/elle a vu	il/elle verrait
nous avons vu	nous verrions
vous avez vu	vous verriez
ils/elles ont vu	ils/elles verraient

Present subjunctive	**Imperative**
que je voie	vois
que tu voies	voyons
qu'il/elle voie	voyez
que nous voyions	
que vous voyiez	
qu'ils/elles voient	

vouloir *to want, to wish*

Present indicative	**Future**
je veux	je voudrai
tu veux	tu voudras
il/elle veut	il/elle voudra
nous voulons	nous voudrons
vous voulez	vous voudrez
ils/elles veulent	ils/elles voudront

Imperfect	**Conditional**
je voulais	je voudrais
tu voulais	tu voudrais
il/elle voulait	il/elle voudrait
nous voulions	nous voudrions
vous vouliez	vous voudriez
ils/elles voulaient	ils/elles voudraient

Passé composé	**Present subjunctive**
j'ai voulu	que je veuille
tu as voulu	que tu veuilles
il/elle a voulu	qu'il/elle veuille
nous avons voulu	que nous voulions
vous avez voulu	que vous vouliez
ils/elles ont voulu	qu'ils/elles veuillent

Passé simple	**Imperative**
je voulus	veuille
tu voulus	veuillons
il/elle voulut	veuillez
nous voulûmes	
vous voulûtes	
ils/elles voulurent	

Lexique français-anglais

This glossary contains French words and expressions, defined as they are used in the context of this book. Easily recognizable words are not included. The number in parentheses indicates the chapter or part of the program in which the word first appears: pré = prélude; int.= interlude; post. = postlude; C = *Cahier*.

The masculine form is given for all adjectives. When a masculine adjective ends in -e the feminine form is the same. To form the feminine of regular adjectives add an -e to the masculine. Irregular feminine endings or forms are given in parentheses.

The gender (*m.* or *f.*) is indicated for most nouns. Nouns that can be masculine or feminine are indicated with *n*. If the masculine form ends in -e, the feminine form is the same. To form the feminine for those ending with a consonant, add an -e to the masculine. Other feminine endings or forms are given in parentheses.

Abbreviations

adj. adjective	*fam.* familiar	*n.* noun
adv. adverb	*inv.* invariable	*prep.* preposition
conj. conjunction	*m.* masculine	*pron.* pronoun
f. feminine	*pl.* plural	* aspirate h

a

abattre to cut down, to fell (int. 2)
d'abord *adv.* at first (3)
abri *m.* shelter (6); **sans-abri** *inv. n.* homeless person (pré.)
s'abriter to seek shelter (int. 2)
accélérateur *m.* accelerator (4)
accès *m.* access, entry (8)
accessoire *m.* accessory (2)
d'accord okay (pré.); **être d'accord** to agree, be in agreement (1)
accoudé *adj.* to have one's elbows on something (int. 1)
s'accrocher (à) to hang onto (1)
accroissement *m.* increase (6)
accueil *m.* reception, welcome (3)
acharnement *m.* determination (1)
achat *m.* purchase (C2)
acheter to buy (1)
acteur (actrice) *n.* actor (actress) (5)
actif (active) *adj.* active (2)
activement *adv.* actively (9)
actualité *f.* current event (6)
actuel(le) *adj.* current (3)
adhérer (à) to join (C9)
admettre to admit, allow (8)
adopter to adopt
adoptif (adoptive) *adj.* adoptive, adopted (1)
aérobic *f.* aerobics (2)
affaires *f.pl.* business (6); things, belongings (C5)
affectif (affective) *adj.* emotional (1)
affectueux (affectueuse) *adj.* affectionate, loving (5)
afficher to display, advertise (2)
affreux (affreuse) *adj.* frightful, horrible (C5)
affronter to face, to confront (6)
agacer to annoy (C4)
agence *f.* agency (C2); **agence de voyages** travel agency (5)
agent de police *m.* policeman (C-int.1)

agile *adj.* nimble, agile (4)
s'agir de to be about, be a question of (pré.)
agneau *m.* lamb (C6)
agresseur *m.* attacker (C-int.1)
aider to help (1)
aïeul *n.* ancestor (C3)
ailleurs *adv.* elsewhere; **d'ailleurs** besides, moreover (pré.)
aimer to like, love (pré.)
aîné *adj.* older, oldest (C3)
air *m.* tune, air; **en plein air** outdoors, in the open (5); **avoir l'air (de)** to look (like) (2)
aise *f.* ease, comfort; **se sentir à l'aise** to feel comfortable, at ease (pré.); **se sentir mal à l'aise** to feel uncomfortable (pré.)
ajouter to add (C4)
alcool *m.* alcohol (C2)
alentours *m.pl.* the surrounding area (2)
allemand *adj.* German **allemand** *n.m. & adj.* German language, German (pré.)
Allemand German person
aller to go (7)
allocation *f.* allowance, benefit (9)
allonger to stretch out, to lengthen (4)
allumer to light (4)
allure *f.* behavior, manner (3)
alors *adv.* then, so (C1)
alpinisme *m.* mountaineering; **faire de l'alpinisme** to go mountain climbing (5)
âme *f.* soul (8)
améliorer to improve (C2)
amende *f.* ticket, fine; **amende pour excès de vitesse** speeding ticket (4)
Amérindien(ne) *n.* Native American (3)
ami *n.* friend; **petit(e) ami(e)** boy(girl)friend (1)
amour *m.* love (5)
amphithéâtre *m.* lecture hall (8)
amusant *adj.* funny (2)

236

s'amuser to have fun (3)
an *m.* year (1)
ancêtre *n.* ancestor (pré.)
ancien(ne) *adj.* old, former (2)
âne *m.* donkey (4)
ange *m.* angel (C6)
angoissant *adj.* distressing, alarming (C7)
angoissé *adj.* anguished, anxious (C8)
animer to liven up, to rouse (1)
année *f.* year (pré.)
annonce *f.* **publicitaire** advertisement (6)
antenne *f.* antenna (4); **antenne parabolique** satellite dish (6)
antiquité *f.* antiquity (7)
antisèche *f.* cheat sheet (7)
antonyme *m.* antonym; word with opposite meaning (C2)
anxieux (anxieuse) *adj.* worried, anxious
apaiser to calm (2)
apercevoir to perceive, notice (5)
appartenir (à) to belong (to) (7)
appeler to call; **s'appeler** to be called, named (pré.)
s'appliquer to apply oneself (5)
apporter to bring (9)
apprécier to appreciate (3)
apprendre to learn (pré.)
approche *f.* approach (1)
approcher to approach, draw near (3); **s'approcher (de)** to come near (int. 1)
s'approprier to take over (C3)
appui *m.* support (1)
appuyer to press (4); to support (1)
âpre *adj.* harsh (3)
après *prep.* after (1); **d'après** *prep.* according to (2)
après-midi *m.* afternoon (1)
arbre *m.* tree (3)
argent *m.* money (pré.); **argent de poche** pocket money, allowance (1)
argot *m.* slang (2)
armature *f.* framework (4)
arme *f.* weapon (9)
s'arrêter to stop (9)
arrière *adv.* back (4); **à l'arrière** in the back (4)
arrière-train *m.* hindquarters (4)
arriver to arrive (3); to happen (5)
arrondir to round off, make round (4)
as *m.* ace (2)
asile *m.* refuge (9)
aspirateur *m.* vacuum cleaner; **passer l'aspirateur** to vacuum (1)
assaut *m.* assault, attack (2)
assiette *f.* plate (1)
assistance *f.* aid, assistance; **assistance sociale** welfare (9)
assistant *m.* assistant; **assistant social** social worker (9)
s'asseoir to sit (3)
assez *adv.* enough; **en avoir assez de** to be fed up with (1)
assimilé *adj.* assimilated (2)
assister (à) to be present; to attend (9)
associer to associate (3)
assorti *adj.* matching (2); **bien (mal) assorti** to go well (badly) with (2)
assurance *f.* insurance (4)

assurer to assure, guarantee (3)
assureur *m.* insurance agent (9)
atelier *m.* textile mill; workshop; artist's studio (3)
atteindre to reach, to attain (5)
attendre to wait for; **s'attendre (à)** to expect (7)
attente *f.* wait; expectation (6)
attention *f.* attention; **faire attention (à)** to pay attention (to) (C1)
atterrir to land (airplane) (5)
attirer to attract, draw (5)
attrayant *adj.* attractive, pleasant (6)
auberge *f.* inn; **auberge de jeunesse** youth hostel (5)
aucun *adj. & pron.* not one, none, no (6)
audacieux (audacieuse) *adj.* bold, daring (3)
auditeur (auditrice) *n.* listener (int. 1)
augmenter to increase (C9)
aujourd'hui *adv.* today, nowadays (pré.)
auparavant *prep.* formerly (C3)
auprès de *prep.* close to, near (C5)
aussi *adv.* also (pré.); **aussi (bien) que** as (well) as (C1)
aussitôt que *conj.* as soon as (9)
autant *adv.* as much (2)
autocar *m.* bus (3)
autoroute *f.* highway (C9)
auto-stop *m.* hitchiking (5)
autour *adv.* around (8)
autre *adj. & pron.* other (1)
autrefois *adv.* in the past, formerly (3)
autrement *adv.* otherwise (5)
avaler to swallow (1)
avancement *m.* promotion (C2)
avant (de) *prep.* before (pré.)
avantageux (avantageuse) *adj.* advantageous (9)
avare *adj.* stingy (2)
avec *prep.* with (pré.)
avenir *m.* future (1)
s'aventurer to venture (C3)
averse *f.* rain shower (int. 2)
aveu *m.* confession (6)
avion *m.* airplane (2)
avis *m.* opinion; **à mon avis** in my opinion (1)
avocat *m.* lawyer (5)
avoir to have; **avoir besoin (de)** to need (3); **avoir mal** to hurt (C1)
azimut *m.* line of the horizon (9)

b

bachelier (bachelière) *n.* person who passed the baccalauréat (8)
bachoter to cram *slang*; **faire du bachotage** to cram *slang* (8)
bagarrer to argue, to fight (1)
bagnole *f.* car *fam.* (4)
bahut *m.* high school *slang* (8)
baie *f.* bay (5)
baiser *m.* kiss (C1)
baisser to decrease, to lower (6)
bal *m.* ball, dance (C6)
balancer to swing, go back and forth (C2); to send (away) (9)
ballerines *f.pl.* ballerina slippers (2)

bande *f.* gang (2)
bande dessinée *f.* comic strip (1)
banlieue *f.* suburb (C2)
baraque *f.* ramshackle house (1)
barbe *f.* beard (2)
barre *f.* **de torsion** torsion bar (4)
bas *m.* stocking; **bas résille** fishnet stocking (2)
basé (sur) based (on) (C6)
baskets *f.pl.* basketball shoes (2)
bataille *f.* battle (5)
bateau *m.* boat (3); **faire du bateau** to go boating (5)
bâtir to build (7)
batterie *f.* battery; **batterie à plat** dead battery (4)
(se) battre to fight, to beat up (int. 1)
battu *adj.* beaten, well-used (5)
bavard *adj.* talkative (C2)
bazar *m.* clutter (1)
beau (bel, beau, belle, belles) *adj.* handsome, beautiful (2)
beau-père *m.* stepfather; father-in-law (1)
beaucoup *adv.* much, many (pré.)
beauté *f.* beauty (2)
bébé *m.* baby (pré.)
bégayer to stammer (pré.)
belle-mère *f.* stepmother; mother-in-law (1)
bénévole *n.* volunteer (3)
berger (bergère) *n.* shepherd (shepherdess)(6)
bête *adj.* silly, stupid (2)
beurre *m.* butter (int. 1)
biche *f.* doe (3)
bien *adv.* well; **bien sûr** of course (C1); **bien** *m.* good (7); **bien que** *conj.* although (7)
bijou *m.* piece of jewelry; **bijoux de fantaisie** costume jewelry (2)
billard électrique *m.* pinball machine (int. 1)
billet *m.* ticket; paper money (3)
blague *f.* joke (C4)
blâmer to blame (2)
blanc (blanche) *adj.* white (2)
blanc *m.* blank (C1)
blême *adj.* sick-looking (2)
bloqué *adj.* blocked, obstructed (4)
blouse *f.* (white) coat, smock (9)
blouson *m.* jacket (2); **blouson en cuir** leather jacket (2)
bobine *f.* reel (of film) (C6)
bocal *m.* jar (5)
bodega *m.* bar (8)
bœuf *m.* ox (7); beef
boire to drink (7)
bois *m.* wood (6)
boîte *f.* place of work *slang* (1); box (7); **boîte automatique** automatic transmission (4)
bon (bonne) *adj.* good; **bon ben...** well... (pré.)
bond *m.* leap, bound (9)
bondé *adj.* crowded (8)
bonheur *m.* happiness (C1)
bonnet *m.* cap (C5)
bordeaux *inv. adj.* wine-colored (2)
border to border, run alongside (5)
borne *f.* boundary, limit (8)
bosser to work *fam.* (1); to study hard *slang* (8)
bosseur (bosseuse) *n.* hardworking student (8)

botte *f.* boot; **bottes santiags** Mexican boots (2)
bouchée *f.* mouthful (1)
bouchon *m.* traffic jam (4); cork
boucle *f.* ring; **boucle d'oreille** earring (2); **boucle de nez** nose ring (2)
bouquin *m.* book *fam.* (pré.)
bouquiniste *m.* used-book store (8)
bourgeois *n. & adj.* middle class; middle-class person (C3)
bourse *f.* scholarship (8)
bout *m.* bit, piece; **au bout de** at the end of (7)
bouteille *f.* bottle (C3)
boutique *f.* shop, boutique (2)
bracelet *m.* bracelet (2)
brancher to plug in, to connect (9); **branché** in the know, up-to-date (2)
brave *adj.* courageous; **braves gens** good, honest people (8)
bref (brève) *adj.* brief, short (2)
break *m.* station wagon (4)
bricoler to do odd jobs, to tinker (5)
brièvement *adv.* briefly (2)
bride *f.* bridle (7)
brigand *m.* robber (C5)
brillant *adj.* brilliant (C2)
bronzage *m.* tanning (5)
se bronzer to tan (5)
brosse à dents *f.* toothbrush (3)
brouillon *m.* rough draft; **feuilles de brouillon** scratch paper (C8)
brousse *f.* the bush, outback (6)
broutille *f.* trifle, little thing (4)
broyer to grind, to crush (5)
bruit *m.* noise (3)
brûler to burn (3)
bûcher to study hard *slang* (8)
bûcheron *m.* woodcutter (C7)
bûcheur (bûcheuse) *n.* hard-working student *slang* (8)
bulletin *m.* report card (8)
bungalow *m.* small vacation house (5)
bureau *m.* desk (pré.); office (3)
busqué *adj.* hooked (2)
but *m.* goal, purpose (7)

C

cabinet *m.* office (doctor's or lawyer's) (5)
câble *m.* cable; **télévision par câble** cable TV (6)
cacher to hide; **se cacher** to hide oneself (3)
cadeau *m.* gift
calmer to calm (someone) down; **se calmer** to calm down (1)
calotte *f.* skullcap (5)
camarade *n.* friend; **camarade de chambre** roommate (1)
caméra *f.* movie camera (2)
caméscope *m.* video camera (6)
camion *m.* truck (3)
campagne *f.* country (side); open country (5)
camper to camp; **se camper** to plant oneself in front of (5)
camping *m.* a camp ground; **faire du camping** to go camping (5)
cancre *m.* bad student, dunce (8)
canne *f.* cane, walking stick (6)

canoë *m.* canoe; **faire du canoë** to go canoeing (5)

capot *m.* car hood (4)

car *m.* bus (3)

car *conj.* because (1)

caractère *m.* nature, character; **caractère gras** boldface (pré.)

caravane *f.* travel trailer (5)

caresser to pet, to caress (3)

carré *adj.* square (2)

carrefour *m.* intersection (int. 2)

carrière *f.* career, profession (8)

carrosse *m.* coach, carriage (C7)

carton *m.* cardboard (3)

cas *m.* case

casque *m.* headphones (1)

casquette *f.* cap (C2)

casser to break (5); **se casser la tête** to rack one's brains (8)

cassette vidéo *f.* video cassette (6)

caste *f.* social group (2)

cauchemar *m.* nightmare (7)

céder to give up, to give in, to give way to (8)

ceinture *f.* belt (3); **ceinture de sécurité** seat belt (4)

ceinturon *m.* wide belt (2)

célèbre *adj.* famous (2)

célibataire *adj.* unwed (1)

celui (ceux, celle, celles) *pron.* the one(s), this one, that one, these, those (8)

censé *adj.* supposed to (5)

cerisier *m.* cherry tree (4)

cesser (de) to stop (5); **sans cesse** continually, constantly (2)

chacun (e) *pron.* each, each one, everyone (9)

chaîne *f.* chain; channel (6); **chaîne de vélo** bicycle chain (int. 1)

chair *f.* flesh (7)

chaise *f.* chair (C1)

chalet *m.* small vacation house (5)

chaleur *f.* heat (C4)

chaleureux (chaleureuse) *adj.* cordial, friendly (C2)

chambre *f.* bedroom (C1)

champ *m.* field (3)

chance *f.* luck, possibility, opportunity (C2)

chanceler to stagger, totter (6)

changement *m.* change (1)

chanson *f.* song (int. 1)

chanter to sing (2)

chant *m.* singing (C2)

chanteur (chanteuse) *n.* singer (2)

chantier *m.* construction site (3)

chapeau *m.* hat (2); **chapeau mou** fedora (6)

chapiteau *m.* large tent (8)

chaque *adj.* each, every (pré.)

charger to fill, load (3)

charme *m.* magic spell (7)

chasse *f.* hunting; **aller à la chasse** to go hunting (5)

chasser to hunt (5); to chase off (post.)

chauffeur *m.* driver (4)

chaussette *f.* sock

chaussure *f.* shoe, footwear (2)

chauve *adj.* bald (2)

chef *m.* leader, head (2); **chef d'état** head of state (C3)

chemin *m.* road, path (3); **chemin de fer** railroad (5)

chemise *f.* shirt (2)

chemisier *m.* blouse (2)

cher (chère) *adj.* expensive, dear (1)

chercher to look for (pré.)

chercheur (chercheuse) *n.* researcher (8)

chétif (chétive) *adj.* puny (7)

cheval *m.* horse (4)

chevalerie *f.* knighthood (7)

chevalier *m.* knight (7)

cheveux *m.pl.* hair (2)

chèvre *f.* goat (3)

chez *prep.* at, to (the house, family, business, etc.) (pré.)

chic *inv. adj.* stylish (2)

chien *m.* dog; **chien de berger** sheep dog (6)

chiffre *m.* number

chiffrer to put in numerical form (C8)

chinois *adj.* Chinese (C8)

chirurgien *m.* surgeon (C3)

choisir to choose (pré.)

choix *m.* choice (1)

chômage *m.* unemployment (3)

chômeur (chômeuse) *n.* unemployed person (3)

choquant *adj.* shocking, offensive (2)

chouette *adj.* great, super, terrific (int. 1)

chute *f.* fall; end (int. 1)

ci-dessous *adv.* below (2)

ci-dessus *adv.* above (2)

ciel *m.* sky (6)

cigale *f.* cricket, cicada (C7)

cime *f.* peak of mountain (5)

cinéma *m.* movies, movie theater (pré.)

cinéphile *n.* movie buff (6)

circulation *f.* traffic (4)

cité *f.* dormitory (1); urban neigborhood (2)

citrouille *f.* pumpkin (C6)

clair *adj.* clear, obvious (7)

claquement *m.* slamming, banging (1)

classe d'âge *f.* age group, age cohort (8)

clavier *m.* keyboard (9)

clé *f.* key (4)

client *n.* client (C-int. 1)

clignotant *m.* turn signal, car blinker (4)

clinique *f.* clinic; private hospital (9)

clip *m.* video clip (2)

clochette *f.* small bell (5)

cloison *f.* partition wall (5)

clou *m.* nail; jalopy *fam.* (4)

cochon *m.* pig (6)

cocotier *m.* coconut palm (C5)

cocon *m.* cocoon (8)

code *m.* rule, code; **code de la route** rules of the road (4)

cœur *m.* heart (int. 2)

coffre *m.* car trunk (4)

coiffé *adj.* (hair) styled (2)

coiffer to style one's hair (3)

colère *f.* anger (8)

collège *m.* middle school (8)

coller to stick; to give to (pré.)

collier *m.* necklace (2)

collision *f.*   collision; **entrer en collision** to run into, collide (4)

colon *m.*   colonizer (3)

colonie *f.*   colony (6); **colonie de vacances** camp (for children) (5)

combat *m.*   fighting, hostilities (C3)

combien (de) *adv.*   how many, how much (1)

commander   to command, give orders (3)

comme *adv.*   like, as, how (3)

commencer   to start (1)

comment *adv.*   how (3)

commerçant *n.*   merchant, shopkeeper (8)

commercial *adj.*   business (3)

commissariat *m.* **de police**   police station (in town) (4)

communauté *f.*   community (9)

comparable (à)   comparable (to) (C8)

comparer   to compare (1)

complet (complète) *adj.*   complete, entire, full (2)

comportement *m.*   behavior (9)

comporter   to conduct; to include (6)

composer   to compose, make up; **se composer de** to consist of, be composed of

comprendre   to understand (pré.); to include; **se comprendre** to understand one another (1)

comprimé *m.*   tablet, pill (9)

compte *m.*   account; consideration (8)

compter   to count; **compter** + *infinitif* to plan, to mean (to do) (9)

comptoir *m.*   counter, bar (int. 1)

concevoir   to conceive (of) (9)

concret (concrète) *adj.*   concrete (2)

concurrence *f.*   competition (6)

à condition (de) (que) *prep. (conj.)*   provided that (7)

condoléances *f.pl.*   condolences (3)

conducteur (conductrice) *n.*   driver (4)

conduire   to drive (4); **se conduire** to conduct oneself (2)

conduite *f.*   driving test (4)

conférence *f.*   lecture (8)

confiance *f.*   trust; **faire confiance (à)** to trust in (1)

confier   to confide, trust (C5)

confirmer   to confirm (C4)

confort *m.*   comfort (4)

confortable *adj.*   comfortable (2)

confus *adj.*   confused, embarrassed, muddled (2)

confusément *adv.*   confusedly (2)

congé *m.*   leave, vacation (5)

congeler   to freeze (1)

connaître   to know; **faire la connaissance (de)** to meet (pré.)

connu *adj.*   known (7)

conquête *f.*   conquest (5)

consacrer   to devote (C8)

consciencieux (consciencieuse) *adj.*   conscientious (C2)

conseil *m.*   advice (int. 1)

consentir   to consent (7)

conservateur (conservatrice) *adj.*   conservative (2)

consommer   to use, to consume (4)

constamment *adv.*   constantly (2)

construire   to build (C9)

contact *m.*   starter (4)

conte *m.*   story, tale; **conte à dormir debout** tall tale, cock-and-bull story; **conte de fées** fairy tale (7)

contempler   to contemplate (8)

contemporain *n. & adj.*   contemporary (1)

contenir   to contain (5)

content *adj.*   happy (3)

contenter   to make happy (C7)

contenu *m.*   content (C8)

continu *adj.*   continuous (4)

contrainte *f.*   constraint (5)

contraire *m.*   opposite; **au contraire** on the contrary (1)

contravention *f.*   traffic ticket, fine (4)

contre *prep.*   against (3)

contredire   to contradict C4)

contrefort *m.*   foothills (5)

contribuable *m.*   taxpayer (9)

contrôle *m.*   test (8)

contrôler   to check, inspect (9)

convaincre   to convince (4)

convenable *adj.*   appropriate (C1)

convenir   to fit, be suitable (C1)

convier   to invite (5)

convoi *m.*   convoy, procession; **convoi de cirque** circus convoy (4)

copain (copine) *n.*   friend; boyfriend (girlfriend) (1)

coquet (coquette) *adj.*   flirtatious (2)

cornac *m.*   elephant trainer (4)

correspondant *n.*   pen pal (C1)

correspondre   to tally, agree, correspond (7)

corriger   to correct (pré.)

cortège *m.*   procession (int. 2)

costaud *adj.*   robust (2)

costume *m.*   man's suit (2)

côté *m.*   side; **à côté de** *prep.* next to (5)

cotisation *f.*   contribution, dues (9)

se côtoyer   to be close to, to mix with (9)

se coucher   to go to bed, sleep (C1); **coucher à la belle étoile** sleep out in the open; **coucher sous la tente** to sleep in a tent

coude *m.*   elbow (int. 1)

coudre   to sew; **machine à coudre** sewing machine (6)

couleur *f.*   color (C2)

coup de soleil *m.*   sunburn (C5)

coup *m.*   hit, blow; **coup de poing** punch, hit with a fist (int. 1); **coup de sifflet** whistle blast (4); **tout à coup** all of a sudden   (3)

couplet *m.*   verse (int. 1)

cour *f.*   yard, courtyard (3)

courageux (courageuse) *adj.*   brave, courageous (3)

couramment *adv.*   fluently (C3)

courant *adj.*   everyday, standard (2); **courant** *m.* **d'air** draft (4)

courir   to run (3)

courrier *m.*   mail (7)

cours *m.*   course; **au cours de** during (4); **cours magistral** lecture course (8)

course *f.*   race; shopping; **course aux armements** arms race (9); **faire les courses** to run errands; go shopping (1)

court *adj.*   short (2)

coût *m.*   cost; **coût de la vie** cost of living (1)

coûter   to cost (4)

couvert *m.*   place, place setting (8); *adj.* covered

couvrir   to cover (1)

crack *m.*   very smart student *fam.* (8)

craindre to fear (8)
crainte *f.* fear (1)
crâne *m.* skull (2); **crâne d'œuf** egghead, brainy (8)
crâneur *m.* pretentious person (8)
cravate *f.* necktie (2)
crédit *m.* funding (8)
crête *f.* comb (of rooster); crest; spiked hair (2)
crever to burst (4)
crier to shout (1)
crispé *adj.* tense (C8)
critiquer to criticize (2)
croire to believe (7)
croisière *f.* cruise (5)
croissance *f.* growth (8)
croissant *adj.* increasing, growing (4)
cru *adj.* raw, harsh (6)
cruauté *f.* cruelty (6)
crudité *f.* coarseness, crudeness (6)
cucul *inv.* old-fashioned; out-of-style *fam.* (8)
cueillir to gather, pick (C7)
cuillère *f.* spoon (post.)
cuir *m.* leather (2)
cuisine *f.* kitchen; cooking; **faire la cuisine** to cook (1)
cuisse *f.* thigh (6)
cultiver to cultivate, farm (3); **se cultiver** to improve one's mind (5)
culot *m.* daring, nerve (4)
cure *f.* treatment in a spa (9)
curieux (curieuse) *adj.* curious (5)
cursus *m.* curriculum (8)

d

dame *f.* lady (7)
déambuler to stroll (8)
débarquer to disembark, land (ship) (5)
débouché *m.* prospect, opening (C8)
debout *adv.* upright, standing (7)
débrancher to unplug, to disconnect (9)
débrayer to let out the clutch (4)
se débrouiller to manage, get along (1)
débrouillard *adj.* able, resourceful (2)
début *m.* beginning; **au début** in the beginning (3)
débutant *adj.* beginner, novice (4)
décacheter to unseal, break open (C8)
décaniller to let go, clear off *fam.* (1)
décapotable *f.* convertible (4)
déchet *m.* waste product, trash (int. 2)
déchirer to tear (up) (3)
décider to decide, determine (3)
décoller to take off (airplane) (5)
déconcertant *adj.* disconcerting (C4)
décor *m.* set (6)
découvrir to discover (4)
décrire to describe (pré.)
décrocher to take down (2); unhook, pick up (telephone); to land, get (job, prize) (1)
dedans *adv.* inside (7)
défavorisé *adj.* underprivileged (C9)
défendre to forbid, prohibit (7)
dégoûter to disgust (6)

déguiser to disguise (6)
dégringoler to tumble (down) (int. 2)
dehors *adv.* out, outside (3)
déjà *adv.* already (pré.)
délavé *adj.* faded (2)
délivrer to set free; to rescue (C7)
demander to ask; **se demander** to wonder (C2)
déménager to move, move out (1)
demi-frère *m.* stepbrother; half-brother (1)
demi-sœur *f.* stepsister; half-sister (1)
démodé *adj.* out-of-style (2)
demoiselle *f.* young lady (7)
démon *m.* demon (7)
dénouement *m.* ending, conclusion (6)
dentelle *f.* lace (C6)
dépanner to repair (4); get out of a jam (9)
dépanneuse *f.* tow truck
départ *m.* departure (3)
dépasser to go past, pass (4)
se dépayser to get a change of scenery (5)
dépendre (de) to depend (on) (9)
dépens *m.pl.* (legal) costs; **aux dépens de** at the expense of (C2)
dépenser to spend
déplacement *m.* travel (C5)
déplaire to displease, offend (8)
dépliant *m.* leaflet, brochure (5)
déplier to unfold (C6)
déposer to put down (3)
depuis *prep.* since, for (1)
déraper to skid (4)
dérisoire *adj.* pathetic; laughable; insignificant (3)
se dérouler to unfold, develop (6)
déroulement *m.* unfolding (of a story) (C-int.1)
derrière *adv.* behind (3)
dès *prep.* from; **dès lors** from that time onwards (5); **dès que** as soon as (1)
désagréable *adj.* disagreeable, unpleasant (2)
descendre to go down, take down (3)
désespérer to despair, lose hope (6)
désespérément *adv.* hopelessly (6)
se déshabiller to undress oneself (C1)
désolé *adj.* distressed; sorry; unhappy (3)
désormais *adv.* from now on (2)
dessin *m.* drawing (1)
dessous *adv.* under (2)
dessus *adv.* above (2); **par dessus** *adv.* over, in addition (C3)
se détendre to relax, unwind (5)
détente *f.* relaxation (5)
détester to hate, detest (1)
détresse *f.* distress (9)
deux-chevaux (2 CV) *f.* a car made by Citroën, originally with a two-horsepower engine (4)
devant *prep.* before, in front of (3); **devant** *m.* front (4)
devenir to become (C2)
deviner to guess (pré.)
devoir to have to; to owe (C1)
devoir *m.* duty; **devoirs** homework (pré.)
diable *m.* devil (7)
dicton *m.* common saying, maxim (pré.)
dieu *m.* god; **Dieu** God (8)

difficile *adj.* difficult; **difficile à vivre** hard to get along with (1)
diffuser to broadcast (6)
diffusion *f.* broadcasting (6)
dilemme *m.* dilemma (7)
dimanche *m.* Sunday
diminuer to diminish (6)
diplomate *n.& adj.* diplomat; diplomatic (4)
diplôme *m.* diploma (8)
dire to say; **disons** let's say (pré.) **c'est-à-dire** in other words, that is to say (C9)
direction *f.* steering (4)
directives *f.pl.* rules of conduct, directives (4)
discret (discrète) *adj.* discreet (2)
discutailler to discuss *fam.* (6)
disparaître to disappear (7)
disparu *adj.* gone; dead (7)
disponible *adj.* available (C5)
disposer (de) to have at one's disposal (5)
dispute *f.* quarrel (1)
se disputer to argue (1)
disque *m.* record (post.); **disque compact** compact disc (C1)
dissertation *f.* essay, paper (for a course) (8)
distinguer to distinguish (C8); **se distinguer** to stand out, be noticeably different (2)
dit *adj.* called (pré.)
divergence *f.* divergence, difference (7)
se divertir to amuse oneself, enjoy oneself (5)
divorcer to divorce (1)
domestique *f.* servant, domestic; **les travaux domestiques** domestic, household work (3)
dommage *m.* harm; **c'est dommage** what a shame! (2)
donc *conj.* therefore, so (5)
donne *f.* hand (of cards) (2)
données *f.pl.* data (9)
donner to give (3); **donner sur** to open onto, look onto, face (5)
dont *pron.* whose; of whom/which, from whom/which, about whom/ which
doré *adj.* golden (C5)
dormir to sleep (1)
dortoir *m.* large sleeping room (1)
dossier *m.* seat back (6); file document; student record (8)
doter endow (post.)
douane *f.* customs (9)
douanier *m.* custom's agent (9)
doublé *adj.* dubbed (6)
doubler to double (3); to pass, overtake (car)(4)
douceur *f.* gentleness, softness (4)
douleur *f.* pain, suffering, grief (7)
douter to doubt (7)
douteux (douteuse) *adj.* doubtful (7)
doux (douce) *adj.* sweet, soft, gentle (2)
doucement *adv.* gently, quietly (3)
douzaine *f.* dozen (5)
drogue *f.* drugs (pré.)
droit *m. & adj.* right, as in "I have a right to..." (C3); straight (2); **droits d'inscription** tuition, registration fees (8)
droite *f.* right (5)
drôle *adj.* funny (int. 1)

dur *adj.* hard (2)
durer to last, continue (6)
dynamique *adj.* dynamic (2)

e

eau *f.* water (3)
ébats *m.pl.* frolics; **prendre ses ébats** to frolic, frisk (4)
éblouir to dazzle (6)
ébouriffé *adj.* uncombed (2)
s'ébrouer to shake oneself, move about (4)
échafaudage *m.* scaffolding (3)
s'échapper to escape (3)
échec *m.* failure (2)
échouer (à) to fail (8)
éclater to burst, explode (6)
éclat *m.* burst, bright flash
éclatant *adj.* dazzling (6)
école *f.* school (pré.); **école maternelle** nursery school; **école primaire** elementary school (8)
écolier (écolière) *n.* elementary school pupil (8)
économie *f.* economy; **faire des économies** to save money (1)
économiser to save (money) (1)
écorce *f.* bark (of tree) (int. 2)
écossais *adj.* tartan, checked, plaid (2)
écoute *f.* listening time, viewing time (6)
écouter to listen to (1)
écouteurs *m.pl.* earphones (1)
écran *m.* screen (6)
écraser to run over, to crush (2)
écrevisse *f.* crayfish (post.)
écrire to write
écriture *f.* writing (9)
effectif *m.* total number (9)
effectivement *adv.* effectively, in actuality (5)
effectuer to carry out (C5)
effet *m.* effect; **effets spéciaux** special effects (6)
effort *m.* effort, endeavor (5)
effrayant *adj.* terrifying (C7)
égal *adj.* equal; **égal à** on equal footing with (1)
égaler to equal (7)
également *adv.* equally; as well (7)
église *f.* church (int. 1)
élastique *m.* rubber band (3)
électronicien *adj.* electronic, electrical (1)
élégant *adj.* elegant (2)
élégamment *adv.* elegantly (2)
élève *n.* high school student (8)
s'éloigner to distance, move away (3)
élu *m.* elected official (2)
s'embarquer to embark upon; get on board (5)
embaucher to hire (3)
embouteillage *m.* traffic jam (4)
embrasser to embrace, kiss; **s'embrasser** to embrace (kiss) each other (1)
embrayer to put in the clutch (4)
embrayage *m.* clutch (4)
émission *f.* television (radio) program (6)
emmagasiner to collect (2)
emmener to lead, to take (someone) (4)

émouvoir   to touch emotionally; affect (3)
empêcher   to prevent (pré.)
emplacement *m.*   site, placement (C2)
emploi *m.*   job (3)
empoisonné *adj.*   poisoned (C7)
emporter   to take, win over, conquer (4)
emprunter   to borrow (9)
en *prep.*   in; to; of (4)
encadrement *m.*   support structure (8)
enchaînement *m.*   series, sequence (C6)
enchanter   to enchant (7)
encombrer   to clutter (up) (1)
encore   again; still; **pas encore** not yet (pré.)
s'endimancher   to put on one's Sunday best (6)
endormi *adj.*   asleep (2)
endroit *m.*   place (3)
énerver   to irritate; **s'énerver** to get excited, get worked up (C-pré.)
enfance *f.*   childhood (2)
enfant *n.*   child; **enfant unique** only child; **enfant adoptif (adoptive)** adopted child (1); **enfant de chœur** altar boy; naive person (4)
enfin *adv.*   finally (1)
s'enfler   to puff oneself up (7)
engagement *m.*   commitment, dedication (2)
engager   to hire (3); **s'engager** to commit oneself to (9)
engin *m.*   machine (5)
enjoliveur *m.*   hubcap (4)
enlever   to take off (5)
ennui *m.*   boredom; anxiety (2)
ennuyer   to bore, annoy; **s'ennuyer** to be bored (C5)
ennuyeux (ennuyeuse) *adj.*   boring (pré.)
énorme *adj.*   enormous (C2)
énormément *adv.*   tremendously (2)
enquête *f.*   survey, investigation (6)
enregistrement *m.*   recording (int. 1)
enregistrer   to record (C2)
enseignant *n.*   teacher (C9)
enseignement *m.*   education (pré.)
ensemble *adv.*   together (1)
ensorceler   to cast a spell, bewitch (7)
ensuite *adv.*   next, then (3)
entamer   to start, begin (5)
entendre   to hear; **entendre par** to mean, intend; **s'entendre (avec)** to get along (with) (1)
enterrement *m.*   burial (7)
entraîner   to carry along, drag (4)
entre *prep.*   between (1)
entreprise *f.*   business, company (1)
entretenir   to maintain, keep up (3)
entretien *m.*   interview (3)
envers *prep.*   towards (5)
envie *f.*   desire; **avoir envie (de)** to want (pré.)
envieux (envieuse) *adj.*   envious (7)
environ *adv.*   around, about (5)
envisager   to envisage, to imagine (C3)
s'envoler   to take flight (4)
envoyer   to send (3)
épais(se) *adj.*   thick (2)

épaule *f.*   shoulder (int. 1)
épaté *adj.*   flat (2)
épine *f.*   spine, thorn (C7)
époque *f.*   age, time (3)
épouser   to wed, marry (7)
épouvante *f.*   terror; **film d'épouvante** horror movie (6)
épreuve *f.*   test, examination (8)
éprouver   to experience (8)
équipe *f.*   team
équiper   to outfit (5)
équitation *f.*   horseback riding (5)
errer   to wander (3)
escalader   to climb, scale (5)
escalier *m.*   staircase, stairs (3)
espace *m.*   space (9)
espagnol *n.m. & adj.*   Spanish language, Spanish (pré.)
Espagnol *n.*   Spaniard
espérer   to hope (2)
espionnage *m.*   spying, espionage (6)
espoir *m.*   hope (5)
esprit *m.*   spirit (C2)
esquisser   to sketch (2)
essayer   to try (pré.)
essence *f.*   gasoline (4)
essuie-glace *m.*   windshield wiper (4)
estimer   to consider, esteem (1)
s'établir   to establish oneself (C9)
établissement *m.*   establishment, institution (3)
s'étager   to rise in tiers (6)
étaler   to spread out (8)
état *m.*   state (post.); **état civil** *m.* civil (marital) status (C5)
Etats-Unis *m.pl.*   United States
été *m.*   summer (pré.)
s'étendre   to stretch oneself out (7)
ethnie *f.*   ethnic group (3)
étincelle *f.*   spark, gleam (5)
étoile *f.*   star (C3)
étonner   to surprise, astonish (3)
étranger (étrangère) *n. & adj.*   foreigner, foreign (3)
étroit *adj.*   narrow (8)
étude *f.*   study (1)
s'évader   to escape (C4)
éveiller   to awaken; **s'éveiller** to wake up (9)
éveillé *adj.*   awake (2)
éventuellement *adv.*   possibly (1)
évident *adj.*   obvious (7)
éviter   to avoid (C2)
évoluer   to evolve, to change (2)
examen *m.*   exam; **examen blanc** practice test (8)
exécuter   to carry out (an order) (5)
exemplaire *m.*   copy; specimen (4)
exercer   to exert (5); to pursue, practice (a profession) (6)
exigeant *adj.*   demanding (C7)
exclu *m.*   marginalized person, outcast (3)
exclusion *f.*   marginalization, exclusion (3)
exorbité *adj.*   popped out (1)
exotique *adj.*   exotic, foreign (2)
expérience *f.*   experiment (C6); experience
s'exprimer   to express oneself (C2)

f

fabricant *n.* manufacturer (4)
fac(ulté) *f.* school within a university (8)
face à *prep.* facing, in light of (5)
fâcher to anger; **se fâcher** to get angry (1)
facile *adj.* easy (int. 1); **facile à vivre** easy to get along with (1)
facilité *f.* ease (1)
façon *f.* way, manner (1)
facture *f.* bill (1)
faible *adj.* weak (C2)
faim *f.* hunger; **avoir faim** to be hungry (pré.)
faire to do, make (pré.); **se faire petit** to make yourself inconspicuous (pré.); **faire peur** to frighten (C-pré.); **faire la route** to commute (1); **faire la cour (à)** to court, to woo (7); **faire le plein** to fill up the gas tank (6); **faire mine (de)** to act (as if) (8); **faire semblant (de)** to pretend (7); **faire une demande** to apply (3)
fait *m.* fact; **en fait** in fact (1)
falloir to be necessary; **il faut** it is necessary (pré.)
familial (familiaux, familiale, familiales) *adj.* family (life, ties, etc.) (2)
famille *f.* family; **famille monoparentale** single-parent family (1); **famille recomposée** blended family (1)
fan(atique) *f.* fan; fanatic (5)
fantastique *adj.* uncanny; *n.* fantasy; **film fantastique** science fiction movie (6)
fantôme *m.* ghost (7)
farniente *m.* idle life, idleness (5)
fatal *adj.* fatal; fated (2)
fatiguer to tire (8)
se faufiler to dodge in and out of (C4)
faute *f.* mistake, error (pré.)
fauteuil *m.* armchair (6)
faux (fausse) *adj.* false, wrong (2)
favori (favorite) *adj.* favorite, preferred (2)
favoris *m.pl.* sideburns (2)
fée *f.* fairy; **la bonne fée** fairy godmother (7); **conte de fées** fairy tale (7)
félicitations *f. pl.* congratulations (8)
femme d'affaires *f.* businesswoman (C9)
fenêtre *f.* window (5)
fermer to close, shut (pré.)
fesse *f.* buttock (2)
fête *f.* festival, celebration (5)
fêter to celebrate (C2)
feu *m.* traffic light (4); fire
feuille *f.* leaf; sheet (C8); **feuille de pompe** cheat sheet *fam.* (8)
feuilleton *m.* TV series; soap opera (5)
fève *f.* bean (C7)
ficelle *f.* string (4)
fidèle *adj.* faithful (C7)
fier (fière) *adj.* proud (5)
fierté *f.* pride (C2)
figer to set; to stiffen, congeal (6)
filer to go away *fam.* (1)
film *m.* **d'actualité** newsreel (6)
fin *adj.* fine, subtle (2)
fin *f.* end (C1)

final *adj.* final (2)
finalement *adv.* finally (9)
financier (financière) *adj.* financial (1)
financièrement *adv.* financially (1)
finir to finish (1)
fisc *m.* tax office (9)
fissure *f.* crack, split, hole (int. 2)
flacon *m.* bottle (4)
flèche *f.* arrow (int. 2); **en flèche** on the rise, on the upswing (9)
fleur *f.* flower (C5)
flipper *m.* pinball machine (int. 1)
flou *adj.* vague, blurred, unclear (9)
fluo *inv. adj.* fluorescent (1)
foire *f.* fair (8)
fois *f.* time, instance (pré.); **il était une fois** once upon a time (7); **à la fois** at the same time (8)
folle-dingue *adj.* nutty, crazy (1)
follement *adv.* madly, wildly (2)
foncé *adj.* dark (color) (C5)
fond *m.* bottom; essence (5)
fonder to start, set up (a business) (C2)
fondouc *m.* warehouse; inn (in Arab countries) (3)
forêt *f.* forest (3)
formulaire *m.* form, application (3)
formule *f.* formula (C8)
fort *adj.* strong (1)
fou (fol, fous, folle, folles) *adj.* crazy, insane (2)
foule *f.* crowd (5)
fourmi *f.* ant (C7)
foyer *m.* hearth; home (5)
fragment *m.* fragment, chip (8)
frais (fraîche) *adj.* cool; fresh (2)
frais *m.pl.* expenses (1)
franc (franche) *adj.* honest, open (2)
franchement *adv.* openly, honestly (4)
franchir to cross (4)
francophone *n. & adj.* native French, native French speaker (3)
frange *f.* fringe (2)
frapper to hit (int. 1)
fraude *f.* fraud, cheating; **en fraude** fraudulently (C8)
fredonner to hum (4)
frein *m.* brake (4); **freiner** to brake (4)
fréquenter to frequent, go around with, spend time with (7)
fringues *f.pl.* clothes *fam.* (1)
friperie *f.* second-hand clothing store (8)
frisé *adj.* frizzy, curly (2)
froid *m.* cold (3)
frontière *f.* border (9)
frotter to rub (7)
fuir to flee, run away from (C4)
fuser to burst forth (6)
futurologue *n.* person who predicts the future (9)

g

gagner to earn; win (1); **gagner sa vie** earn a living (3)
gai *adj.* happy (5)
galère *f.* misery, unpleasant situation (8)
galèrie *f.* automobile roof rack (4)

gamin *n.* child (6)
garagiste *m.* garage mechanic (C2)
garder to keep (3)
gare *f.* train station (5)
garer to park (4)
garniture *f.* fittings, trimmings (C4)
gaspillage *m.* waste (4)
gâter to spoil (9)
gauche *f.* left (5)
gazon *m.* lawn; **tondre le gazon** to mow the lawn (1)
géant *adj. & n.* giant (7)
geler to freeze (5)
gendarme *m.* policeman (4)
gendarmerie *f.* police station, police (in the country) (4)
gêne *f.* discomfort, embarrassment (8)
gêner to bother, to annoy (1)
généraliste *m.* family physician (9)
génial *adj.* great, terrific (1)
genoux *m.pl.* knees; lap (pré.)
genre *m.* style, manner (5)
gens *m.pl.* people (3)
gentil(le) *adj.* nice (2)
gentiment *adv.* nicely, kindly (2)
gercer to chap, crack (3)
gérer to manage (1)
gestation *f.* gestation; incubation (4)
geste *m.* gesture, motion (6)
gifle *m.* slap (int. 1)
glace *f.* mirror (5)
glauque *adj.* sinister (8)
glisser to slip, glide (C5)
gosse *n.* kid (C6)
goût *m.* taste (9)
goûter to taste (1)
grâce à thanks to (1)
graphique *m.* graph, chart (9)
gras(se) *adj.* fat (5); **faire la grasse matinée** to sleep in, sleep late (5)
gratuitement *adv.* without pay, free of charge (3)
grave *adj.* serious
gravement *adv.* seriously (3)
gré *m.* liking, taste (9)
grec (grecque) *n & adj.* Greek language, Greek (2)
Grec (Greque) *n.* Greek person (2)
grenouille *f.* frog (7)
grève *f.* strike (3); **faire la grève** to go on strike (3)
griffer to mark, to scratch (int. 2)
grincheux (grincheuse) *adj.* grumpy (2)
grisaille *adj.* dull, grayish, monotone (9)
gronder to scold (1)
gros(se) *adj.* big, fat (2)
grosseur *f.* size, bulk (7)
groupe *m.* group; band (musical) (2)
guère *adv.* not much, a little (7) **ne... guère** scarcely
guérir to heal (7)
guerre *f.* war (pré.); **guerre froide** Cold War (9)
guerrier (guerrière) *n.* soldier, warrior (3)
guichet *m.* ticket window (6)
guimbarde *f.* jalopy; rattletrap (4)
guise *f.* way, manner; **en guise de** by way of (2)

h

H.L.M. *f./m.* **(Habitation** *f.* **à Loyer Modéré)** low-income housing (2)
habillement *m.* dress, clothing (C2)
habit *m.* outfit, clothes (2)
habitant *m.* resident; local person (5)
habiter to live (1)
habitude *f.* habit, custom (C9)
s'habituer à to get used to (1)
***hagard** *adj.* hagard (1)
***hall** *m.* hall; foyer (8)
***hanche** *f.* hip (3)
***hanter** to haunt (7)
***hasard** *m.* chance; **par hasard** by chance (C4)
***hasardeux (hasardeuse)** *adj.* risky, dangerous (9)
***hâte** *f.* haste; **avoir hâte (de)** to be eager (to), to be in a hurry (to) (1)
***haut** *adj.* high, tall (5)
***hauteur** *f.* height (C5)
herbe *f.* herb (5)
***héros (héroïne)** *n.* hero (heroine) (7)
hésitation *f.* hesitation, pause (pré.)
hésiter to hesitate, pause (pré.)
heure *f.* hour; **à l'heure** on time (8); **heure de pointe** rush hour (4)
heureux (heureuse) *adj.* happy (2)
heureusement *adv.* fortunately (2)
hier *adv.* yesterday (3)
hiver *m.* winter (3)
***hockey** *m.* hockey (5)
homme *m.* man; **homme d'affaires** businessman (9); **homme de passage** drifter (3)
***honte** *f.* shame (8)
hôpital *m.* hospital (9)
hôtesse *f.* hostess (C5)
se *houspiller to argue, fight (6)
humeur *f.* temperament; **de bonne humeur** in a good mood (1); **de mauvaise humeur** in a bad mood (1)
humoristique *adj.* humorous (int. 1)
***hurler** to yell, scream (1)

i

ici *adv.* here (3)
idéal *n.m. & adj.* ideal (8)
ignorer to not know (2)
île *f.* island (5)
illettré *adj.* illiterate (8)
illusoire *adj.* illusory (C8)
illustre *adj.* famous, illustrious (C4)
image *f.* image, likeness, picture (3)
imaginer to imagine; **s'imaginer** to imagine oneself (being, doing) (7)
immeuble *m.* building (3)
immigré *n. & adj.* immigrant (3)
impatient *adj.* impatient; **être impatient (de)** to be eager (to) (1)
imperméable *m.* raincoat (2)
impliquer to imply (C-int.1)
impoli *adj.* impolite (2)

important *adj.*   important (7)
importer   to matter; **n'importe qui** anybody; **n'importe quel(le)** any (C3)
impôt *m.*   tax; **impôt sur le revenu** income tax (9)
impressionner   to impress (C5)
imprévu *adj.*   unexpected (1)
imprimante *f.*   computer printer (9)
incompréhensible *adj.*   incomprehensible (8)
inconnu *adj.*   unknown (pré.)
inconvénient *m.*   disadvantage, drawback (4)
incrédule *adj.*   incredulous (8)
incroyable *adj.*   unbelievable (4)
indicible *adj.*   unspeakable, indescribable (8)
indigène *n. & adj.*   native, indigenous (person) (6)
indiquer   to indicate (1)
individu *n.m.*   individual (person) (8)
induire   to mislead, to induce (6)
inégal *adj.*   unequal, unfair (C3)
inexplicable *adj.*   unexplainable, inexplicable (C7)
inférieur *adj.*   lower; inferior (3)
informaticien(ne) *n.*   software developer, computer scientist (9)
informations *f.pl.*   news (6)
informatique *f.*   computer science (9)
ingénieur *m.*   engineer (1)
inhospitalier *adj.*   inhospitable (C5)
inquiet (inquiète) *adj.*   worried (2)
s'inquiéter   to worry (1)
s'inscrire   to register (8)
insensible *adj.*   insensitive (2)
insister   to insist (7)
insondable *adj.*   bottomless (9)
insouciance *f.*   unconcern, casualness (5)
inspirer   to inspire; **s'inspirer (de)** to be inspired by (2)
s'installer   to move in, set up (1)
instituteur (institutrice) *n.*   elementary school teacher (8)
instruire   to educate (8)
intégration *f.*   integration (3)
intégrer   to integrate (3); **s'intégrer** to integrate oneself (C2)
intégrisme *m.*   separatist fundamentalism (3)
intellectuel *n. & adj.*   intellectual (C2); **intello** *fam.* (1)
intention *f.*   intention; **avoir l'intention (de)** to intend (to) (1)
interdire   to forbid (pré.)
intéresser   to interest; **s'intéresser (à)** to be interested (in) (C-pré.)
intérieur *n.m. & adj.*   inside (2)
interner   to put in a psychiatric hospital (4)
interrogation *f.*   test, quiz (8)
interroger   to question (pré.)
interrompre   to interrupt (5)
intimité *f.*   intimacy, privacy (1)
intrigue *f.*   plot (6)
intrus *m.*   intruder (C6)
intuition *f.*   intuition (C2)
inventer   to invent (C3)
inverse *m.*   opposite (9)
inversion *f.*   reversal, inversion (2)
investir   to invest (C9)
investissement *m.*   investment (C4)

iroquoise *f.*   mohawk (hairstyle) (2)
irruption *f.*   sudden appearance (4); flooding
isolant *adj.*   isolating (C5)

j

jaillir   to spring up, gush forth (5)
jaloux (jalouse) *adj.*   jealous (C7)
jamais *adv.*   ever, never; **ne... jamais** never (6)
jambon *m.*   ham (int. 1)
japonais *adj. & n.*   Japanese (pré.)
jardin *m.*   garden (C1)
jaune *adj.*   yellow (2)
jean *m.*   jeans; **jean délavé** faded jeans (2)
jeter   to throw (1); **jeter un sort (à)** to cast a spell (7)
jeu *m.*   game (int. 1); **jeu télévisé** game show (6); **jeu vidéo** computer game, video game (1); **jeu d'acteur** acting (C6)
jeune *adj.*   young (2)
jeunesse *f.*   youth (3)
joli *adj.*   pretty (2)
joue *f.*   cheek (3)
jouer   to play (1)
jouet *m.*   toy (3)
joufflu *adj.*   fat-cheeked (2)
journal *m.*   newspaper, diary (pré.); **journal télévisé** news on TV (6)
jupe *f.*   skirt (2)
jusqu'à *prep.*   up to, until (C1); **jusqu'à ce que** *conj.* until (7)
juste *adv.*   only, just (3)

k

kaki *inv.*   khaki (2)
klaxon *m.*   horn (C4)
klaxonner   to honk (4)

l

là-bas   over there (2)
laid *adj.*   ugly (2)
laine *f.*   wool (3)
laisser   to leave; to let, allow; **laisser tomber** to drop (2)
lait *m.*   milk (3)
lame *f.*   blade (of ax, knife) (int. 2)
lancer   to throw, to launch (9)
langue *f.*   language; **langue maternelle** first language (pré.)
larme *f.*   tear (3)
se lasser   to become tired (3)
leçon *f.*   lesson (1)
lecteur (lectrice) *n.*   reader (int. 1); **lecteur de CD-Rom** CD-ROM drive (9)
lecture *f.*   reading (1)
léger (légère) *adj.*   light (4)
leitmotiv *m.*   theme (8)
lendemain *m.*   next day, following day (5)
lent *adj.*   slow (2)
lentement *adv.*   slowly (2)
lessive *f.*   laundry (1); laundry detergent (4); **faire la lessive** to do the laundry (1)
lettre *f.*   letter (3) **lettre de candidature** cover letter

lettres *f.pl.* literature; **faculté de lettres** college, school of humanities (8)

se lever to get up (1)

levier *m.* **de vitesse** gearshift (4)

lèvre *f.* lip (2)

libertin *adj.* libertine, dissolute, licentious (6)

libre *adj.* free (3)

licencier to lay off, dismiss (3)

licorne *f.* unicorn (7)

lier to bind, fasten (3)

lieu *m.* place; **au lieu de** instead of (1)

lieue *f.* league **(4 kilomètres)** (C6)

limace *f.* slug (8)

limite *f.* edge, limit (1)

linge *m.* linen, the washing (1)

liposuccion *f.* liposuction (2)

lire to read (pré)

lit *m.* bed (3)

livre *m.* book (C-pré.)

local (locaux) *m.* premises (8)

logiciel *m.* software (9)

loi *f.* law (post.)

loin (de) *prep.* far (from) (C1)

lointain *adj.* far away (3)

loisir *m.* leisure activity (2)

long (longue) *adj.* long (2)

longer to border, pass alongside (5)

longtemps *adv.* a long time (3)

longueur *f.* length (pré.)

lorsque *conj.* (at the moment) when (5)

louer to rent (1)

loup *m.* wolf (7); **loup-garou** *m.* werewolf (7)

loyal *adj.* loyal, faithful (2)

loyer *m.* rent (1)

lubrique *adj.* lustful, lecherous (6)

luge *f.* sled, toboggan (5)

lumière *f.* light (3)

lune *f.* moon (C7)

lunettes *f.pl.* glasses, spectacles (5)

lutin *m.* elf (7)

lutte *f.* fight, struggle (C3)

lycée *m.* high school (8)

m

machinalement *adv.* mechanically (2)

machine à écrire *f.* typewriter (C3)

machine à laver *f.* washing machine

maçon *m.* stone mason (C3)

maghrébin *n. & adj.* North African (3)

magicien(ne) *n.* magician (7)

magie *f.* magic; **magie noire** black magic (7)

magnétoscope *m.* VCR (6)

maigre *adj.* skinny (2)

maillot de bain *m.* swimsuit (2)

main-d'oeuvre *f.* work force (9)

maintenant *adv.* now (pré.)

maintenir to maintain (9)

mais *conj.* but (pré.)

maison *f.* house (3); **maison de campagne** country house (5)

maître (maîtresse) *n.* virtuoso (6); master (7); mistress; elementary school teacher (8)

mal *adv.* badly (3); **mal** *m.* evil (7); **avoir le mal de mer** to be seasick (5); **avoir le mal du pays** to be homesick (6)

malade *adj.* sick, ill; *n.* sick person (3)

maladie *f.* sickness, illness (3)

maladroit *adj.* clumsy (2)

malédiction *f.* curse (7)

malgré *prep.* in spite of (5)

malheur *m.* misfortune (5)

malheureux (malheureuse) *adj.* unhappy; unfortunate (C2)

malicieux (malicieuse) *adj.* mischievous (2)

maltraiter to mistreat (C3)

mamie *f.* grandma (C5)

manche *f.* sleeve; **la Manche** the English Channel (C9)

manger to eat (3)

maniable *adj.* easy to handle (4)

manifestation *f.* demonstration, protest march (C8); **la manif** *fam.*; **manifester** to protest (2)

manivelle *f.* crank handle (4)

manque *m.* lack, shortage of (4)

manquer to miss (3)

manteau *m.* coat, cloak (6)

maquillage *m.* makeup (2)

se maquiller to put on makeup (2)

marâtre *f.* wicked stepmother (7)

marchand *n.* storekeeper, merchant (6)

marché *m.* market (3); **bon marché** inexpensive (1); **marché aux puces** flea market (2)

marcher to walk; to function, work (4)

mari *m.* husband (3)

marier to marry; **se marier (avec)** to get married (to) (1)

marquant *adj.* striking, outstanding (6)

marque *f.* brand name (pré.)

marquer to record, mark (8)

marquis *m.* marquis (7)

marron *m.* chestnut; *inv.adj.* brown (2)

maso *adj.* masochistic (2)

maternel(le) *adj.* maternal; **langue maternelle** first language (pré.)

matière *f.* subject matter (1); (school) course (8)

matin *m.* morning (1)

matinée *f.* morning; afternoon performance (cinema, theater) (6)

matou *m.* tomcat (1)

maudire to curse (7)

mauvais *adj.* bad, poor (pré.)

mec *m.* guy *fam.* (1)

méchanceté *f.* wickedness, hardness (3)

méchant *adj.* spiteful, wicked

mécontent *adj.* dissatisfied (C8)

mécontentement *m.* displeasure (2)

médecin *m.* doctor (5)

meilleur *adj.* better (1)

mélange *m.* mixture (post.)

mêler to mix (3); **se mêler** to mix with, to mingle (5)

mélo(drame) *m.* soap opera (6)

membre *m.* member (9)

même *adj.* same (1); even (2)

menaçant *adj.* menacing (int. 1)

menace *f.* danger (9)
menacer to threaten (int. 1)
ménage *m.* household (6); **faire le ménage** to do housework (1)
mener to lead, take (C3)
mendier to beg (3)
mensonge *m.* lie, untruth (C6)
mentionner to mention, talk of (4)
mer *f.* ocean (3)
mère *f.* mother (pré.)
merveilleux (merveilleuse) *adj.* wonderful; **merveilleux** *m.* supernatural (7)
mépriser to scorn, look down on (C4)
métier *m.* trade, job (3)
métropole *f.* France (3); metropolis (C3)
mettre to put (on) (pré.); **se mettre d'accord** to come to an agreement (1); **mettre fin (à)** to end (C1); **mettre au point mort** to put in neutral (4); **mettre le contact** to switch on the ignition (4); **mettre en relief** to call attention to (C8)
meuble *m.* furniture (C4)
Midi *m.* South of France (C3)
meurtre *m.* murder, homicide (6)
mieux *adv.* better (1)
milieu *m.* middle, surroundings (8); **au milieu (de)** in the center of (4)
mimique *f.* gesticulations (6)
minable *n. & adj.* hopeless, pathetic person (8)
mince *adj.* slender (2)
mine *f.* appearance; **faire mine (de)** to pretend (8)
mineur *adj.* minor (4)
minoritaire *adj.* of a minority (5)
miroir *m.* mirror (7)
mixte *adj.* co-ed (for schools) (C8)
mobylette *f.* small motorbike (int. 1)
mode *f.* fashion; **à la mode** in fashion (1)
moindre *adj.* least (2)
moine *m.* monk (2)
moins *adv.* less (2)
moitié *f.* half (1)
moment *m.* moment, a while; **au moment où** at the moment when (7)
monde *m.* world (3); **tout le monde** everybody (8)
moniteur (monitrice) *n.* instructor (sports); counselor; supervisor (5)
monnaie *f.* currency, change (C9)
monoparental *adj.* single-parent (1)
monospace *f.* minivan (4)
montagne *f.* mountain (3)
monter to go up (C9)
montrer to show (3)
se moquer (de) to make fun (of) (pré.)
morale *f.* moral (C7)
morceau *m.* piece, part (6)
mot *m.* word; **mot apparenté** cognate (2)
motard *m.* motorcycle policeman (4)
moteur *m.* engine, motor (4)
motoneige *m.* snowmobile (5)
mou (mol, mous, molle, molles) *adj.* soft, limp (2)
mourir to die (3)
moustache *f.* mustache (2)

moustique *m.* mosquito (6)
mouton *m.* sheep (6)
moyen(ne) *adj.* average (2); **moyenne** *f.* average (8) **moyens** *m.pl.* financial means (8)
Moyen-Orient *m.* Middle East (C9)
muletier *adj.* narrow, windy (5)
multinationale *f.* multinational corporation (C9)

n

nager to swim (5)
naïf (naïve) *adj.* naive (6)
nain *n. & adj.* dwarf (7)
naissance *f.* birth
naître to be born (2)
narrateur (narratrice) *n.* narrator (3)
natal *adj.* native (2)
natalité *f.* birth rate (9)
natation *f.* swimming; **faire de la natation** to go swimming (5)
natte *f.* braid (3)
naval *adj.* naval, nautical (2)
négrillon *m.* black person *(once fam., now pejorative)* (6)
neige *f.* snow (7)
net(te) *adj.* clean (2)
neuf (neuve) *adj.* brand-new (4)
nez *m.* nose (2)
ni... ni... neither...nor (6)
nier to deny (4)
n'importe quel (quelle) any which, any...whatever (C3)
niveau *m.* level; **niveau de vie** standard of living (9)
noir *adj.* black (5)
nom *m.* name; noun (C3)
nombreux (nombreuse) *adj.* numerous; **famille nombreuse** large family (1)
nord *m.* north; **perdre le nord** lose one's sense of direction (int. 2)
norme *f.* norm, standard (2)
note *f.* grade; note (pré.)
noter to give a grade (pré.)
nuancer to shade, to qualify (an opinion) (8)
nourrir to feed; **se nourrir** to eat (C5)
nourriture *f.* nourishment; food (C2)
nouveau (nouvel, nouveaux, nouvelle, nouvelles) *adj.* new (2); **de nouveau** again, anew (7)
nouvelle *f.* news (3)
nu *adj.* naked (int. 1)
nucléaire *adj.* nuclear (1)
nuisible *adj.* harmful, detrimental (4)
nuit *f.* night (3)
nul(le) *n. & adj.* useless, hopeless; hopeless student (8)
numéro *m.* number (4)
nuque *f.* nape of the neck (2)

o

obéir to obey (7)
obéissant *adj.* obedient (C2)
objectif *m.* goal, objective (8)
obliger to oblige, compel (C-int. 1); **être obligé de** to have to, be obliged, compelled, forced to (1)

observer to look at (3)
occasion *f.* occasion; bargain; **d'occasion** used (4)
occupé *adj.* busy (1)
s'occuper (de) to take care (of) (1)
œil *m.* eye (5)
œuf *m.* egg (5)
ogre *m.* ogre (7)
oiseau *m.* bird (int. 2)
ombre *f.* shadow (3)
oncle *m.* uncle (2)
ondulé *adj.* wavy (2)
ongle *m.* fingernail (1)
O.N.U. (Organisation des Nations Unies) *f.* U.N. (9)
orage *m.* storm (int. 2)
ordinateur *m.* computer (2)
ordonnance *f.* prescription (5)
ordonner to organize; to order (7)
ordre *m.* order, command (C3)
oreille *f.* ear (3)
orienter to position, direct (9)
original *n. & adj.* original (2)
ornière *f.* rut in the road (4)
osculter to touch, to feel (2)
oseille *f.* dough (money) *fam.* (2)
oser to dare (8)
où *adv.* where (1)
oublier to forget (1)
ours *m.* bear (C7)
outre *prep.* as well as; **en outre** besides, furthermore (2)
  outre-mer overseas (3)
ouvert *adj.* open (C2)
ouvertement *adv.* openly (2)
ouverture *f.* opening (5)
ouvrier (ouvrière) *n.* worker (3); **ouvrier saisonnier** migrant worker (C9)
ouvrir to open (pré.)
ovale *adj.* oval

p

pachyderme *m.* elephant (4)
page *m.* page boy (7)
paillette *f.* spangle, sequin (8)
paisible *adj.* peaceful, calm, quiet (int. 1)
paix *f.* peace (9);
pâle *adj.* pale (2)
palette *f.* palette (paint) (1)
pan *m.* piece; side; **pan d'une robe** side, top of a dress (3)
panne *f.* breakdown; **tomber en panne** to break down (4)
pantalon *m.* pants, trousers (2)
pantoufle *f.* slipper (C6)
papier *m.* paper (1)
paquet *m.* package, bundle (5)
par *prep.* by (3)
parabole satellitaire *f.* satellite dish (6)
paraître to seem (1)
parce que *conj.* because (3)
parcelle *f.* parcel, piece (3)
parcourir to skim (3); to travel through, go through
pare-brise *m.* windshield (4)
pare-chocs *m.* bumper (4)

pareil(le) *adj.* same, similar (2)
parent *m.* parent; relative (1)
paresseux (paresseuse) *adj.* lazy (2)
parfaitement perfectly (pré.)
parfois *adv.* sometimes (1)
parier to bet (int. 1)
parking *m.* parking lot (4)
parler to speak, talk (pré.)
parmi *prep.* among (1)
parole *f.* word; speech (1)
parrain *m.* godfather (C6)
partager to share (1)
partie *f.* part, portion (pré.)
partiel *m.* mid-course exam (8)
partir to leave (1)
partout *adv.* everywhere (3)
passable *adj.* passable, passing (grade) (8)
passage *m.* passage; crossing (8)
passager (passagère) *n.* passenger (5)
passer to pass, show (a film) (6); **passer un examen** to take a test (C-pré.); **se passer** to take place (1); **passer une commande** to place an order (4); **se passer (de)** to do without (4)
paternel(le) *adj.* paternal (C3)
patin à roulettes *m.* roller skate (2)
patinage *m.* skating; **faire du patinage** to go ice skating (5)
patiner to skate (5)
patrie *f.* native land, homeland (9)
patron(ne) *n.* boss, owner (C-int.1)
patte *f.* paw (4)
paumé *m.* poor, lost person (int. 2)
pauvre *adj.* poor (3)
pauvreté *f.* poverty (pré.)
payer to pay (for); **se payer** to treat oneself, to afford (1)
pays *m.* country; **pays d'origine** homeland, native country (C3)
paysan (paysanne) *n. & adj.* peasant (6)
peau *f.* skin; **peau de vache** malicious teacher (8)
pêche *f.* fishing; **aller à la pêche** to go fishing (5)
pêcher to fish (5)
pécore *f.* country bumpkin (7)
pécul *m.* toilet paper *fam.* (2)
peine *f.* pain, punishment; **à peine** scarcely, hardly (1)
peindre to paint (4)
peler to peel (1)
pencher to lean (over) (int. 2)
pendaison *f.* hanging (6)
pendant *prep.* during, while (pré.)
pendre to hang (C6)
pendule *f.* clock (C6)
pendulette *f.* travel clock (3)
pénible *adj.* tiresome, difficult (C7)
penser to think (pré.)
péquenot *adj.* peasant-like *pej.* (8)
percepteur *m.* tax collector (9)
percevoir to collect (9)
perdre to lose (C3); **perdre la tête** to lose one's head (2); **perdre le nord** to lose one's bearings (int. 2)
période *f.* period of time (C8)
périr to perish; die (7)

permis de conduire *m.* driver's license (4)
personnage *m.* character, person (in literature) (1)
personne *f.* person, someone (3); **ne... personne** no one (6)
personnellement *adv.* personally (1)
perte *f.* loss (9)
peser to weigh (2)
petit *adj.* small, little (pré.); **petit à petit** little by little (C3)
pétrole *m.* crude oil (C4)
peu *adv.* little (1); **à peu près** about, approximately (post.)
peur *f.* fear, dread (7)
peut-être *adv.* maybe, perhaps (pré.)
phare *m.* headlight (4)
phrase *f.* sentence (pré.)
piastre *f.* piastre; dollar (post.)
pied *m.* foot (C3); **pieds nus** *adj.* barefoot (C3)
piéton *m.* pedestrian (C4)
pincée *f.* pinch (5)
pincer to pinch (6)
pique-nique *m.* picnic; **faire un pique-nique** to have a picnic (5)
piquer to give an injection (2)
pirate *m.* pirate; hacker (9)
pire *adj.* worse, worst (2)
pis *adv.* worst (2)
piste *f.* track; circus ring (4)
plage *f.* beach (C2)
se plaindre to complain (8)
plaire to please (7)
plaisir *m.* pleasure
plan *m.* shot (camera) (2); **gros plan** close-up (6)
planche *f.* board; **planche à roulettes** skateboard (2); **planche à voile** wind surfer (5)
planter to plant; **se planter** to fail *slang* (8)
planifier to plan out (8)
plaque d'immatriculation *f.* license plate (4)
plat *m.* dish (3)
plein *adj.* full (3); **faire le plein** to fill the gas tank (4); **en plein air** outdoors (C5)
pleurer to cry (3)
pli *m.* fold (3)
plongée *f.* diving; **faire de la plongée** to dive (scuba) (5)
plongeon *m.* dive; **faire du plongeon** to dive (diving board) (5)
pluie *f.* rain (C4)
plupart *f.* most (1)
plus *adv.* more (pré.); **plus que** more than (3); **ne... plus** no longer, not anymore (6)
plus-que-parfait *m.* pluperfect tense (3)
plusieurs *adj. & pron.* several (1)
plutôt *adv.* **(que)** rather (than) (pré.)
pneu *m.* tire; **pneu de secours** spare tire (4)
poème *m.* poem (3)
pognon *m.* money *fam.* (1)
poids *m.* weight (2); **poids lourd** big truck (4)
poil *m.* hair (animal) (1); **à poil** nude (int. 1)
point de vue *m.* point of view (pré.)
pointu *adj.* pointed (2)
poisson *m.* fish (C4)
poitrine *f.* chest (3)
poli *adj.* polite (C2)
poliment *adv.* politely (2)

pomme *f.* apple (C7)
pommier *m.* apple tree (4)
pompe *f.* pump; cheat sheet *slang* (8)
pomper to pump; cheat *slang* (8)
pont *m.* bridge, deck (3)
portable *m.* laptop computer (9)
portefeuille *m.* wallet (3)
porter to wear (2); to carry (3); **porter sur** to rest on, have to do with (8)
portière *f.* car door (4)
portugais *adj.* Portuguese
Portugais *n.* Portuguese person (3)
poser to place, put; **poser une question** to ask a question (2)
poste *f.* post office (9)
poste *m.* position, job (3); police station (4)
potasser to study hard, cram *slang* (8)
pote *m.* buddy, pal *fam.* (1)
poubelle *f.* trash can; **sortir la poubelle** to take out the trash (1)
poudre *f.* powder, dust (5)
poulet *m.* chicken (3)
poupée *f.* doll (3)
pour *prep.* for, in order to (pré.); **pour que** *conj.* in order to (7)
pourcentage *m.* percentage (3)
pourquoi *adv. & conj.* why (pré.)
poursuivre to pursue (8)
pourtant *adv.* yet, nevertheless (3)
pourvu que *conj.* provided that (4)
pousser to push (pré.)
poussière *f.* dust (3)
pouvoir to be able to (pré.); **il se peut que** it's possible that (7)
pouvoir *m.* power (9)
précisément *adv.* precisely, exactly (2)
préciser to specify; go into detail (C6)
prédire to predict (5)
prédominer to predominate; prevail (3)
préférer to prefer, like better (6)
préjugé *m.* prejudice (8)
premier (première) *adj.* first (pré.)
premièrement *adv.* first (of all) (C-int.1)
prendre to take (pré.); **prendre en charge** to take care of (1); **prendre en compte** to take into account (2); **prendre un verre** to have a drink (2); **prendre sa retraite** to retire (9)
préoccupé *adj.* preoccupied (C2)
présent *m.* the present (1)
président *m.* president; **président directeur général (P.D.G.)** CEO (3)
presque *adv.* almost (5)
prestigieux (prestigieuse) *adj.* prestigious (C8)
prêt *adj.* ready (7)
prétendre to claim, maintain, say (5)
prêter to loan (6)
prévenir to warn, to alert to (C3)
prévoir to foresee, anticipate (9)
prier to pray, beg, invite; **je vous en prie** you're welcome (C4)
principal *adj.* principal, primary (3)

printemps *m.* spring(time) (3)
priorité *f.* right-of-way (4)
prise *f.* **de sang** blood sample (4)
priver to deprive; **se priver (de)** to do without (1)
privilégier to favor (4)
prix *m.* price; prize (1); **à tout prix** at any price (C9)
probable *adj.* probable (7)
probablement *adv.* probably (2)
prochain *adj.* next; following (2)
proche *adj.* near (5)
produire to produce, make (C7)
produit *m.* product (3)
profiter (de) to profit (from) (1); take advantage of (6)
profond *adj.* deep (2)
profondément *adv.* profoundly, deeply (2)
profondeur *f.* depth (2)
programmation *f.* programming (TV) (6)
programme *m.* program; **programme du jour** day's programming (TV) (6)
progrès *m.* progress (9)
projeter (de) to plan (9)
promenade *f.* walk; **faire une promenade (à pied)** to take a walk; **promenade en voiture** car ride (5); **promenade à vélo** bike ride (5); **promcnadc à cheval** horseback ride (5)
se promener to take a walk (5)
pronom *m.* pronoun (1)
propos *m.pl.* remarks; **à propos** about (1)
proposer to suggest, offer (7); **se proposer (de)** to plan (to) (9)
proposition *f.* proposal, proposition (C3)
propre *adj.* clean (2); own (C3)
prospérité *f.* prosperity (9)
protagoniste *m.* protagonist, main character (int. 1)
prototype *m.* prototype (4)
provincial *n.* someone who does not live in the big city (C2)
proviseur *m.* principal (school) (C8)
provoquer to provoke, instigate (1)
prudemment *adv.* cautiously (2)
public (publique) *adj.* public (2)
publicité *f.* advertising (1)
puer to stink (4)
puis *adv.* then (C3)
puisque *conj.* since, because (3)
puissance *f.* power (4)
puissant *adj.* powerful (3)
pull *m.* pullover sweater C3

q

quai *m.* wharf (3)
quand *adv.* when (pré.); **quand même** even though, nevertheless (C3)
quant à *prep.* as for, regarding (7)
quart *m.* one-quarter (1)
quartier *m.* neighborhood (C3)
quatrième fourth; **en quatrième** in eighth grade in French schools (pré.)
que *rel. & interrog. pron.* that, which, whom; **ne... que** only (6)
quel(le) *adj.* what, which (pré.)

quelconque *adj.* some sort; any (6)
quelqu'un *pron.* someone (pré.)
quelque *adj.* some; several (pré.)
quelquefois *adv.* sometimes (1)
queue *f.* tail (4)
quête *f.* search (2)
qu'est-ce que *interrog. pron.* what (pré.)
qui *rel. & interrog. pron.* who, what, that (6)
quitter to leave (1)
quoi *pron.* what (pré.); **il n'y a pas de quoi** you're welcome (C4)
quoique *conj.* although (7)
quotidien(ne) *adj.* daily (5)

r

rabattre to pull down, pull back (3)
racaille *f.* riffraff (6)
race *f.* race, ancestry (C3)
rachat *m.* re-purchase; buying up (9)
racine *f.* root (pré.)
raciste *n.* racist (C3)
raconter to tell (pré.); **se raconter** to tell each other (7)
raffinage *m* refining (oil) C4)
rafting *m.* white-water rafting (5)
raide *adj.* stiff, straight (2)
railleur (railleuse) *adj.* tease (2)
raison *f.* reason; **avoir raison** to be right (pré.)
rajeunir to grow young again (5)
rajouter to add again (8)
rajuster to readjust (6)
ralentir to slow down (C4)
ramasser to gather, to collect (C7)
ramener to bring back (3)
randonnée *f.* hike; hiking; **faire de la randonnée** to go hiking (5)
ranger to put away, straighten up (pré.)
rangée *f.* row, tier (6)
ranimer to revive, restore (4)
rappeler to remind; **se rappeler** to remember, recall (5)
rapport *m.* relationship (1); report (4)
raquette *f.* snowshoe (5)
rasé *adj.* shaved (2)
ras-le-bol *m.* being fed up with (8)
rater to fail (8)
rattraper to make up (8)
ravir to ravish, delight (6)
rayon *m.* department (in a store) (5)
réagir to react (2)
réalisateur (réalisatrice) *n.* director (6)
réaliser to realize, achieve (9)
récapitulation *f.* summing up (3)
récemment *adj.* recently (2)
récent *adj.* recent (C2)
recensement *m.* census (3)
recevoir to receive (pré.)
réchauffement *m.* warming (int. 2)
recherche *f.* research; search (3)
rechercher to research (5)
réclamer to claim, to demand (C3)
récolte *f.* harvest (C3)

recommander to recommend (C8)

recomposé *adj.* blended, as in "blended family" (1)

reconnaître to recognize (1)

reconnaissable *adj.* recognizable (2)

recours *m.* resort, recourse (2)

recouvrir to cover (again) (C3)

rectifier to straighten, correct (C2)

reculer to push back (8)

rédaction *f.* composition (8)

redoubler to repeat; **redoubler une classe** repeat a grade (8)

réécrire to rewrite (C3)

se référer (à) to refer (to something) (6)

réfléchir to think, reflect (pré.)

reflet *m.* reflection (C7)

se réfugier to take refuge (C9)

regard *m.* look, glance, gaze (3)

regarder to look (at) (pré.)

régime *m.* diet (2); form of government

régler to regulate (9)

regretter to regret, be sorry (7)

régulier (régulière) *adj.* regular, steady (2)

reine *f.* queen (7)

rejoindre to rejoin (C3)

relâcher to let go, free (4)

relais *m.* relay; **prendre le relais** to take over from (8)

relatif (relative) *adj.* relative (C2)

relevé *m.* statement, summary; **relevé de notes** report card (8)

relever to lift; to point out (7)

relier to bind again (8)

remarquer to observe, notice (C8)

rembobiner to rewind (tape) (6)

rembourré *adj.* stuffed (6)

rembourser to reimburse, to pay back (9)

remettre to put again; **se remettre** to start again (pré.)

remorquer to tow (4)

remplir to fill (3)

se remuer to move, move about, get a move on (1)

rencontre *f.* meeting, encounter (C2)

rendre to give back; **+ adj.** to make (2); **rendre visite (à)** to visit (people) (1); **se rendre (à)** to go (to) (9)

renforcer to reinforce (1)

rénover to renovate (C8)

renseignement *m.* piece of information (5)

rentrée *f.* return to school in the fall (8)

rentrer to return (1); **rentrer dans** to run into (car) (4)

renvoyer to dismiss, fire (3)

réparer to fix, repair (int. 1)

repartir to leave again (pré.)

repas *m.* meal (7)

repasser to iron (1)

se répéter to repeat oneself (int. 1)

répliquer to reply (2)

répondre to answer, respond (1)

reportage *m.* report (C-int. 1)

reposer to lay, lie (7); **se reposer** to rest (5)

reprendre to take back (up) (3)

reproche *m.* reproach (1)

réseau *m.* network (9)

réservoir *m.* gas tank (4)

résidence *f.* dorm (pré.); **résidence secondaire** second home, vacation home (5)

résidentiel(le) *adj.* residential (C8)

résister to resist (6)

résonner to resound, to ring (1)

respecter to respect (8)

respectueux (respectueuse) *adj.* respectful (C2)

respirer to breathe (3)

respiration *f.* breathing (3)

ressembler to resemble (1)

ressentir to feel, experience (6)

ressortir to stand out (6)

reste *m.* remainder; **être en reste** to be indebted to (4)

rester to stay, remain (1)

restituer to restore; present (6)

résultat *m.* result (1)

résumé *m.* summary (3)

retard *m.* delay; **en retard** late (C8)

retarder to slow down (8)

retenir to retain; remember (4)

retirer to withdraw (7)

retour *m.* return (3); turn, reversal (C3)

retournement *m.* reversal (6)

retourner to return (3); **se retourner** to turn around, go back (8)

retracer to retrace, recall (8)

retraite *f.* retirement; retirement pension (9)

rétrécir to shrink (C6)

rétrograde *adj.* backwards, reactionary (1)

retrouvailles *f.pl.* rediscovery (5)

retrouver to find again (3); **se retrouver** to meet (by arrangement) (7)

rétroviseur *m.* rearview mirror (4)

réussir to succeed (5); **réussir (à) un examen** to pass a test (C- pré.)

revanche *f.* revenge (6)

rêvasser to daydream (7)

rêve *m.* dream (7)

revenant *m.* ghost (7)

revendication *f.* demand (4)

revenir to come back (1)

rêver to dream (7)

revêtu *adj.* clad, covered (4)

réviser to review (int. 1)

revoir to see again (1)

riche *adj. & n.* rich; wealthy; rich person (C3)

rien *pron.* nothing (3); **ne... rien** nothing (6); **de rien** it's nothing (C4)

rigolo (rigolote) *adj.* funny (int. 1)

rire to laugh (5)

risquer to risk, venture (7)

rite *m.* rite (8)

rivière *f.* river (C3)

riz *m.* rice (5)

robe *f.* dress (3)

robuste *adj.* robust, sturdy (C2)

rocher *m.* rock (5)

roi *m.* king (7)

rôle *m.* role (1)

roman *m.* novel (6)
romancier (romancière) *n.* novelist (8)
rompre to break (6)
rond *adj.* round (2)
rondelet (rondelette) *adj.* chubby, plumpish (2)
rondeur *f.* roundness (4)
roue *f.* wheel (4)
rouge *adj. & n.m.* red; blush (3); **rouge à lèvres** lipstick (8)
rouler to roll; go (car) (4)
roulotte *f.* house on wheels, trailer (4)
rouspéter to grumble (2)
rouspéteur (rouspéteuse) *n. & adj.* grouchy; grouchy person (2)
route *f.* road; **faire la route** to commute (1)
routier (routière) *adj.* of the road (4)
rouvre *m.* type of small oak tree (3)
roux (rousse) *n. & adj.* redhead; redheaded (2)
royaume *m.* kingdom (7)
rubrique *f.* heading, category; **rubrique à brac** catchall (9)
ruelle *f.* alley (int. 1)
russe *adj. & n.* Russian (pré.)
rutiler to glow, gleam (6)

s

sac *m.* bag (3); **sac de couchage** sleeping bag (5)
sage *adj.* well-behaved (2)
saison *f.* season (C-pré.)
salaire *m.* salary (2)
salarié *n.* wage earner (5)
sale *adj.* dirty (2)
salir to make dirty (int. 2)
salon *m.* living room (C3)
sang *m.* blood; **prise de sang** *f.* blood test (4)
sans *prep.* without (pré.); **sans que** *conj.* without (7)
sans-abri *m.* a homeless person (pré.)
santé *f.* health (C4)
sapin *m.* fir tree (5)
sauf *prep.* except (8)
sauter to jump (C5)
sauvage *adj.* wild (3)
sauvegarder to save (a document) (9)
sauver to save (C4)
savoir to know (pré.)
scandaleux (scandaleuse) *adj.* scandalous (C2)
sciences politiques *f.pl.* political science (C2)
scolaire *adj.* academic (1)
scolarité *f.* schooling (8)
scrupule *m.* scruple (C8)
scruter to scrutinize, to examine (1)
séance *f.* session, meeting (C8)
sec (sèche) *adj.* dry (2)
sécher to dry (5); to skip (a class) (8)
secours *m.* help (1)
secret (secrète) *adj.* secret (2)
séduire to seduce (6)
séducteur (séductrice) *adj.* seductive (4)
seigneur *m.* lord, nobleman (7)
sein *m.* breast (3)
séjour *m.* stay; **salle de séjour** *f.* living room (1)
selon *prep.* according to (pré.)

semaine *f.* week (5)
semblable *adj.* similar, like (3)
sénégalais Senegalese (6)
Sénégalais *n.* Senegalese person
sens *m.* meaning, direction (4); **double sens** double meaning (6)
sensible *adj.* sensitive (2)
sentir to feel; **se sentir à l'aise (mal à l'aise)** feel comfortable (uncomfortable, ill at ease) (pré.)
série *f.* serial (6)
serre *f.* greenhouse (int. 2)
serviette *f.* towel, napkin; briefcase (2)
servile *adj.* servile, cringing (2)
servir to serve; **servir à** to be used for (7); **se servir de** to use, make use of (C6)
seuil *m.* threshold, doorstep (3)
seul *adj.* only; alone (1)
sévère *adj.* strict (1)
SIDA *m.* AIDS (pré.)
siècle *m.* century (9)
siège *m.* seat (4)
sien *adj.* his/hers; **la sienne** his/hers (4)
sieste *f.* siesta, nap (8)
sifflement *m.* whistling (6)
sifflet *m.* whistle (4)
siffloter to whistle under one's breath (6)
signification *f.* significance, meaning (8)
sillonner to cross (8)
situer to locate (6)
sixième *adj.* sixth; **en sixième** in sixth grade in French schools (pré.)
sketch *m.* skit, short play (4)
ski *m.* ski; **faire du ski (alpin) (de fond)** go (downhill) (cross-country) skiing (5); **ski nautique** water-skiing (5)
skier to ski (5)
société *f.* society (3); company (post.)
soi *pron.* oneself, himself, herself (4)
soin *m.* care, attention (9); **prendre soin de** take care of (C4)
soir *m.* evening (1)
soirée *f.* evening (6)
soit... soit *conj.* either...or, whether...or (6)
sol *m.* floor (3)
soldat *m.* soldier (9)
sommeil *m.* sleep (6)
somnifère *m.* sleeping pill (9)
sondage *m.* opinion poll (9)
songer to muse, reflect (7)
sonner to ring (2)
sophistiqué *adj.* sophisticated (C8)
sorcier (sorcière) *n.* wizard (witch) (7)
sordide *adj.* squalid, filthy (C2)
sortie *f.* excursion (1); exit (6)
sortilège *m.* magic spell (7)
sortir to go out; **sortir avec** to go out with, date (1)
sou *m.* money (1)
souci *m.* worry, care; **se faire du souci** to worry (1)
soucieux (soucieuse) *adj.* worried, anxious (5)
souffrance *f.* suffering (8)
souffrir to suffer (5)
souhait *m.* wish (2)

souhaiter to wish (5)
soulager to relieve (C8)
soupe populaire *f.* soup kitchen (C3)
sourcil *m.* eyebrow (5)
sourire to smile (C4)
souris *f.* mouse (9)
sous *prep.* under (C3)
sous-titré *adj.* subtitled (6)
soutenir to support
soutien *m.* support (1)
souvenir *m.* memory, recollection; **se souvenir (de)** to remember (8)
souvent *adv.* often (pré.)
se spécialiser (en) to major in (8)
spectre *m.* ghost (7)
sportif (sportive) *adj.* athletic (2)
stage *m.* internship, training period (1)
station *f.* station (post.); **station d'été (d'hiver)** summer (winter) resort (5); **station-service** service station (4)
stop *m.* stop sign; hitchhiking; **faire du stop** to hitchhike (5)
stupéfaction *f.* amazement (8)
stupeur *f.* dazed state, stupor (4)
subjuguer to charm; dominate (3)
succéder to follow (C8)
succès *m.* success (int. 1)
sucer to suck (3)
sud *m.* south (7)
sud-est *m.* southeast (7)
suggérer to suggest (8)
suite *f.* continuation (5)
suivant *adj.* next, following (pré.)
suivre to follow (pré.); **suivre un cours** take a course (8)
supérieur *adj.* higher (1)
supplémentaire *adj.* additional (C4)
supporter to put up with, endure (1)
sûr *adj.* sure, certain (3)
surboum *f.* party (8)
surchargé *adj.* overcrowded (8)
sureffectif *m.* number of persons which exceeds capacity (8)
surmonter to overcome, to conquer (2)
surnom *m.* nickname (pré.)
surprendre to surprise (C8)
surprenant *adj.* surprising (C8)
sursauter to be startled, jump (5)
surtout *adv.* especially (1)
surveiller to look after (C5)
syllabe *f.* syllable (2)
sympathique *adj.* nice (1)

T

tableau *m.* board; picture (6)
tache *f.* spot (5); **taches de rousseur** freckles (2)
tâche *f.* task (5); **tâches ménagères** household chores
tacot *m.* jalopy, rattletrap (4)
taille *f.* waist; size (2); **taille serrée** narrow waist (2)
tailleur *f.* woman's suit (2)
se taire to be quiet (6)
talus *m.* embankment (4)
tandis que *conj.* whereas, while (C2)
tant *adv.* so much, so many (3)

tante *f.* aunt (3)
taper to tap (int. 1)
tard *adv.* late (1)
tatouage *m.* tattoo (2)
taux *m.* rate (2)
tee-shirt *m.* t-shirt (1)
teindre to dye (2)
teint *m.* coloring (2); complexion, skin color (C5)
tel(le) *adj.* such (1)
télécommande *f.* remote control (6)
téléfilm *m.* movie made for TV (6)
téléspectateur *m.* television viewer (6)
téléviser to televise (6)
tellement *adv.* so many; so much (6)
témoigner to testify, witness (4)
témoin *m.* witness (C-int.1)
tempe *f.* temple *anat.* (2)
tempête *f.* storm (C9)
temps *m.* time (2); **de temps en temps** from time to time (6)
tendance *f.* tendency (1)
tendre *adj.* soft, tender (6)
tennis *m.pl.* tennis shoes (2)
tente *f.* tente (5)
tenue *f.* manner of dress (2); **tenue de route** holding of the road (car) (4)
terminale *f.* last year of French high school (C2)
terminer to finish (3)
terrain *m.* piece of land; **terrain vague** empty lot (int. 1); **terrain de camping** campground (5)
terre *f.* earth; **par terre** on the ground (floor) (3)
tester to try out (2)
tête *f.* head (3); **grosse tête** very smart student (8); **tête d'oeuf** egghead, brain (8)
thème *m.* subject, theme (pré.)
thèse *f.* thesis (8)
tic *m.* twitch, tic, nervous mannerism (2)
tiers *m.* one-third (6); **deux tiers** two-thirds (6)
timide *adj.* shy (3)
tinter to ring (a bell) (5)
tirer to pull (C5); **se tirer (de)** to extricate oneself (C2)
titre *m.* title (2); **à titre de** by virtue of, by right of (C8)
toile *f.* canvas; screen (6)
toit *m.* roof; **toit ouvrant** sunroof (4)
tomber to fall (3)
tondre to mow, to trim (1)
tonne *f.* ton (1)
tonneau *m.* barrel (4)
tort *m.* wrong; **avoir tort** to be wrong (1)
tôt *adv.* early (1)
totalement *adv.* completely (C2)
toujours *adv.* always; still (3)
tour *m.* walk (int. 1); turn
tournée *f.* round, circuit (4)
tourner to make (a film) (6)
tout (tous, toute, toutes) *adj., adv. & n.* all (8); **tout le monde** everyone (3)
tracasser to worry (5)
traction *f.* drive (car); **traction avant** front-wheel drive (4)
train *m.* train; **en train de** in the process of (pré.)
traîner to hang around, loiter (int. 1)

trait *m.* feature, trait (7)
traité *m.* treaty, compact (9)
traitement *m.* treatment; **traitement de texte** word-processing (9)
traiter to deal with (C8)
tranquillisant *m.* tranquilizer (9)
transmettre to transmit, pass on (1)
transport *m.* transportation; **transports en commun** public transportation (4)
travail *m.* work (3); **travaux dirigés** discussion section, lab (8); **travaux domestiques** domestic work (3)
travailler to work (pré.)
travailleur (travailleuse) *adj.* hardworking (C2)
travers *prep.* across; **à travers** across, through (3)
traverser to cross (5)
trèfle *m.* spade (cards) (2)
trekking *m.* hiking (5)
tresse *f.* braid (3)
tricher to cheat (8)
tricheur (tricheuse) *n.* cheat, trickster (2)
triste *adj.* sad (3)
troisième *adj. & n.* third (5)
tromper to deceive, trick; **se tromper** to be wrong (1)
trompeur (trompeuse) *adj.* deceptive (2)
trop *adv.* too much, too many (pré.)
trottoir *m.* sidewalk (int. 1)
trou *m.* hole (C4)
troubler to bother (3)
trouver to find (1); **se trouver** to be located (5)
tumultueux (tumultueuse) *adj.* tumultuous (6)

u

une (la) *f.* front page of a newspaper (9)
uni *adj.* unified (1)
unique *adj.* only, as in **enfant unique** only child; unique (1)
uniquement *adv.* only, solely (2)
unité *f.* unit; **unité de valeur** course credit (8)
universitaire *adj.* university, as in university library (1)
usage *m.* use (4)
usager *m.* user (4)
user to wear out (8)
usine *f.* factory (3)
utile *adj.* useful (pré.)
utiliser to use (3)

v

vacances *f.pl.* vacation (1)
vacancier (vacancière) *n.* vacationer (5)
vache *f.* cow (C7)
vain *adj.* vain, useless (C2)
vaisselle *f.* dishes; **faire la vaisselle** to do the dishes (1)
valeur *f.* value (int. 1)
valise *f.* suitcase (C5)
valoir to be worth (3); **il vaut mieux** it is better (7)
vampire *m.* vampire (7)
vedette *f.* movie star (6)
veille *f.* day before (8)
veillée *f.* evening spent with friends or family (7)
vélo *m.* bicycle; **VTT (vélo tout terrain)** mountain bike (5)
vendre to sell (3)

vendredi *m.* Friday (1)
venir to come; **venir de** to have just
vent *m.* wind (C6)
ventre *m.* belly (3)
vérifier to check (1)
vérité *f.* truth (3)
verlan *m.* French adolescents' slang (2)
verre *m.* glass (5)
vers *m.* verse, line of poetry (8)
vertige *m.* fear of heights (C5)
vertigineux *adj.* breathtaking (8)
veste *f.* suit jacket (2)
vêtement *m.* garment, article of clothing (1)
victime *f.* victim (int. 1)
vide *adj.* empty
vider to empty; **se vider** to become empty (C8)
vie *f.* life; **vie privée** private life (1)
vieillir to grow old (2)
vieux (vieil, vieux, vieille, vieilles) *adj.* old (2)
vignette *f.* illustration, single frame of cartoon
vilain *adj.* nasty, mean (C7)
ville *f.* city, town (C-pré.)
violemment *adv.* violently (2)
violet (violette) *adj.* violet (C2)
virage *m.* curve, sharp turn (4)
virée *f.* trip, journey (5)
vis-à-vis *loc. prep.* opposite; with regards to (8)
visage *m.* face (2)
vite *adv.* fast (1)
vitesse *f.* speed (4); **à toute vitesse** at full speed (C4)
vitre *f.* car window (4); pane (of glass) (4)
vivoter to get along somehow (8)
voici *prep. & adv.* here is (are) (pré.)
voile *f.* sail; **faire de la voile** to go sailing (5)
voir to see (pré.); **voyons** let's see (pré.); **se voir** to see each other (C-pré.)
voisin *n.* neighbor (1)
voiture *f.* car (pré.)
voix *f.* voice (C3)
vol *m.* robbery (int. 1)
volant *m.* steering wheel (4)
voler to steal (int. 1)
volet *m.* window shutter (C3)
voleur (voleuse) *n.* thief; **petit voleur** petty thief (2)
vouloir to want (pré.); **vouloir dire** to mean (1)
voyage *m.* trip, travel (3)
voyager to travel (pré.)
vrai *adj.* true (pré.)
vraiment *adv.* really (pré.)

y

yeux *m.pl.* eyes (3)

z

zapper to surf TV channels, to change TV channels (with remote control) (6)
zappeur (zappeuse) *n.* person who surfs TV channels (6)
zapping *m.* channel surfing (TV) (6)
zigzaguer to swerve, zigzag (4)

Indices

Index: Structures

Index: Thèmes

Photo Credits

Photo Credits:

Photos on the following pages were taken by Jonathan Stark, Heinle & Heinle Photo/Video specialist:
iii, 9, *top*, 28, 34, *right*, 36, 37, 69, 130, 131, *top*, 139, 141.

Additional Photo Credits:

8, 14, 20, 21, 31, *left*, **39, 67, 95,** *bottom*, **116–126,** Ulrike Welsch; **9,** *bottom right*, **10, 16, 82,** Stuart Cohen/Comstock; **22,** Peter Menzel/Stock Boston; **23,** *top*, Beryl Goldberg, *bottom*, Alexis Duclos/Gamma Liaison; **25,** Robert Burke/Gamma Liaison; **27,** *bottom right*, Alexis Duclos/Gamma Liaison, *top middle*, Barry Yee/Liaison International, *bottom and top right*, Comstock; **30,** *top left*, Robert Kalfus/Gamma Liaison, *right*, UPI/Corbis-Bettmann, *bottom left*, Francis Apesteguy/Gamma Liaison, *bottom right*, A. Berliner/Gamma Liaison; **43, 47, 83,** *top*, Owen Franken/Stock Boston; **45,** George Gerster/Comstock; **48,** Spencer Grant/Photo Researchers; **49,** Ellis Herwig/Stock Boston; **50, 68,** Peter Menzel/Stock Boston; **54, 55,** *top*, **74,** Mark Antman/The Image Works; **55,** *right*, Mike Mazzaschi/Stock Boston, *bottom*, Comstock; **57,** P. Gontier/The Image Works; **73,** K. Preuss/The Image Works; **76,** Gary Benson/ Comstock; **78,** Topham/The Image Works; **83,** *bottom*, Nocholas Raducanu; **90,** Betty Press/Monkmeyer; **94,** Peter Menzel/Stock Boston; **95,** *top*, **107,** *bottom*, Suzie Fitzhugh/Stock Boston; **97,** Regis Bossn/Sygma; **107,** *top*, Greg Meadors/Stock Boston; **131,** *bottom*, Patrick Piel/Gamma Liaison; **135,** C. Fransworth/The Image Works; **140,** John Chiasson/Gamma Liaison; **141,** Lawrence Migdale/Stock Boston.

Texts, Graphs, Charts, etc. Credits:

4 *Avenirs*, Nᵒ 454: "Les langues étrangères", mai 1994; **5–6** Maurice Lemoine, "Journal de Berthier, 18 ans, dit Momo", *Autrement*, 1 septembre 1981, p. 25; **10** Gérard Mermet, *Francoscopie 1995* (Paris: Larousse, 1994), pp. 172–173; **16–19** "Et la famille... ça va?" *Phosphore*, avril 1994, pp. 69–72; **24** Philippe Vandel, *Le dico français/français* (Paris: Jean-Claude Lattès, 1993), pp. 235–40, 322; **24** Philippe Vandel, "Le jeune tel qu'ils le parlent", *Le Nouvel observateur*, 1994, 17–23 mars, p. 47; **25–26** MC Solaar, "Victime de la mode", Ed. Fair & Square/BMG Music Publishing; **31–33** Philippe Lecardonnel, ed., "Dossier: Cent lettres de jeunes à Balladur", *Dix sur dix* Nᵒ 1 (Paris: Dix sur dix éditions, 1995), pp. 53–54; **38** Gérard Mermet, *Francoscopie 1995* (Paris: Larousse, 1994), p. 213; **40–41** Francis Bebey, dans: *Anthologie africaine d'expression française, II* (Paris: Hatier, 1988), p. 114; **44–46** J.M.G. Le Clézio, *Printemps et autres saisons* (Paris: Gallimard, 1989), pp. 63–65; **51–53** Renaud Séchan, "Laisse béton", Ed. Allo Music; **56–57** Danilo et al., *Le Français commercial* (Paris: Presses Pocket, 1985), pp. 122, 125; **59** Gérard Mermet, *La Piste française*, First, 1994; **63–65** Fernand Raynaud, "La 2 CV de ma soeur", *Heureux!* (Paris: Editions de Provence, 1975), pp. 95–98; **70–71** Gérard Mermet, *Francoscopie 1995* (Paris: Larousse, 1994), pp. 421–422; **72–73** Catherine Cochereau et Laurent Mélikian, "Vous regardez trop la télé, bon voyage!" *L'Evénement du jeudi*, 1ᵉʳ au 7 décembre 1994, pp. 126–127; **76–79** Gabrielle Roy, *Rue Deschambault* (Québec: Stanké, 1980), pp. 113–117; **81** Sondage Ipsos/*Ça m'intéresse,* 8–11 avril 1994; **84** Gérard Mermet, *Francoscopie 1995* (Paris: Larousse, 1994), pp. 383–384; **86** Yves Léger, *Histoire générale du cinéma au Québec* (Montréal: Boréal, 1988), pp. 477–479; **89–92** Abdoulaye Sadji, *Maïmouna* (Paris: Présence africaine, 1958), pp. 89–102; **95–96** Francis Cabrel, "L'arbre va tomber" (Paris: Chandelle Productions, 1994); **101** Charles Renel, ed., *Contes de Madagascar* (Paris: Leroux, 1930), p. 55; **107–109** Geneviève Massignon, ed., *Contes corses* (Gap: Edition Ophrys, 1963), pp. 139–140; **116–117** François Dubet, "Campus—la fièvre", *Le Point* Nᵒ 1208, 11 novembre 1995, pp. 50–58; **121–123** Annie Ernaux, *La place* (Paris: Folio, 1983), pp. 79–82; **128–129** François Armanet, Max Armanet et Jean-Jacques Chiquelin, "L'Heure du multimédia", *Le Nouvel observateur*, 9–15 novembre 1995, p. 111; **130–131** Renaud de Chazournes, "L'Europe, l'aventure du prochain siècle", *Talents*, juin-juillet-août 1994, pp. 29, 35; **135–137** Gérard Badou, Olivier Duhamel, Marie-Laure de Léotard et Jean-Pierre Séréni, "Heureux malgré tout", *L'Express*, 5 octobre 1995, pp. 38–39; **142** Bruce Daigrepont, "Disco et fais dodo" from *Stir up the Roux*, 1987, Rounder Record Corporation, Cambridge, MA.

Cartoons Credits:

7 Frank Margerin, *Les humanoïdes associés*, 8, impasse des Trois Sœurs, 75001 Paris; **12** PIEM, "PIEM et son temps", *Notre Temps*, avril 1989; **56** Sempé, *Rien n'est simple* (Paris: Éditions Denoël et Sempé, 1962); **70** Serre, "Les vacances" (Grenoble: Editions Glénat, 1984); **84** Sempé; **93** Maurice Henry; **100** Sempé, *Tout se complique* (Paris: Denoël, 1962); **114** Claire Bretécher, "Agrippine", *Le Nouvel observateur* Nᵒ 1593, 18–24 mars 1995, p. 38; **124** Plantu, *Wolfgang, tu fera informatique!* (Paris: Folio, 1988); **125** Plantu, *Wolfgang, tu fera informatique!* (Paris: Folio, 1988), p. 90; **128** Frank Margerin, "L'Heure du multimédia", *Le Nouvel observateur*, 9–15 novembre 1995, p. 111.